생태의식의 발현과 다양성의 시

김 지 연

김지연

시인, 문학박사

제주도 서귀포에서 태어나 한라일보와 동아일보 신춘문예 시 부문에 당선되어 등단하였으며, 필명 김규린으로 시집 『나는 식물성이다』, 『열꽃공희』를, 본명으로 『내가 키운 검은 나비도 아름다웠다』를 펴냈다.

학술서로는 『현대시의 생태론』, 대학 교재 『대학생의 글쓰기』외 1권, 논문 「조정권 시의 불교생태적 의미」외 20여 편을 발표하였다.

표지디자인 \ 강라희

책을 펴내면서

>꽃의 빛이나 향기를 해치지 않고
>오직 꿀만을 따가는 벌처럼
>지혜 있는 사람도
>그러하고자
>— 법구경 에서

1.

　20대는 대체로 푸르렀다. 침잠하는 내부를 산책하고 기록하는 것만이 내가 할 줄 아는 전부였다. 돌이켜 보면, 두 차례 신춘문예 당선은 급작스런 사건이었다. 나를 둘러싼 외부를 살필만한 안목이 없었으니 문단에 입성할만한 준비가 되어 있을 리 만무했다. 불확실하게 펼쳐진 길 모퉁이에서 나는 좌충우돌했고, 맞닥뜨린 길들을 무심히 따라 걷기 시작했다. 창작과 학문의 병립이 간단치 않으리란 고민은 하지 않았다. 한번 쯤, 예고 없이 던져진 인연의 실끝을 붙들어 보는 것도 나쁘지 않다 여겼다.

2.

　'생태'란 나에게 어린 날의 교과서와도 같은 의미다. 낡은 교과서에는 시대와 장소에 국한되지 않는 진실한 가르침이 들어 있기 마련이다. 언제부터인가 '생태'의 어감에서는 김빠진 탄산수의 밍밍함마저 묻어난다. 그러나 2002년 '생태주의 시' 연구로 박사학위를 받을 때만 하더라도 '생태'는 신선하고 핫한 화두였다. 이제, '생태'는 현재를 너머 미래까지 아우르는 논제로서 자리 잡았다.

3.

　나는 생태주의 관련 문학 연구에서 출발하여 연구 범위를 확장해 왔다. 연구의 초기 단계에는 생태학적 상상력과 문학적 수사의 측면에 머물러 있었다. 문학이론에 기대서 작품을 분석하는 것도 의미있는 작업이었다. 그렇지만 보다 능동적으로 세계원리를 탐색하기 위해 생태학과 제반 학문들 사이의 연계를 시도하였다. 그리고 그 시도는 자연스럽게 불교철학으로 이어지게 되었다. 연구의 초점이 현대시에 놓여 있었지만, 사실상 내가 바라보고 싶었던 것은 '온 생명'이었다. 온 생명에 천착하던 나는 생명이라는 엄중함을 불교철학의 시선으로 짚어나갔다. 풀과 나무, 바람, 바다, 굶주린 길고양이와 다친 강아지들이 눈에 새롭게 밟히기 시작했다. 그 모든 존재들에게서 나의 존재를 읽을 수 있었다. 풀이며 나무인 내가, 고양이이고 강아지이기도 했다. 그들과 내가 다르지 않다는 불이(不二)의 의미를 그들에게서 배웠다. 붓다의 메시지는 서적과 경문 속에 견고하게 박혀 있는 것이 아니라 언제나 어디에나 흩뿌려져 있었다. 나는 그것을 매우 서툴고 매우 더디게 매만져 왔다.

4.

　'생태의식'을 중심 화두로 삼은 이 책은 나의 두번째 연구서다. 그런데 앞선 연구서와 달리, 책의 말미에는 지역 시인들의 작품론도 추가된다. 제1장 '불교사상과 생태의식'에서는 강은교, 박용래, 박재삼, 백석, 서정주, 이성선, 이하석 시에 대한 불교생태학적 연구를 담고 있다. 불교생태학이란 존재들 간의 불교적 사유에 기대어 생태계의 구조와 기능을 분석하고 생태계의 조화와 생명 해방을 구현할 수 있는 실천 방안들을 탐구하는 학문이다. 연구 대상이 된 시인들의 작품 세계에서 그러한 의미를 짚어본다.

제2장에서는 '다양성의 시학'이라는 주제 아래, 제주시인 한기팔 시의 화자 양상과, 미당이 서귀포 지귀도의 체험을 바탕으로 하여 창작한 이른바 '지귀도 시'에 대한 고찰을 이어나간다.

문학 연구의 의의에는 학문적 성취뿐만 아니라, '발굴'의 순기능도 포함된다. 나는 창작인이자 문학인으로서 발굴의 순기능을 다하기 위해 노력하였다. 제3장에서는 지역적 상징성을 갖는 문인 또는 여성문인들의 작품을 찾아 그 특성과 가치를 밝혀온 문학 여정의 일부를 소개한다.

5.

이 책을 통해 맺어질 인연들도 불이로서 바람과 풀과 나무, 물과 돌 곁에 놓일 것이다.

그리하여

모든 그대들이 나다.

| 차 례 |

- 책을 펴내면서 /1

■ 제1부 불교사상과 생태의식

　강은교 시에 노정된 불교사상 /7
　박용래 시세계의 불교생태관 /32
　박재삼 시의 생태적 자연 /56
　백석의 유기적 시세계 /79
　서정주 시의 불교생태학적 존재관 /102
　이성선 『山詩』의 세계 인식 /127
　이하석 시의 불교생태적 의미 /151

■ 제2부 다양성의 시학

　한기팔 시의 화자 양상 /179
　서정주의 지귀도(地歸島) 시 /197

■ 제3부 작품론

　떠도는 바람의 이력 _ 김병택 /223
　자연과 소통하는 법 _ 양영길 /237
　신화와 함께 거닐다 _ 김원욱 /250
　한 세계에 경례하다 _ 오승철 /262
　매혹에 대한 몇 가지 단상 _ 양진건 /268

|제1부| 불교사상과 생태의식

강은교 시에 노정된 불교사상

강은교는 「부드러움의 '녹색몸 상상력'을 위하여」에서 동양적 상상력의 중요성을 강조하고 있다.1) 이런 맥락에서 본고는 그가 표명하는 '동양적 상상력'과 '녹색몸 상상력'의 자연스러운 접점을 불교생태학적 차원으로 끌어 올려 논의를 진행할 것이다. 불교생태학(Buddhist Ecology)이란 "상호의존과 상호존중이라는 연생(緣生)과 상생(相生)의 불교정신에 입각하여 제반 학문들 사이의 연계를 도모하며 생태계의 구조와 기능을 이론적으로 분석하고, 생태계의 조화와 생명 해방을 구현할 수 있는 실천 방안들을 탐구하는 학문"2)이라고 정의할 수 있다. 정리하자면, 불교철학의 지혜를 빌어 우리가 겪고 있는 생태위기의 근본적 원인에 대해 성찰하고 해결 방안을 찾고자 하는 것이 불교생태학의 지향점이자 의의인 것이다. 불교생태학은 불교의 가르침과 현재 우리가 겪고 있는 생태위기에 대한 생태학적 지향이 유사하다는 공통 기반에서 출발하였다고 보아도 무방하다.

1. 허무의식과 공(空)의 세계

강은교의 초기 시에서 허무의식이 드러난다는 점에 대해서는

---

1) "이제 찾아야 할 것은 동양적 상상력이다. 동양적 상상력은 무덤을 숨쉬게 하는 상상력이 될 것이다. 그 따듯하게 숨쉬는 무덤 속에서 모든 죽음은 곧 모든 삶이 될 것이다. 여기서 나는 생명 문학의 상상력을 '녹색몸 상상력'으로 부를 것을 제안한다."(강은교, 「부드러움의 '녹색몸 상상력'을 위하여」, 『현대문학』, 200.7. 217쪽)
2) 김종옥, 『불교생태철학』, 동국대출판부, 2006. 28쪽

공감대가 형성되어 있다. 이 사실은 '허무집'이라는 첫시집의 표제를 통해서도 짐작할 수 있다. 이 허무의 실체를 밝히는 일은 그의 초기시 성격을 명확히 하고, 나아가 불교생태학적 고찰에 있어서 그의 세계관을 살피는 출발점이 된다.3)

> 먼 곳에서 빈 뜰이 넘어진다.
> 無限天空 바람 겹겹이
> 사람은 혼자 펄럭이고
> 조금씩 파도치는 거리의 집들
> ……중략……
> 한 겹씩 벗겨지는 生死의
> 저 캄캄한 數世紀를 향하여
> 아무도
> 자기의 살을 감출 수는 없다.
> ─「自轉Ⅰ」에서

> 문득 달려나와 빈 가지에 걸리는
> 數世紀 낡은 햇빛들
> ……중략……
> 虛空에 투신하는 외로운 煙氣들
>
> 길은 일어서서 盡終日 나붓기고
> 꽃밭을 나온 사과 몇 알이
> 廢墟로 가는 길을 묻고 있다.
> ─「自轉Ⅲ」에서

> 살아있지도 죽어 있지도 않은

---

3) "불교는 존재의 심연에 대한 통찰 위에서 세계를 설명한다. 때문에 유와 무의 조건인 '절대무'에 입각하여 '허무처럼 큰 공간은 없다'고 설파한다. 이때의 허무는 유와 무를 넘어선 지평에서의 허무이다. 이 허무는 일체의 집착이 사라진 공성의 세계를 지향하는 것이다."(고영섭, 『불교생태학』, 불교춘추사, 2008, 218쪽)

다만 흐르는 소리 뿐인
내 피의 몇 世紀.
날이 저물고
저편 하늘에서 기다리던 구름 서넛이
무덤 속으로 들어간다.

— 「黃昏曲調 四番」에서

위 시들에서 드러나는 강은교 허무의식에는 몇가지 키워드가 있다. 즉 '數世紀', '몇 世紀'로 표현된 시간과 '빈 뜰', '無限天空', '빈 가지', '허공', '폐허'로 표현된 공간 그리고 '生死', '투신', '피', '무덤'에서 노정된 죽음의 이미지 등이다. 이러한 시간과 공간, 죽음 이미지들은 위 작품들뿐만 아니라 대부분의 강은교 초기 시에서 빈번히 드러나는 소재이기도 하다. 그것들은 시인이 인식하는 세계를 표상하는 대표적 상징물이라고도 할 수 있다. 그런데 이미 김병익이 지적한 것처럼 "'허무'가 20대의 젊은 시인으로부터 발음되었을 뿐 아니라 그것이 그의 시의 키이·테마가 되었다는 것은 확실히 당혹스러울 정도의 부담을 안겨주는 것"4)이 아닐 수 없다. 이와 같은 의문을 풀기 위해서는 시인이 겪은 개인적 상처들을 참고할 필요가 있다. 그는 뇌출혈로 인해 사투의 경계를 넘나드는 와중에 어린 딸을 잃는 아픔까지 감내해야 했다. 일련의 상황들은 그에게 견디기 힘든 절망을 안겨주었으며, 절망 속에서 바라본 세계 인식이 허무의식으로 드러났다고 볼 수 있다. 자연히 이 허무의식 속에는 죽음 이미지가 짙게 드리워지게 된다.

---

4) 김병익, 「虛無의 先驗과 體驗」, 강은교, 『풀잎』, 민음사, 1993 13-14쪽

예시된 작품들을 살펴보면 그의 허무의식은 작품 속에서 공간으로 형상화되고 있음을 알 수 있다. 작품에 드러난 '빈 뜰', '無限天空', '빈 가지', '虛空', '廢墟' 등은 비어 있는 혼돈의 장소, 그 깊이와 넓이를 짐작할 수 없는 공간을 의미한다. 그런데 이 공간은 다시 '數世紀', '몇 世紀' 등의 시간과 어우러지면서 인식 너머의 무한으로까지 그 경계가 확장된다. 즉, 시인이 바라본 세계는 무한한 깊이와 넓이로 확장된 공간이며, 이것은 헤아릴 수 없는 시간을 내포한 개념이기도 하다. '절대무'로서 허무의 세계인 셈이다.

덧붙여 눈여겨 볼 것은, 작품 속에 등장하는 존재들의 행동 패턴이다. '빈 뜰'은 넘어지고, '사람'은 펄럭이며, '낡은 햇빛'은 달려 나와 빈 가지에 걸린다. 뿐만 아니라 '외로운 연기들'은 허공에 투신하고 '길'은 진종일 나부끼며, '사과 몇 알'이 폐허로 가는 길을 묻고 '구름 서넛'은 무덤 속으로 들어간다. 이러한 행동 패턴을 통해 몇 가지 공통점을 끄집어 낼 수 있다.

첫째, 그 행동 주체들이 어떤 존재를 특정하지 않는다는 점이다. 그들은 '빈 들', '햇빛', '연기', '허공', '길', '구름'과 같이 비생명체 또는 형이상학적 비실체이다. 심지어는 실체라 할지라도, '사람이 펄럭인다'거나 '사과가 길을 묻는다'라는 표현에 드러난 각각의 행동은 '사람' 또는 '사과'의 본원적인 특성으로부터 벗어나 있다는 사실을 확인할 수 있다. 이들은 구체적 실체라기보다 작품 속에서 똑같이 익명으로 처리된 비실체에 지나지 않는다. 그리고 이러한 익명성은 그들에게 무한 허공에 던져진 허무의 존재로서 동등한 자격을 부여한다. 그들은 허무 속에 던져진 존재이자 그들 스스로가 허무의 일부로 존재한다. 둘째, 행동의 주체들이 어느 한 장소에 안주하거나 고정되어 있지 않다는 점이다. 이들의 행위를 묘사하는 서술어는 '넘어진다', '펄럭이고', '투신하는', '나붓기고' 등이다. 이 서술어들은 문맥 속에서 진행형으로 묘사되어 그 외연적 의미를 더욱 생동감 있게 살려내고 있다. 존재들은 막연히 넘어지거나 나부끼면서, 안주하지 못한 채 위태롭게 부유하는 이미지와 더불어 허망하게 소멸해가는 이미지를 보여준다. 이로 인해 작품 속에는 사소한 욕망이나 집착의 흔적마저 드러나지 않는다. 셋째, 묘사된 행위들이 일반적 인식론의 맥락과는 거리가 있다는 점이다. '빈 뜰이 넘어진다', '사람은 혼자 펄럭이고' 등에서 표출된 주술관계는 부조화를 노정한다. 더욱이 그 행위들이 하나같이 위태롭고 절박한 모습을 보여주는데도 불구하고 그에 대한 원인이 명확히 제시되지 않는 까닭에, 그것은 현상적 층위를 뛰어넘어 형이상학적 색채를 띠게 된다.

시인은 전술한 행동 패턴들을 형상화하여 일체의 집착이 소거된 텅 빈 허무의 '空'을 그려내고 있다. 이렇게 작품 속에 표현된 위태롭고 불안한 존재들의 이미지는 시인의 허무의식에서 비롯된 것으로써 실제 체험이 반영된 결과라고 볼 수 있다. 즉, 비극적 체험에서 비롯된 세계관이 허무의식의 근간을 이루고 있으며, 이 허무의식을 통해 '空'으로 이어지게 되는 것이다.

그런데 그가 만난 空의 세계는 무한천공의 허무만을 담고 있는 것이 아니다. 그가 그려낸 空은 허무뿐만 아니라 새로운 생명과 희망을 동시에 내포하고 있다.

그러나 지금 우리는
불로 만나려 한다.
벌써 숯이 된 뼈 하나가
세상에 불타는 것들을 쓰다듬고 있나니
……중략……

저 불 지난 뒤에
흐르는 물로 만나자.
푸시시 푸시시 불꺼지는 소리로 말하면서
올 때는 人跡 그친
넓고 깨끗한 하늘로 오라.
       ― 「우리가 물이 되어」에서

내 살(肉)은 한때
虛空이었네
……중략……
아아, 한때
캄캄하던 나
아아, 한때
텅 비어 있던 그대들
죽은 꽃처럼 눈 안 뜨는
바다로

나아가라 빛 속에 빛
열어라 暗黑 밤 뿌리.
     ― 「스스로를 기억하는 노래」에서

 「우리가 물이 되어」는 화자 자신이 無化되는 모습을 보여준다. 불꽃으로 타올라 스스로의 몸을 無로 돌려놓는다는 것이다. 그런데 불로써 무화되는 것은 화자 자신만이 아니다. '지금 우리는 불로 만나려 한다'는 데서 짐작할 수 있듯이, '우리'는 '벌써 숯이 된 뼈 하나가 세상에 불타는 것들을 쓰다듬는' 연쇄 과정 속에서 서로가 서로를 무화시키는 관계에 놓여 있다. 앞서 「自轉Ⅰ」, 「自轉Ⅲ」, 「黃昏曲調 四番」 등에서 그려진 空의 세계는 화자 즉 실체적 자아에 의해 포착된 세계이다. 그 작품들을 통해 空을 형상화하면서도, 시인 자신의 의식만은 주체로서의 실체적 자아를 상정하고 있었던 셈이다. 하지만 이 작품에서는 화자 자신이 불꽃이 되어 스스로를 완전히 소진시키고 있다. 그리고 나아가 '세상에 불타는 것들'과 함께 숯이 되고 재가 되어 소멸되는 무화의 과정에 동참한다. 이와 같이 '불에 의한 무화'는 실체적 자아에 대한 집착마저 놓아버리는 '절대무'를 상징적으로 표현한 것이라 할 수 있다.

그런데 자신을 완전히 소진시켜 스스로 無의 일부가 된 화자는 그러한 無를 통해 다시 희망과 재생을 이야기한다. 불타올라 사그라진 무의 상태에 그대로 머물러 있지 않고 '저 불 지난 뒤에 흐르는 물로 만나자'라는 희망을 피력하고 있는 것이다. 다시 만나고자 하는 '넓고 깨끗한 하늘'은 여전히 그 넓이를 짐작할 수 없는 '무한성으로의 空'5)이다. 따라서 시인이 인식한 空의 세계는 일체의 것이 사라져버린 무(無)만을 가리키는 것이 아니다. 그것은 "아무 것도 없음이면서 무엇이든지 있을 수 있다는 가능성을 가진 無"6)이다. 바로 이 지점에서 시인이 인식하는 空의 세계관은 불교의 中道思想과 접맥된다. 중도는 바로 '비어서 있

---

5) 석지현, 「선시의 세계」, 『석림』 제9집, 동국대 석림회, 1975.2, 411쪽.
6) 위의 글, 412쪽.

음', '없게 있음', '없으면서 있음', '없지만 있음', '비었음', '있음'을 동시에 하는 말이다. 실체 없음(空)이 의존적으로 있음(色)이며, 의존적으로 있음이 바로 실체 없음이다.7)

이러한 중도적 사유는 「스스로를 기억하는 노래」를 통해서도 확인하게 된다. '내 살(肉)은 한때 虛空이었네'라는 표현으로 미루어 볼 때, 이 작품이 '空'으로부터 출발하고 있음을 짐작할 수 있다. 시인은 '캄캄하던 나와 비어 있던 그대들'이 無이면서 동시에 무엇이든지 있을 수 있다는 새로운 가능성을 내포한다는 것을 간파하고 있다. 그러므로 그들모두에게 '빛 속에 빛'을 향해 '나아가라'고 말한다. 그런데 '빛'으로 나아가기 위해 그들이 거쳐 가야 할 것은 '죽은 꽃처럼 눈 안 뜨는 바다'이다. 여기서 '죽은 꽃처럼 눈 안 뜨는 바다'는 암흑과 빛을 함께 내포하는 空을 형상화한 것이다. 이로 인해 그 암흑의 밤 뿌리는 '캄캄하던 나'와 '비어 있던 그대들'을 새로운 가능성의 빛으로 받아들이게 된다.

2. 상호의존성의 관계적 사유

산업화로 인해 급격한 사회변화를 가져온 근대문명의 기계론적 사고는 그 이원적 체계의 경직성으로 인해 생태위기의 원인으로 지목되어 왔다. 카프라는 이 주객분리의 이원적 사고를 비판하면서 자연 생태계의 구조 원리는 근본적으로 상호의존성을 띤다는 견해를 밝혔다.8) 상호의존성에서 출발한 심층생태론의

---

7) 윤영해, 「자아 개념의 해체와 불교의 생태윤리」, 『환경철학』 6권, 한국환경철학회, 2007, 204쪽.

'생태적 자아' 개념은 개인적·이기적·인격적 자아를 초월한 자아 개념으로서 불교의 무자성(無自性), 연기, 공의 개념과 상통한다. 그런데 서양 철학의 실체론적 존재관이 유기체에게 어떤 실체·자아가 있다고 보는 반면, 불교의 비실체론적 존재관은 실체나 자아를 부정하고, 연기라는 관계적 맥락에서만 존재를 이해한다. 따라서 '나'라고 할만 것은 없으며(無我), 불교의 생태적 자아는 자연생태계의 관계성 속에서만 규정되는 개념에 지나지 않는다. 이 장에서는 이러한 전제 위에서 상호의존성의 연기에 관한 화엄(華嚴)의 사유를 중심으로 논의하려 한다.

> 일찍이 거기 놓아두었던 나비날개 하나
> 일찍이 거기 놓아두었던 나비날개의 그림자 하나
> 일찍이 거기 놓아두었던 종소리 하나
> 일찍이 거기 놓아두었던 종소리의 집 하나
> 일찍이 거기 놓아두었던 별 하나
>
> 일찍이 거기 놓아두었던 별의 길 하나
> 일찍이 거기 놓아두었던 불빛 하나
> 일찍이 거기 놓아두었던 불빛의 마음 하나
>
> 거기서 네가 지금 일어서고 있다.
> ―「봄에 대한 추억 하나」 전문

> 사랑하는 이를 따라 산을 넘었다
> 해는 설핏 기울고

---

8) Fritjof *Capra, The Web of Life*, 김용정·김동광 옮김, 『생명의 그물』, 범양사, 2004, 389-391쪽.

적막 가운데로, 사랑하는 이
조약돌 하나 던졌다
조약돌이 풀뿌리에 맞았다
달려오는 벌들을 보아!
어떤 것들은 윙윙 구름을 가리키고
어떤 것들은 윙윙 들꽃을 가리켰다
풀뿌리들이 산을 잡고 놓아주지 않았다
풀뿌리들이 산을 던졌다

사랑하는 이를 따라 산을 넘었다
적막 가운데로 우리는 화살을 쏘았다
화살에 꿰어진 햇살들이 그림자가 되어 돌아왔다
사랑하는 이, 산을 넘으며
내게 그림자 한입을 주었다
— 「추억 속의 당금애기」에서

    생태학과 불교가 공유하는 상호의존성이란 수많은 조건들 간의 상호 작용으로서 다중적 조건들의 끝없는 얽힘과 되먹임을 함축한다는 점에 비추어 볼 때 일종의 그물 사유라고 할 수 있다.9) 상호의존성의 연기 형태를 잘 보여주는 것이 '인드라망'의 비유이다. 인드라망의 상상력에 기대어 바라보면, 우주의 존재들이란 인드라 그물의 씨줄과 날줄이 교차하여 생긴 매듭으로 이해할 수 있다. 이 매듭에는 영롱한 구슬이 하나씩 매달려 있어서, 구슬들은 서로를 비추며 반영할 뿐 아니라 그 각각의 구슬속에 전체 구슬을 반영하게 된다. 이와 같은 연기적 측면에서 존재

---

9) 김종욱, 「레고사유에서 그물사유로」, 『철학논총』 제47집, 새한철학회. 2007. 63쪽. 참고

의 본성은 불가사의한 상호관련성을 맺고 있다. 존재들에게서 벌어지는 모든 작용은 다자(多者)와 일자(一者)의 상호융합을 통해 일어나며, 이것은 주체와 주체 또는 이것과 저것이 서로 끝없이 겹쳐지는 연기를 의미한다.10)

　예시된 「봄에 대한 추억 하나」는 인드라망의 그물 사유가 잘 드러난 작품이다. 이 작품은 소재들을 나열하는 표현 방식을 취하고 있다. 이로 인해 소재들이 각각 동등한 비중을 지닌 채 '나비-종소리-별-불빛-너'로 이어지는 연쇄적 중층 구조를 형성하게 된다. 그 시작은 '일찍이 놓아두었던 나비날개 하나'이다. 나비날개는 나비날개 그림자를 만들고, 나비날개 그림자는 '종소리 하나'와 '종소리의 집 하나'를 불러온다. 여기에 '별 하나'와 '별의 길 하나', '불빛 하나'와 '불빛의 마음 하나'도 이어진다. 이 모든 것들이 표면적인 연관 고리 없이 병치되고 있다. 일견 서로 무관해 보이지만 그것들은 인드라의 구슬처럼 서로가 서로를 함축하며 비추는 존재들이다. 이 존재들의 중층적이고 신비로운 연기에 의하여 '네가 지금 일어서고' 있는 상황이 벌어진다. 즉 이 작품에 그려진 '너'의 존재는 논리적으로 규정할 수 없는 인드라망의 연에서 비롯된 것이다. '너'라고 할만한 독립적인 자아란 존재하지 않으며, 그것은 단지 관계적인 조건과 맺음 속에서 형성될 뿐이라는 연기의 통찰이다. 그러므로 '너'는 인드라망의 무수한 결절점 중 하나로서 '나비날개', '나비날개의 그림자', '종소리', '종소리의 집', '별', '별의 길', '불빛', '불빛의 마음' 등과 동등한

---

10) 화엄사상은 주체와 주체, 존재와 존재가 서로 개방되고(周遍) 서로 머금고(含容) 있는 세계의 실상을 인드라의 그물을 통해 설명하고 있다.(서재영, 『선의 생태철학』, 동국대출판부, 2007, 96-98쪽 참고)

자격으로 그물망을 형성해나가게 된다. 이처럼 여러 조건들의 관계성을 의미하는 연기는 그 복잡하고 중층적인 융섭 과정속에 서로 걸림 없는 무애를 드러낸다.

「추억 속의 당금애기」에서도 사사무애의 연기 구조를 읽을 수 있다. 화자는 사랑하는 이와 함께 산행을 하고 있다. 그 사이 해가 기울고, 조약돌을 던지는 행위가 이어진다. 그런데 이 행위들의 연쇄 작용은 '조약돌이 풀뿌리에 맞는' 데서 전환점을 맞는다. 연쇄적인 작용들이 서로에 대한 단순 수용뿐만 아니라 함축과 반사 행위도 드러내고 있기 때문이다. 즉, 누군가 던진 조약돌이 풀뿌리에 떨어졌을 때, 시인은 연기적 관점에서 그 상황을 '조약돌이 풀뿌리에 맞았다'라고 해석하고 있다. 인드라망의 구슬들이 맑게 서로를 비추고 보여주는 것처럼, 우주의 모든 존재들은 상호교섭(相卽)과 상호침투(相入) 속에서 존재한다. 다시 말해 상대를 통해 자신이 일방적으로 취하였던 행위에 대해 인식함으로써 비로소 스스로를 성찰하고 반성하게 하는 공생의 가르침이라고 할 수 있다. '조약돌을 던진 행위'가 '조약돌이 풀뿌리에게 맞는 행위'로 비춰지는 인식의 전환인 셈이다. 따라서 무심코 '조약돌을 던진 행위'는 행위자에게 그것을 되돌려주는 데 그치지 않고, 나아가 결국에는 '풀뿌리들이 산을 던지는 행위'를 불러일으키게 된다. 무릇 행위들은 연쇄 작용속에 그 파급력이 점차 확산되기 마련이다.

시인은 2연에서 이러한 행위들의 연쇄 작용에 대해 구체화된 비유를 보여준다. 2연 첫행에서 화자는 '우리'라는 표현을 사용하고 있다. 이것은 '사랑하는 이와 나' 둘만을 가리킨다기보다 '인간'의 의미로 이해하는 편이 바람직해 보인다. 이런 맥락에서 '우리가 화살을 쏘았다'라는 것은 인간이 자연에 행하는 파괴적인 행위들을 연상시킨다. 그 화살은 햇살을 꿰고 '그림자'가 되어 돌아온다. 인간이 가한파괴 행위가 인간 생존의 근원이 되는 햇살을 다치게 하는 결과로 인간에게 되돌려진 것이다. 지은 인연의 결과를 받아들여야 하는 화자는 자신이 저지른 행위로 인해 '그림자'로 상정된 폐해를 입게 되는 처지에 놓여 있다.

이 작품에서 흥미로운 것은 '화자'와 '사랑하는 이'의 정체가 구체화되지 않는다는 사실이다. 연기의 맥락으로 볼 때 존재란 무자성이므로 이들은 작품 속에서 실체가 없는 '행위의 발원지'로만 그려진다. 그들은 서로 상즉상입하는 존재들이다. 따라서 서로가 서로의 행위자가 되고, 이 행위들은 다시 서로를 연결하고 있다. 그들은 행위의 인연뿐만 아니라 그 인연의 과보까지 서로 수용하고 비춰줌으로써 온 우주가 걸림 없이 융합하는 모습을 보여준다. 이것이 곧 화엄의 사사무애법계(事事無礙法界)이다.

살펴본 것처럼 '사사무애'가 연기의 구조라고 한다면, '일미진중함시방', '일즉일체다즉일' 등으로 구체화된 사사무애법계의 상호의존성은 그 세부 논리라고 할 수 있다. 다음 작품들을 통해 살펴보자.

햇빛 한 올을 집어들고 가만히 들여다본다, 거기 네가 있다.
— 「너무 짧은 사랑 이미지·너」 전문

빗방울 하나가
창틀에 터억

걸터앉는다

잠시

나의 집이

휘청— 한다
- 「빗방울 하나가·1」 전문

나무가 말하였네

나의 이 껍질은 빗방울이 앉게 하기 위해서
나의 이 껍질은 햇빛이 찾아오게 하기 위해서
나의 이 껍질은 구름이 앉게 하기 위해서
나의 이 껍질은 안개의 휘젓는 팔에
어쩌다 닿기 위해서
나의 이 껍질은 당신이 기대게 하기 위해서
당신 옆 하늘의
푸르고 늘씬한 허리를 위해서.
— 「나무가 말하였네」 전문

　서재영은 연기에서 드러나는 상즉상입의 관계성이란 '하나가 곧 전체이며, 전체가 곧 하나(一卽一切多卽一)'라는 화엄적 사유와 맥락을 같이 한다고 밝히고 있다.11) 이것을 이해하기 위해 먼저, 위에 예시된 「너무 짧은 사랑 이미지·너」를 살펴볼 필요가 있다. 한 행으로 이루어진 시의 내용은 짧고 명쾌하다. 하지만

---

11) 서재영, 앞의 책, 98-99쪽 참고.

그 내용은 결코 가볍지 않은 의미를 담고 있다. 불교의 관점으로 바라보면 모든 존재는 연기에 의해 형성될 뿐, 자성은 공(空)하므로 어떤 특정한 성품을 띠지 않는다. 그런데 이 무자성의 존재들은 상즉상입하는 존재들이기도 하다. 「너무 짧은 사랑 이미지·너」에서 화자가 바라보는 '햇빛 한 올' 속에는 '너'라는 대상이 들어 있다. 이때의 '너'는 특정 인물 등을 가리키는 타자의 의미가 아니다.12) 그것은 연기의 대상으로서의 '너'이며, 대상과의 섭동을 통하여 변화가능성을 함의하는 생태론적 모습을 지닌다.13) 화엄적 사유에 따르면 법의 성품은 마치 천강에 두루 모습을 나타내는 달과 같다. 이러한 맥락에서 우주만물은 아무리 사소한 존재일지라도 '달빛'으로 표상되는 진리를 머금고 있으므로 우주적 진리를 함축한 완전한 법계가 되는 것이다. 결국 '햇빛 한 올'을 통해 '너'를 본다는 의미는 '먼지 한 톨 속에 우주가 들어 있다(一微塵中含十方)'라는 화엄의 진리를 함축한다고 할 수 있다. 이렇게 '햇빛 한 올'에서 '우주'를 읽는 시인의 시선은 자연스럽게 '하나가 곧 전체이며, 전체가 곧 하나(一卽一切多卽一)'라는 이해로 이어지게 된다.

「빗방울 하나가·1」의 1연은 빗물이 창틀에 흘러든 모습을 형상화한 것이다. 화자는 창틀에 스민 '빗방울 하나'를 바라보다가

---

12) 자연과 인간, 사대와 사고, 신체와 국토 등의 '不二'는 어떠한 이항을 전제로 하되 그 전제에 매이지 않는다는 담론이다. 즉, 이항은 不二를 말하기 위한 방편인 것이다.(고영섭, 「연기와 자비의 생태학」, 앞의 책, 44-45쪽 참고)

13) 관계론적 생명관은 불변의 실체론적 자아를 거부하며 환경과의 섭동을 통해서 자아의 변화가능성을 함의하는 생태론적 모습을 지닌다.(윤종갑, 「불교의 연기론적 생명관」, 『한국정신과학회 학술대회 논문집』, 한국정신과학회, 2008.4, 91-92쪽 참고)

3연에 이르러 '나의 집이 휘청—한다'는 인식을 이끌어낸다. 하지만 실제 창틀에 흘러든 '빗방울 하나'의 존재는 미미하기 짝이 없는 것이다. 이 미미한 존재를 통해 집이 휘청거림을 느끼는 것은 연기에 대한 깨달음이 있기 때문이다. 비록 '빗방울 하나'는 미미하지만 '나의 집을 투영'(相入)한다. 이로 인해 '빗방울 하나가 곧 나의 집이 되는'(相卽) 일즉일체가 드러나게 된다. 여기서 우리는 '휘청-한다'라는 의미에 대해 좀더 깊이 진단할 필요가 있다. 현상적 층위에서 살펴본다면 '빗방울 하나'로 인해 '나의 집이 휘청-한다'라는 것은 거짓일 수밖에 없다. 이것은 심리적 차원의 해석을 요구한다. 즉, '휘청-한다'라는 것은 '빗방울 하나'에게서 발견한 연기의 통찰과 이것을 아우르는 화자의 심적 동요를 포함하는 의미이다. '빗방울 하나'를 통해 단순히 현상적 차원뿐만 아니라 심리적인 차원으로까지 이해의 폭을 확장해나가고 있는 것이다.14) 시인이 터득한 무자성의 연기적 존재들에 대한 이해는 「나무가 말하였네」에서 욕망과 집착에 대한 사유로 전이된다. '나무'는 화자 자신이면서 '나'와 동일한 존재이지만 독자의 관점에서는 화제의 대상이기도 하다. '나무'는 '나'이면서 '나'가 아니다. '나무'는 '나'이면서 '나'가 아닌 다른 어떤것도 될 수 있는 가능성을 갖고 있는 무자성의 연기적 존재이기 때문이다. 그러므로 '나무'는 나무의 외연적 의미나 특성에 매여 있지 않다. 또한 나무는 무자성의 존재이므로 욕망이나 집착으로부터 자유롭다. 이런 맥락에서 '껍질'로 표상된 비유의 근저에는 흔히

---

14) "연기는 물리적인 상의성과 상관성만으로 한정되지 않는다. 그것은 심리적이고 인식론적인 상의성과 상관성으로까지 확장된다." (고영섭, 『불교생태학』, 앞의 책, 216쪽)

육욕으로 대치되는 '욕망'을 제거해버린 무자성의 사유가 들어 있다고 볼 수 있다. 자연히 이 '껍질'은 빗방울, 햇빛, 구름, 안개, 당신 등 연기하는 대상들과 상즉상입하는 관계성을 드러내게 된다. 자아의 욕망과 집착에서 벗어나, 관계성을 바탕으로 한무자성으로서의 나무의 의미와 역할이 드러나고 있는 것이다. 서로간 의존적인 상호작용에 의해 삼라만상이 생성하고 존재한다는 연기의 내용인 셈이다.

3. 불성(佛性)의 회복과 자비(慈悲)

연기의 관계성에 대한 이해는 무자성의 존재관을 이끌어낸다. 이 존재관은 삼라만상 속에 실체가 없음을 가르쳐줌으로써 실체의 아상에 사로잡힌 존재들에게 욕망과 집착으로부터 벗어날 것을 설파한다. 뿐만 아니라 궁극적으로는 상호의존의 연기적 이해를 바탕으로 하여 상호존중으로 나아가는 불교적 생태윤리를 제시하는 데 기여하게 된다.

근대 과학 지식이 발달하면서 자연의 모든 존재들은 기계론적으로 취급되고, 그들에게 신성성을 부여했던 물활론적 사고는 폐기되었다. 그 결과 모든 자연 현상이 이성에 의해 수학적으로 설명되고 예측할 수 있게 되었으며, 인간은 수치화된 환원 법칙에 따라 자연을 지배하거나 조작·이용할 수 있는 것으로 인식하기에 이른다. 과학적 지식이란 실증되고 논리적으로 타당성을 갖춘 지식의 절차를 뜻한다. 이러한 입장에서 본다면 모든 존재의 속성은 궁극적으로 물질뿐이다. 비물질적·정신적 존재의 자리를 밀어

내고, 인간과 자연계 전반이 물질 개념으로 대체되는 것이다.15)

이와 같이 근대문명의 실체적 존재관은 자연 존재들을 단지 도구적 대상이자 물질 개념으로 인식한다. 그러므로 우리가 직면한 생태적 위기상황에 대응하기 위해서는 자연 존재들을 상호 의존하는 공존의 대상으로 바라보는 인식의 전환이 무엇보다 중요하다고 할 수 있다. 하지만 그에 못지않게 이 인식의 전환을 실천적 사유로 수용하려는 자세가 필요하다. 자타불이(自他不二)를 바탕으로 하여 발현되는 '자비'가 필연적으로 요구되는 것이다.

바람이 얼룩진 접시 위, 물고기 한 마리 누워 있다, 그것의 살은 잘게 잘게 저며져 있었고, 이런 시간이 오기를

기다려온 그것의 눈은 한껏 크게 벌어져 창밖의 어둠을 빨아들이고 있었다, 오늘 저녁은 따뜻하죠?라든가……라든가……들을 다 알고 있다는 듯이 가끔씩 푸들푸들 경련하며, 어느 한때 분명 바다 밑을 헤엄쳤을 그것, 어느 한때 분명 물풀에게 사랑을 속삭였을 그것의 푸른, 시간이 얼마쯤 지나자 주방 아주머니가 들어와 그것의 너덜거리는 뼈를 꺼내어 흔들며 바람 속으로 사라진다,

아직도푸들거린담, 아주머니는긴뼈를흔든다, 대가리는 매운탕에넣어 고동색의점잖은빛, 바람소리에나귀기울일것을, 우리의다리는이제너무힘이없어, 접시마다눈물이흐른다
　　　　　　　　　— 「흐린 날의 몇 사람」에서

---

15) 박이문, 「전통사상과 생명관」, 경기대 소성학술연구원, 『전통사상과 생명』, 국학자료원, 2003, 10-23쪽 참고.

후덥지근한 거리, 배가 고파서 들어선 음식점엔 수족관이
빙 둘러 서 있었지. 무엇인가가 빤히 쳐다보고 있는 기척을
느꼈어. 놀라 맞바라보니, 노오란 눈! 수족관 흐린 물에 앉
아 수족관 유리벽에 흰 이빨을 대고 나를 바라보는 물고기
의 눈, 뿌연 산소 휘날리는 공중에서 우리는 부딪혔어. 내가
밥을 다 먹을 때까지 그 녀석은 꼼짝않고 나를 보고 있었어.
마치 내 애인처럼, 고요히――슬피. 나는돈을치르고주인에게
물어보았지,그녀석이누구냐고.　상어!,………흰이빨이수족관에
갇혀씩웃었어.그리고분을나서는나를슬금따라나섰지.지느러미
그림자펄럭펄럭,흰이빨그림자펄럭펄럭펄럭.

　　　　　　　　　　　　　　　　　―「상어」에서

　「흐린 날의 몇 사람」에서 시인은 '물고기 한 마리'에게 자신의 감정을 투사하고 있다. 투사란 객체에게 자기 자신의 특성, 태도, 주관적 변화과정을 부여하여 객체를 자기 자신과 동일화하는 것이다.16) 심층생태론을 주창한 네스(A. Naess)는 개체 생명들이 자아실현(Self-realization)이라는 궁극적 목적을 이루기 위해서는 '동일시(identification)'가 필요하다고 보았다. 이러한 주장을 바탕으로 하여 안옥선은 심층생태론의 '동일시'와 불교의 '동체자비'가 갖는 윤리적 측면의 유사성에 대해 피력하기도 하였다.17) 이 시의 화자는 투사를 통해 '물고기 하나'에게서 '자타불이(自他

---

16) 김준오, 『시론』, 삼지원, 1991, 257쪽
17) "윤리적으로 말하자면 동일시와 동체자비는 이기적 자아가 자신의 존재론적 실상에 대한 자각에 기초하여 존재실상에 합치하는 방식으로 자신의 존재방식을 변화시키며 도덕적 자아로 변환되어 가는 것을 의미한다."(안옥선, 「생태적 삶의 태도로서 '동일시'와 '동체자비'」, 『동아시아불교문화』 1권, 동아시아불교문화학회, 2007, 245쪽)

不二)의 동일화'를 이끌어내고 있다. 접시에 놓인 '물고기'를 타자화하여 바라보지 않고, 화자 자신과 똑같은 감정을 가진 대상으로 인식하는 것이다. '눈은 한껏 크게 벌어져 창밖의 어둠을 빨아들이고 있었다. 오늘 저녁은 따뜻하죠?라든가……'라는 대목에 그려진 물고기는 외형뿐만 아니라 그 내면까지 인간의 모습을 닮아 있다. '바다 밑을 헤엄치며 물풀에게 사랑을 속삭이는' 모습 역시 인간의 희노애락을 연상시킨다. 이 모습 때문에 다음 연에서 살이 발려진 채 대가리가 매운탕에 넣어지는 물고기의 모습은 더욱 충격적인 대비를 이루게 된다. 따라서 '접시마다 흐르는 눈물'은 물고기 자신은 물론 그 충격에서 비롯된 화자의 눈물이기도 하다. 물고기의 아픔을 자기의 아픔처럼 느끼고 눈물 흘리는 것이 바로 자비정신이다. 자타불이의 사유는 자비를 이끌어내는 데 주효한 전제가 된다.

　이러한 자타불이의 사유로 인해 화자의 감정이 투사된 시적 대상들은 작품 속에서 의인화되어 드러나는 경우가 많다. 「상어」에서 '수족관의 상어' 역시 인간의 감정을 가진 대상으로 의인화되어 있다. 이 시의 '상어'는 「흐린 날의 몇 사람」에서 등장하는 대상보다 한층 더 능동적인 존재로 묘사된다. 화자는 '배가 고파서 들어선 음식점'에서 자신을 '빤히 쳐다보고 있는 기척'을 느낀다. 그리고 밥을 다 먹을 때까지 '그 녀석은 꼼짝 않고 나를 보고 있었'으며, 이 강렬한 교감은 마침내 화자가 음식점을 나설 때 '나를 슬금슬금 따라 나섰'다는 것으로 마무리된다. 수족관에 갇혀 있는 '상어'를 안쓰러워하는 것은, 흔히 있을 수 있는 감정이입의 결과라고도 볼 수 있다. 그러나 이 작품의 화자는 여기에 머물지 않고 자신을 빤히 쳐다보는 상어의 눈빛을 낯선 사내의 그것으로 인식한다. '마치 내 애인처럼'이라는 표현은 낯선 사내의 눈빛에 교감하는 화자의 심리를 대변하는 것이다. 문을 나서는 화자를 상어가 슬금슬금 따라나선다는 것이 지극히 자연스러운 남녀간의 행위로 받아들여지는 이유는 여기에 있다. 이 작품은 대상에 대해 감정을 투사하는 데 그치지 않고 대상을 능동적인 감정 교류의 대상으로 변환시킴으로써 의인화에 대한 '주체 중심의 동일성'18) 즉 인간중심의 사고라는 의혹에서 한 걸음 비켜서 있다.

> 화분에 물을 주다가 구석에 삐쭉 솟아 있는 잡초를 뽑았습니다.
> 안 뽑히는 것을 억지로 비틀어 뽑았습니다.
> 순간, 아야야— 하는 잡초의 비명이 들려왔습니다.
>
> 아, 이걸 어째?
> 내 손에 피가 묻었습니다
>
> 아, 이걸 어째?
>
> ―「아, 이걸 어째?」 전문

---

18) 서정시 주객합일의 동일성에 대한 견해로는 '자아와 세계의 동일성'(김준오) 또는 '세계의 자아화'(조동일) 등이 있다. 그런데 여기에서 드러나는 주체 중심의 동일성에 대해 반론을 제기한 박현수는 새로운 대안으로써 '상호 주체적 서정성' 개념을 제시한다. 본고의 '자타불이의 동일성' 개념은 '투사'라는 문학 이론을 바탕으로 하고 있지만, 화자의 단순한 감정 이입이나 대상의 단순 감응과 반응을 의미하는 것이 아니다. 오히려 강은교의 일부 작품들은 대상에 대한 단순 투사에서 벗어나 행위자로서 서로 원활하고 능동적인 상호 교감을 표현하고 있다는 점에서, 논의의 초점이 박현수의 '상호 주체적 서정성'과 유사한 맥락에 놓인다.(박현수, 「서정시 이론의 새로운 고찰」, 『우리말글』 제40집, 우리말글학회, 2007.8, 259-297쪽 참고)

창틀 옆으로는 키 큰 어둠이 등을 구부리고 걸어오고 있었다

　　― 하두 오래 어둠을 만지고 있었더니 어둠이 내 살같아졌군요

　　― 절벽 앞에 하두 오래 앉아 있었더니 절벽은 이제 내 뼈

어디 별은 없을까,
세 여자는 어둠 뒤를 홀낏거린다,
짙푸른 저녁.
　　　　　　　　　　　　　　―「세 여자」전문

　의인화된 생명관은 살아 있는 모든 것들에게 영혼이 깃들어 있다고 보는 일종의 애니미즘(animism, 精靈論)이다. 애니미즘이란 모든 생명체들의 움직임은 물질로 환원될 수 없으며, 자체적으로 작동하는 어떤 활력소, 즉 일종의 신비스러운 에너지로서 아니마가 존재한다고 주장하는 형이상학적 신념을 말한다.19) 이런 맥락은 불교의 사유와도 연결된다. 불교에서는 살아 있는 것들은 모두 다 부처가 될 가능성이 있다고(一切衆生 悉有佛性) 말한다. 다시 말해, 중생은 부처가 될 바탕 즉 불성을 지닌 존재들이다.
　그런데 화엄경에서는 식물과 동물뿐만 아니라 생명현상이 없는 무정물까지도 부처의 성품인 불성이 있다고 설한다.20) 애니미즘이 생명체들에 대한 신비스러운 '영성'을 전제로 한다면, '불성(佛性)'에 기반을 둔 불교의 사유는 생명체에 얽매이지 않고

---

19) 박이문, 앞의 글, 9쪽.
20) 고영섭, 『연기와 자비의 생태학』, 앞의 책, 17쪽.

보다 포괄적으로 삼라만상을 아우르는 개념이라고 할 수 있다. 이러한 사유는 온 우주의 자연 대상들을 '불성을 가진 존재'로 인식함으로써 근대 문명의 기계론적 존재관을 근본적으로 반성하고, 자연히 그 모든 존재를 존중하는 마음으로 나아가게 한다.

「아, 이걸 어째?」는 식물을 의인화하고 있는 작품이다. 이 작품의 제재가 된 '잡초'는 식물에 대한 인간중심적 명명의 예이다.21) 이때 대상에 대해 부정적이거나 긍정적 평가를 내리는 근거는 인간에게 어떤 쓸모가 있느냐는 지극히 인간중심적인 가치 기준이다. '잡초'라는 명명은 그것이 관상용으로나 식용의 측면에서 인간에게 그다지 쓸모없는 식물이라는 부정적 편견을 내포한다. 이런 가치관에 사로 잡혀 있으므로 화자 역시 화분에 물을 주다가 눈에 띈 잡초를 뽑아버려야겠다고 마음먹는 것이다. 심지어는 '안 뽑히는 것을 억지로 비틀어' 뽑기까지 한다. 여기까지 화자는 '잡초'라는 대상에 대해 그가 우리와 다르지 않다는 자타불이의 인식에 이르지 못하고 있다. 오히려 인간의 관점에서 볼 때 그것이 쓸모없는 존재에 지나지 않으므로 아무런 죄의식조차 없이 제거하려 한다.

근대 문명의 기저가 된 서양철학은 주체 중심의 이원적 사유 체계를 갖고 있다. 이 이원적 사유는 타자와 나를 구별하고 대립적으로 인식하므로 자연히 타자에 대해 억압과 폭력적 태도를 형성하게 된다. 이 작품의 화자가 대상에게 취하는 태도와 행위는 그와 같은 폭력성에서 출발한다. 하지만 억지로 비틀어서 뽑

---

21) Alwin Fill, *Ökolinguistik. Eine Einführung*, 박육현 옮김, 『생태 언어학』, 한국문화사, 1999, 183쪽.

아내려 한 그 순간, 화자는 잡초의 고통스런 비명을 비로소 듣게 된다. 자신과 다름없이 불성을 가진 존재로서 잡초의 아픔을 직관하였기 때문이다. 잡초의 비명 소리는 자타불이에 대한 이해에서 오는 화자 내면의 소리라고 할 수 있다. 잡초를 자타불이의 존재로 받아들이게 되자, 잡초의 상처에서 흘러나온 진액을 '나의 피'라고 인식하기에 이른다. 즉, '피를 가진 동물은 반드시 느낌이 있으며, 이 느낌은 곧 불성'22)이라는 인식 위에서 화자는 의인화된 잡초의 피를 통해 '불성'의 이해와 보살행에 대한 깨달음을 얻고 있다. 편견을 버리고 얻은 이 깨달음은 상대의 아픔을 나의 것으로 느끼는 자비를 일으키게 된다.

한편 「세 여자」에서는 자비의 대상이 되는 중생의 범위를 무정은 물론 추상적 존재로까지 확장하고 있어서 흥미롭다. 유정 외 무정물도 불성이 있다는 불교적 사유를 전제로 삼더라도, 중생의 개념 속에 추상적이거나 형이상학적 존재까지 포괄하는 것은 그리 쉬운 일이 아니다. 예컨대 이 작품에서 화자는 '어둠', '절벽', '별', '저녁'을 모두 중생으로 포괄하는 오지랖을 보인다. '절벽'과 '별' 같은 비생명체, '어둠'과 '저녁' 같은 추상적 존재마저 불성을 가진 존재로서 자타불이하다는 믿음이 작품의 기저에 깔려 있는 것이다. 이로 인해 '어둠이 내 살 같아졌다', '절벽은 내 뼈'와 같은 구체화된 不二의 표현이 등장한다. 시인은 근대 과학문명으로 인해 파괴된 삼라만상의 '불성'을 회복하고자 하는 의도를 드러내고 있다. 이와 같이 작품에서 흔히 드러나는 시적 대상들의 '의인화'는 불교생태학적 관점에서 볼 때 '자타불이(自

---

22) 고영섭, 『연기와 자비의 생태학』, 앞의 책, 76쪽.

他不二)의 문학적 수용'이라고 규정할 수 있다. 우리는 그의 작품에서 체득한 동일성 체험을 기반으로 하여 삼라만상에 존재하는 불성을 잘 이해하고 상호존중의 자비행으로 나아가게 된다. 자비는 내 존재의 부정을 통해 나와 세계가 하나 되는 실천 행위이다. 상호존중하며 공존하는 세계 속의 나, 동체대비를 실현하는 길인 것이다.23)

---

23) "스나이더를 이것을 '삼라만상과 하나됨'이라고 표현한다. 작은 나를 버리고 큰 나를 실현하는 것은 바로 생태학에서 설명하는 '대자아의 실현'이다. 근본생태론에서 대자아란 자연과 더불어 공존하고 공생하는 자아를 의미한다. 그런 점에서 대자아의 실현은 자기르 더 큰 전체의 일부로 인식하는 자기반성의 과정이다. 따라서 자연과 내가 하나됨을 인식하는 과정이 바로 대자아의 실현이다."(서재영, 앞의 책, 268쪽)

박용래 시세계의 불교생태관

불교생태관의 가르침은 우리로 하여금 나와 너, 개인과 사회, 인간과 자연 등의 '관계'에 대해 재고하게 한다. 이런 맥락에서, 박용래의 작품에 구현된 조화로운 세계야말로 각박한 현대인의 삶의 방식에서 벗어나 우리가 지향해야 할 생태적 청사진이라고 해도 과언이 아니다. 우리가 살아간다는 것은 단순한 생명활동을 넘어서서 공동체 구성원들과 더불어 생활하며 그 구성원으로서 일정한 역할을 하고 주어진 자격도 누리는 것을 의미한다. '공동체'란 "더불어 사는 삶과 그 터전"24)이다. 덧붙여, 본고의 '공동체'는 단지 인간 사이의 한정된 관계뿐만 아니라 인간과 자연생태계 전반으로 확장된 개념임을 미리 밝힌다.

1. 공(空)의 인식과 무소유

근현대 과학기술문명은 합리성에 기반을 둔 인간의 도구적 이성에 의해 형성되었다. 이로 인해 인간은 이성적 주체로서 자연 존재들을 물질적 객체화의 대상으로 삼는 이분법적 세계관을 형성하게 된다. 이 세계관은 모든 존재 대상들에게 인간중심적 가치를 부여해왔다. 인간에게 얼마나 이로운가의 기준에 따라 모든 자연 대상의 가치를 부여하였으며, 그들을 서열화하였다. 한걸음

---

24) 법륜 편, 『공동체를 찾아서』, 한국불교환경교육원, 1997, 18쪽.

더 나아가, 자본주의의 인식체계는 인간의 이윤 추구를 위해 자연 대상에 가해지는 지배와 착취 행위들을 정당화하는 데 기여하였다. 결국 우리가 직면한 환경·생태 문제는 과학기술문명과 자본주의에서 기인한 인간의 끝없는 탐욕에서 출발하였다고 보아도 무방할 것이다. "생태는 몸과 욕망의 문제이며 몸과 욕망의 상생의 문제"25)이기 때문이다.

이런 맥락에서 볼 때 박용래 시인의 삶과 그가 견지한 창작 태도는 시사하는 바가 크다. 박용래 시인은 59년의 생애를 초야에 묻혀 지냈다. 그는 "풀꽃을 사랑하여 풀잎처럼 가벼운 옷을 입었으며, 나물밥 30년에 구차함을 느끼지 않았다."26) 시인 스스로 검박한 삶을 살았을 뿐만 아니라, 작품 세계에도 투영된 무소유의 정신을 불교적 맥락에서 짚어보는 것은 무엇보다 중요한 일일 것이다. 무소유 정신을 이해하기 위해서는 먼저 공(空)의 의미를 살펴봐야 한다.

나는 소금
坐板 위 주발이다
장날 폭설이다
지게 목발이다
헤쳐도헤쳐도
山, 고드름의 저문 山
새발심지의

---

25) 고영섭, 『불교생태학』, 불교춘추사, 2008, 73쪽.
26) 이문구, 「朴龍來 略傳」, 『박용래 시전집』, 창비, 2013, 231쪽.

燈盞

　　　　　　　　　　—「겨울 山」전문

손톱 발톱
하나만
깎고
연지 곤지
하나만
찍고
할매
안개 같은
울할매
보리 잠자리
밀 잠자리 날개
옷 입고
풀줄기에
말려
늪가에
앉은
꽃의
그림자
같은 메꽃.

　　　　　　　　　　—「할매」전문

　인간은 '나'의 실체를 의심하지 않고 살아간다. 그러나 불교사상의 관점으로 본다면, 모든 존재들에게 무엇이라 규정할 수 있는 실체성이란 없다. 일체 사물의 자성(自性)을 부정하는 것, 이것이 공(空)이다. "공사상은 일종의 부정적 논리로서 인생의 문제는 우리 인식의 오류에서 발생"27)한다는 메시지를 담고 있기도 하다. 즉, 모든 현상 이면의 실체성을 전제함으로써 욕망과 집착이 생겨난다는 것이다.

「겨울 山」 첫 행에서 화자는 스스로를 가리켜 소금이라고 말한다. 하지만 이어서 그는 주발, 폭설, 산, 등잔 등으로 차례차례 변환되어 드러난다. 이것은 연기(緣起)의 실상을 상징적으로 보여주는 장치라고 볼 수 있다. 연기란 삼라만상이 수많은 조건(緣)들의 결합에 의해 생겨난다는 상호의존적 발생을 의미한다. 이와 같은 연기의 원리로 인해 생겨난 삼라만상은 무자성(無自性)으로서 공일 수밖에 없다. 또한 그 수많은 조건들이 끊임없이 영향을 주고받으며 변화해가므로, 연기의 연쇄작용은 끝없는 순환으로 이어지게 된다.

따라서 「겨울 山」 첫 행에서 소금이었던 화자의 인연화합은 또다른 연기를 통해 좌판 위에 놓인 주발이 되거나, 장터를 뒤덮는 폭설, 지게 목발, 저문 산과 등잔이 되기도 하는 것이다. 화자는 소금에서 등잔에 이르기까지 모든 대상을 자신과 동일시하여 바라보고 있다. 이 시선은 연기실상에 대한 이해가 있었기에 가능한 것이다. 그 자신이 공으로서 무아라는 인식은 연기실상 속의 모든 대상을 '자신과 다르지 않음'에서 나아가 '자신과 같음'으로 갈음되고 있다.

이와 같은 공의 인식은 「할매」를 통해 무상(無常)으로 이어진다. 화자는 돌아가신 할머니의 존재를 '메꽃'에 빗대어 묘사하고

---

27) 최일범, 「생태학적 관점에서 본 동양사상의 인간관」, 『양명학』 제27호, 2010.12, 51쪽.

있다. 그런데 이 메꽃의 모습은 단순하지 않을 뿐만 아니라 기괴하기조차 하다. 손톱 발톱을 하나만 깎고, 연지곤지 하나만 찍은 할머니의 모습, 더구나 할머니는 부재하므로 '안개 같은' 모습으로 오버랩된다. 덧붙여서 보리 잠자리와 밀 잠자리의 날개옷을 입은 꽃, 그것은 실재하는 꽃이 아니기에 '그림자 같은' 메꽃이다. 작품에 그려진 '할머니의 부재'는 세상 어디에도 영원불변한 것이 없다는 무상성을 담고 있다. 이 무상은 연기의 깨달음을 바탕으로 한다. 따라서 화자는 할머니의 부재를 소멸로 인식하기보다는, 무수히 많은 조건들 속에 다양하게 변화해가는 인연화합의 모습으로 받아들이는 것이다.

  위 두 작품을 통해 드러난 空의 혜안은 한 걸음 더 나아가 다음 작품들에서 무소유의 정서로 발현된다.

    남은 아지랑이가 훌훌 타오르는
    어느 驛 構內 모퉁이 어메는 노
    오란 아베도 노란 貨物에 실려
    온 나도사 오요요 강아지 풀.
    목마른 枕木은 싫어 삐걱 삐걱
    여닫는 바람 소리 싫어 반딧불
    뿌리는 동네로 다시 이사간다.
    다 두고 이슬 단지만 들고 간
    다. 땅 밑에서 옛 喪輿 소리 들
    리어라, 녹물이 든 오요요 강
    아지풀.

                          — 「강아지풀」 전문

한뼘떼기 논밭이라 할 일도 없어, 흥부도 흥얼흥얼 문풍지 바
르면 흥부네 문턱은 햇살이 한 말.
패랭이꽃 몇 송이 아무렇게 따서 문고리 문살에 무늬 놓으면
흥부네 몽당비 햇살이 열 말.

— 「小感」 전문

앞산에 가을 비
뒷산에 가을 비
낯이 설은 마을에
가을 빗
소리
이렇다 할 일 없고
기인 긴 밤
木瓜茶 마시면
가을 빗
소리.

— 「木瓜茶」 전문

「강아지풀」은 시각적으로 독특한 형식을 취하고 있다. 이 작품의 독특한 형식은 철로를 달리는 기차 이미지를 형상화한 듯하다. 형식에 대한 단서는 '驛', '枕木', '녹물' 등의 단어들에서도 쉽게 찾을 수 있다. 이렇게 시인은 동심을 떠올리게 하는 기차 모형의 형식으로써 무겁지 않고 따뜻한 분위기 속으로 독자를 이끈다.

이 작품에 묘사된 것은 강아지풀의 이사 풍경이다. 보다 정확히 말한다면 어느 이삿짐 귀퉁이에 실려 온 강아지풀의 모습이다. 시인은 이삿짐 귀퉁이에 놓인 강아지풀을 포착한 뒤, 전지적 시점으로 그것을 관찰하고 있다. 어디에선가 우연히 이삿짐 화물

에 섞인 채 실려왔을 강아지풀, 그런데 이 강아지풀은 화자의 시선을 통해 풍경의 주체로 뒤바뀌어 전면에 등장한다. 더욱이 강아지풀이 의인화됨으로써 이 작품은 한층 더 밝고 가벼운 어조를 담지하게 된다. 사실, 이 분위기는 "반딧불 뿌리는 동네"로 "이슬 단지만 들고" 떠나는 빈곤한 이사 내용과는 거리가 멀다. 그럼에도 불구하고 이삿짐 위의 강아지풀은 기차 타고 소풍가는 어린아이처럼 '오요요' 들떠 있다.

이렇게 들떠 있는 이사 풍경을 이해하기 위해서는 '무소유' 개념에 대한 이해가 전제되어야 한다. 불교의 무소유는 무자성(無自性), 공(空)에 대한 또다른 표현이다. 자성이나 실체를 결여해 공한 것은 취득하여 집착하거나 거기에 머무를 수 있는 것이 없다. 그러므로 무소유는 무소득(無所得)이나 무소착(無所着), 무소주(無所住)라고도 표현된다.[28] 이러한 불교사상은 자본주의로 대표되는 근현대 경제시스템의 핵심적인 '소유' 개념에 전면적으로 배치되는 것이라 할 수 있다.

이 작품에서 강아지풀이 이사하는 이유는 '목마른 枕木'과 '삐걱삐걱 여닫는 바람 소리'가 싫어서이다. 그런데 화자가 지목한 침목은 철도로 대변되는 문명의 상징물이다. 그는 목마른 침목과 삐걱거리는 바람소리 때문에 그 문명이 싫다고 말한다. 이때의 목마름과 삐걱 소리는 본래 성질과는 다르게 변질되어버린 자연의 모습을 가리킨다고 볼 수 있다. 철로의 침목이 된 나무는 자신의 생명과 내재적 가치를 상실한 채, 과학문명의 도구적 이성에 의해 오직 침목의 쓰임새로만 자리매김하고 있을 뿐이다. 바

---

28) 김종욱, 앞의 책, 294-295쪽 참고.

람 소리 역시 자연 본래의 것과는 달리 삐걱삐걱 거슬리는 소리로 변질되어 있다. 게다가 강아지풀조차 '녹물이 든' 모습이다.

그들은 모두 한결같이 본연의 자기 자신과는 동떨어진 모습을 노정함으로써 변질된 세계를 보여준다. 과학문명이 발달하면 할수록 주체로서의 모든 자연 존재들은 점점 더 소외되고 도구화되어 왔다. 시인은 이 원인을 '소유'가 근간이 된 자본주의 경제 시스템에서 찾고, 이것을 해결하기 위해서는 '소유'가 아니라 '무소유' 정신을 정립해 나가야 한다고 피력하는 것이다. 이러한 이유로 인해 이 작품의 화자는 '이슬 단지만 들고'서도 '반딧불 뿌리는 동네로' 이사하는 일이 마냥 즐거울 수밖에 없다.

「小感」에 등장하는 흥부는 '한뼘떼기 논밭'을 가진 가난한 농사꾼이다. 농사꾼이 한 뼘 떼기밖에 안 되는 논밭으로 안정적인 삶을 꾸리기 힘들다는 것은 자명한 일이다. 하지만 흥부는 문풍지 바르면서도 '흥얼흥얼' 흥을 내는 여유를 갖고 있다. 이 여유는 그에게 '햇살이 한 말'이라는 풍요를 안겨준다. 즉, 흥부의 노동 행위들 속에 '흥얼흥얼' 깃들어 있는 여유(因)가 '햇살 한 말'이라는 결과(果)를 일으키는 것이다. 이러한 도식은 '패랭이꽃 몇 송이'를 따는 행위가 '몽당비 햇살 열 말'이 되어 돌아오는 둘째 행에서도 드러난다. 더구나 이 장면들에서 묘사된 인과의 내용은 생산적인 노동 행위나 실제 노동 현장과는 다소 거리가 있다. '햇살 한 말'과 '몽당비 햇살 열 말'이 가난한 농부의 양식이 될 수도 없을 것이다. 그러나 흥부는 무소득(無所得)의 여유를 가짐으로써 그 모든 것들을 풍요의 상징물로 전환시킬 수 있었다. 그가 가진 여유는 탐욕심의 과도한 소유 욕망과 이로 인한 속박에서 벗어난 무소유의 지혜에서 비롯된 것이다.

　이와 같은 무소유는 「木瓜茶」에 이르러 무소착(無所着)의 모습으로 발현된다. 「木瓜茶」의 화자는 가을 빗소리를 들으며 차를 마시고 있다. 흥미로운 것은, 이 작품 속에서 화자의 정체에 대한 단서가 어디에도 드러나지 않는다는 사실이다. 다만 차를 마시는 화자의 행위가 드러날 뿐이다. 이러한 점은 전술한 무소유의 근본 성격과도 연계되는 측면이 있다. 불교 공(空)사상의 관점에서 바라볼 때, 소유의 주체나 소유의 대상 모두 공일 수밖에 없다. 그러므로 이 작품 속에서 화자가 잠재된 것은, 단순히 행위 주체의 실종이라기보다는 소유 주체의 소거라는 해석이 타당할 것이다. 뿐만 아니라 이 작품에서는 소유의 대상 또한 명확하게 드러나지 않는다. 화자는 모과차를 마시면서 모과차의 맛, 향기, 온기 등을 느끼는 대신 '가을 빗소리'를 듣는다. 모과차를 한 모금씩 마실 때마다 '앞산에 가을 비', '뒷산에 가을 비', '가을 빗소리'가 상호 조응하듯 차례로 들려온다. 결국, 화자가 마시는 모과차는 향유나 소유의 대상이 아닌, 자연 교감의 매개물로서 역할을 하고 있다. 이 작품은 차 한 잔을 마시는 행위에서조차 어디에도 집착하거나 얽매이지 않는 무소착의 무소유를 보여주고 있는 것이다.

　주지하듯이, 환경 파괴와 생태적 위기 현상 등 현재 지구상에 대두되고 있는 심각한 문제들은 인간의 끝없는 탐욕에서 비롯된 것이다. 이러한 문제 해결의 단서로서 우리는 박용래 시에 구현된 무소유의 세계를 참고할 필요가 있다. 그의 작품 속에는 공의 인식에서 비롯된 무소유의 정서가 드러나고 있다. 세상 만물은 수많은 조건(緣)들의 결합에 따라 상호의존적으로 생겨나고 존재한다. 따라서 일체 사물은 본래 자성(自性)이 없는 비실체성을 띠게 된다. 박용래의 시는 이와 같은 공사상을 바탕으로 하여, 우리가 가진 욕망과 집착이 비실체성에 대한 인식의 오류에서 생긴 문제임을 보여주고 있다. 비실체성의 무명으로부터 탐진치(貪瞋癡) 삼독이 생겨남으로써 환경 파괴적이고 반생태적인 문제들을 야기하게 된다는 것이다. 따라서 그의 작품에 구현된 무소유 사상은 현대 과학문명 속에 살아가는 인간의 과도한 욕망과 집착을 제어하기 위한 방안으로써 우리에게 던지는 시사점이 크다.

2. 연기적 세계의 상호의존성

앞서 살펴본 존재의 비실체성은 개체적 속성의 측면에 초점이 맞춰져 있다. 그러나 법계(法界)는 만물의 어울림 속에 형성되어 유지되므로, 이것을 개체적 속성의 측면에서만 논의하기보다는 관계적 속성에 대한 논의로 확장해나가는 것이 바람직할 것이다. 전술한 바와 같이, 일체 사물이 비실체성을 띠는 이유는 그 생성과 변화가 연기(緣起) 원리에 기반을 두고 있기 때문이다. 그런데 연기론이란 사물의 존재성을 연(조건)이라는 타자를 통해서 규정하는 원리이므로 타자를 전제로 하지 않는 고유한 실체는 존재할 수 없다.29) 이 연기 원리에 의하면 삼라만상의 모든 현

---

29) "연기론은 나의 존재성을 연(조건)이라는 타자를 통해서 규정하는 원리이다. 연기는 타자를 전제로 하지 않는 어떠한 고유한 실체로서의 나는 존재할 수 없다는

상과 존재들은 그 자체의 실체성에 의한 것이 아니라, 관계의 소산으로서 존재들 간 상호작용에 의해 드러나는 것이다. 이와 같은 상호의존성의 의미를 다음 작품들에서 살펴보자.

> 가을, 노적가리 지붕 어스름 밤 가다가 기러기 제 발자국에
> 놀래 노적가리 시렁에 숨어버렸다 그림자만 기우뚱 하늘로
> 날아 그때부터 들판에 갈림길이 생겼다.
> ―「들판」 전문

> 비슷 비슷한 이름들이
> 건들 八月
> 모스러진 섬돌.
> 잿무덤 속에서
> 장독까지
> 치켜든 댓사리 속에서
> 窓紙에서도
> 한낮에
> 두세두세 나오는가 옛
> 사람들
> ―「옛 사람들」 전문

상호의존적 존재로서 삼라만상은 서로가 서로에게 원인 또는 조건이 되어서 존재한다. 그런데 연기의 인과는 직접적 인과뿐만 아니라 간접적이고 상호적 인과작용도 포함한다. 「들판」에서 이러한 연기의 상호 인과작용이 드러난다. 이 인과작용은 비선형

 것이다."(고영섭, 『연기와 자비의 생태학』, 연기사, 2001, 44쪽)

인과30))로서 복잡한 그물 형태를 띤다. 「들판」은 행 구분 없이 한 연으로 이루어진 작품이다. 하지만 작품 속에 등장하는 행위 주체는 혼자가 아니다. 이 작품에는 '기러기'와 '그림자' 등의 행위 주체가 등장한다. 먼저 어스름 밤 노적가리 지붕 위를 날아가던 기러기가 제 발자국에 놀라 노적가리 시렁에 숨는다. 이어서 그림자도 하늘을 기우뚱 날면서 갈림길이 생긴다. 제1의 행위 주체 '기러기'는 하늘을 날다가 제 발자국에 스스로 놀람으로써(因) 노적가리 지붕에 숨는 결과(果)를 드러낸다. 이러한 인과는 단독으로 마무리되지 않고 "그림자가 하늘을 기우뚱 날아가는" 연쇄 행위를 유발시키게 된다. 이렇게 하늘을 기우뚱 날아가는 행위(因)는 다시 들판에 갈림길이 생기는 (果) 결과를 불러온다. 이들의 연쇄작용을 궤적으로 그려본다면 나란히 두 개의 포물선이 형상화된다. 그러나 이 작품의 주체 행위를 찬찬히 들여다볼 때, 이 두 가지 행위는 별개의 것이 아니라 '동시적인 발생(相依性)'이라는 연기의 특성이 내포되어 있음을 짐작하게 된다. 다시 말해, '기러기'와 '그림자'는 분리된 행위 주체로서 드러나고 있지만, 애초에 그들은 분리될 수 없이 한몸에서 비롯된 존재들이다. 또한 기러기가 제 그림자에 놀라서 시렁에 숨는다는 단순한 직접 인과에 그치지 않고, 결국에는 연쇄적으로 그림자의 길과 합류하여 들판의 갈림길을 만듦으로써 복잡한 비선형인과의 양상을 보여준다. 연기의 이치가 그러하듯, 일체의 현상과 삼라만상

---

30) 김종욱은 연기의 인과를 '비선형 인과(non-linear causality)'라고 설명한다. 연기의 인과는 그 결과가 또다른 원인에게 영향을 주면서 복잡하게 연결된다는 것, 원인과 결과가 서로에게 영향을 주는 상호작용을 하기 때문에 '비선형 인과'는 상호 인과(mutualcausality)라고도 불린다.(김종욱, 「복잡계로서 생태계와 법계」, 철학사상 제41권, 서울대철학사상연구소, 2011, 15-16쪽 참고)

은 서로가 서로에게 영향을 주고받는 복잡하고 다양한 관계 속에 놓여 있는 것이다. 이 중층적 연기의 이미지는 「옛사람들」에서도 잘 드러난다.

　삼라만상의 중층적 연기 실상을 잘 설명해주는 것이 화엄사상의 인드라 그물 비유이다. 연기적 관점에서 바라보면 인드라의 그물은 씨줄과 날줄이 교차하는 결절점에 영롱한 보배구슬이 하나씩 매달려 있는 형태를 띤다. 이 각각의 구슬들 서로가 서로를 비출 뿐만 아니라 하나의 구슬이 전체 구슬을 반영하게도 된다는 것이다. 모든 존재가 인드라 그물의 개념에 의해 상호 연관성을 갖기 때문에 모든 개체의 작용은 일자(一者)와 다자(多者)의 상호 융합을 통해 일어난다.

　'비슷비슷한 이름들', '八月', '섬돌', '잿무덤', '장독', '댓사리', '窓紙', '옛 사람들' 등, 「옛 사람들」에 등장하는 존재들은 별다른 논리적 연결고리 없이 병치되고 있다. 언뜻 보기에도 이들 모두 서로 무관한 존재들처럼 보인다. 하지만 그들은 인드라 그물의 구슬처럼 서로가 서로를 비추며 포용하는 존재들이다. 논리적 연결고리를 통해 형성된 관계 맺음이 아니지만, 그들은 인드라의 그물과도 같은 중층적인 조건과 관계성 속에 서로 연결되어 있다. 그러기에 '비슷비슷한 이름들'이 복잡하게 이어진 그물망 속에서 '옛 사람들'을 투영(相入)하고 함축(相卽)하게 되는 것이다.

　　芭蕉는 춥다
　　창호지 한겹으로

　　왕골자리 두르고

三冬을 난다.

받혀 올린 天井이
갈매빛 하늘만큼 하랴만

잔솔가지 사근사근
눈 뜨는 밤이면

웃방에 앉아
거문곳줄 고르다.

이마 마주 댄
희부연한 고샷길.

芭蕉는 역시 춥다.
시렁 아래 小盤머리.

　　　　　　　　　　—「自畵像Ⅰ」 전문

해종일 보리 타는
밀 타는 바람

논귀마다 글성
개구리 울음

아 숲이 없는 山에 와
뻐꾹새 울음

　　　　　　　　　　—「散見」에서

삼라만상의 상호의존성은 불교의 의정불이 사상에서도 잘 드러난다. 특히, 의정불이 사상에서 주목할것은 정보와 의보의 상호 역할 관계이다. 업식(業識)의 주체인 정보(正報)와 업식을 담는 그릇인 의보(依報)는 연기적인 관계망 속에 놓여 있다.31) 이때 타자와의 관계 속에서만 나의 존재가 성립되는 연기 원리에 따라, 정보와 의보는 떼려야 뗄 수 없는 의존적 관계에 놓이게 된다.

「自畵像Ⅰ」에 표면적으로 등장하는 업식의 주체는 '芭蕉'이다. 그러나 '자화상'이라는 제목이 암시하듯 정보로서 파초는 화자 자신이 투영(相入)된 존재이기도 하다. 파초는 '왕골자리 두른' 파초의 습성과 '거문곳줄 고르는' 화자의 습성을 모두 보여준다. 여기서 이 작품의 1연과 마지막 연, 반복적으로 "파초는 춥다"라고 발현된 화자의 목소리에 주목할 필요가 있다. 화자는 파초를 대상화하여 투영하는 데 그치는 것이 아니라, 함께 느끼는 존재로 인식하고 있다. 일방적인 상입이 아닌, 서로가 왕골자리를 두르고 거문곳줄 고르는 역할의 교환을 통해 서로의 감각적·정서적 공감의 단계로 나아가는 것이다.

정보와 의보의 역할 관계에 대해서는 「散見」을 통해 더 진전된 논의를 이끌어낼 수 있다. 「散見」에서는 업식의 행위 주체인 정보가 여럿 등장한다. 먼저, 1-2행에는 보리와 밀을 타는 '바람'이, 3-4행에는 논귀마다 글썽거리며 우는 '개구리'가 정보로서 등장한다. 그런데 5-6행에서는 앞의 경우와 달리 정보가 생략되어 있다. 표면적으로는 울음의 주체가 뻐꾹새 인 듯하다. 그러나 문맥을 찬찬히 들여다보면 5행 '숲이 없는 山에 온' 주체는

---

31) 고영섭, 『연기와 자비의 생태학』, 앞의 책, 64쪽 참고.

화자 자신이라는 해석이 더 타당해 보인다. 뻐꾹새 울음 소리를 내는 주체는 화자 자신인 셈이다. 그러므로 이 작품에 등장하는 행위 주체로서의 정보는 '바람', '개구리', '화자' 등이다. 일반적으로 업식의 행위 주체로서 정보는 인간, 중생 등 유정들의 몸을, 의보는 자연환경, 국토 등의 무정을 의미한다고 설명된다.32) 그럼에도 불구하고 이 작품에서는 '바람'으로 대표되는 자연(무정)과 '개구리·화자'로 대표되는 서로 다른 중생들(유정)이 모두 동등하게 정보의 역할을 하고 있다. 즉, 이 작품은 업식의 주체와 업식이 담기는 그릇(대상)으로서 정보·의보의 역할은 물론, 정보·의보의 자격으로서 유정과 무정이 결코 고정불변의 개념이 아니라는 사실을 보여준다. 또한 정보·의보, 유정·무정의 존재들이 연기 실상 속에 독립적 개체로서 개별적으로 존재하지는 않는다고 강조하고 있다. 법계연기의 모든 것들이 서로의 역할과 자격을 자유롭게 주고받는 의존적 존재라는 함의를 제시하는 것이다.

살펴본 바와 같이, 박용래 시인의 시세계에는 연기원리에 기반을 둔 삼라만상의 상호의존적 속성이 잘구현되어 있다. 상호의존적 존재로서 만물은 서로가 서로에게 원인 또는 조건이 되어서 존재한다. 이 연기의 인과는 직접적 인과뿐만 아니라 간접적이고 상호적 인과작용도 포함한다. 동시적 발생(相依性)이라는 이 연기의 특성은 일체의 현상과 만물이 서로 영향을 주고받는 복잡하고 다양한 양상을 띔으로서 중층적 연기의 이미지를 보여준다. 삼라만상의 상호의존성은 불교의 의정불이 사상에서도 잘 드러

---

32) "正報란 과거에 행한 업보의 결과로 받게 되는 유정(有情)들의 몸을 의미한다. 이에 반해 依報란 중생들의 몸, 즉 정보가 의지하고 살아가는 것으로서 사회·국토·환경 등을 의미하는 것이다."(서재영, 앞의 책, 346쪽)

난다. 특히 눈여겨 볼 것은, 박용래 시에 형상화된 의정불이 사상 속 정보·의보의 자격과 역할 관계이다. 박용래의 시에서는 유정은 물론 무정들도 동등하게 정보의 역할을 수행함으로써, 정보·의보 또는 유정·무정의 존재들 모두 고정된 개체 존재가 아니라는 연기실상이 드러난다. 개별적으로 존재할 수 없는 법계연기의 삼라만상은 서로의 자격과 역할까지 스스럼없이 상즉상입하며 의존적으로 존재한다는 함의가 들어 있는 것이다.

이와 같이 박용래 시에 드러난 모든 존재의 관계성에 대한 자각은, 나 자신의 아상(我相)에서 벗어나 관계적 맥락에서 스스로를 점검하고 돌아보게 한다. '나'에게서 벗어나 비로소 법계 연기의 구성원(관계적 무아)으로서 모두를 이해하고 배려할 수 있는 자연스런 마음의 자세를 갖게 되는 것이다.

3. 상생과 조화의 윤리

사회생태론과 생태여성론자들은 현재 우리가 직면한 환경파괴와 생태위기의 원인이 인간 사회의 '지배'라는 구조적 문제에 있다고 지적한다. 그들의 견해에 따르면 인간의 자연 지배는 인간이 인간을 지배해온 데서부터 비롯된다. 또한 그들은 고도의 위계사회일수록 인간이 자연을 지배하고 파괴할 가능성이 더 높다고 주장한다.

이와 같은 주장에 비추어볼 때, 불교의 생태관은 중요한 의의를 담고 있다. 불교사상은 삼라만상의 모든 존재에 대해 근대 서구 철학과는 근본적으로 다른 가치관을 토대로 한다. 이것을 보여주는 것 중 하나가 '불성' 개념이다. 이 개념은 불교의 관점에서 삼라 만상의 내재적 가치를 설명하기 위한 것으로 논의되어 왔다. 본고에서는 '불성' 개념을 내재적 가치뿐만 아니라 '만물 평등'과 '상호 존중'의 근거로 확장하여 논의를 이어갈 것이다.

    꼬이고 꼬인 藤나무 등걸
    깨진 고령토 花盆
    삿갓머리 썩은 배추움
    떠 받힌 빨랫줄
    紙鳶 낚던 손
    빛 바랜 宿根草
    서릿발 내린 斜面
    복판에 이마 부비며 피는 마을 사람들
    貯水池의 물안개
    비탈에 지던 落差

                            —「落差」 전문

    탱자울에 스치는 새떼
    기왓골에 마른 풀
    놋대야의 진눈깨비
    일찍 횃대에 오른 레그호온
    이웃집 아이 불러 들이는 소리
    해 지기 전 불켠 울안.

                            —「울 안」 전문

「울 안」과 「落差」는 병치은유를 공통적으로 사용한 작품들이다. 작품 속에는 '등나무 등걸', '화분', '배추움', '빨랫줄', '손', '숙근초', '斜面', '마을 사람들', '물안개', '새 떼', '마른 풀', '진눈깨비', '레그호온' 등이 차례로 병치된다. 병치은유는 과거에 결합된 적 없는 요소들의 결합을 통해 새로운 의미를 생성하는 수사법이다.33) 앞서 작품 속에 병치된 그 현상적 개체들에서 서로를 연결할만한 동질성 혹은 유사성을 찾기는 어렵다. 오히려 이 작품들에서는 병치 은유로 그들을 연결함으로써 새로운 의미를 부여하고 있다. 전술한 사물들 중 '진눈깨비·화분·빨랫줄·斜面·물안개' 등은 비생명체의 자연환경이며, '새떼·레그호온·배추움' 등은 생물, '마을 사람들'은 인간이므로, 병치의 대상에는 다양한 존재들이 망라돼 있는 셈이다. 이 존재들 고유의 성격이나 현상적 특성만으로는 쉽게 병치의 단서를 찾기 어렵다. 그러나 그들 대부분 근현대 물질문명 속에서 본래의 내재적 가치를 잃고 평가 절하되어 왔다는 점에서, 그 병치은유에는 존재론적인 암시가 들어 있음을 짐작할 수 있다.

위 작품들 속에서 병치되고 있는 대부분의 존재들은 근현대 물질문명의 이분법적 세계관으로 인해 인간에게 홀대 당하거나 도구화의 대상으로 전락해버린 타자들이다. 그런데 그들을 불교적 시각으로 바라볼 때, 예전과 전혀 다른 새로운 의미의 해석이 가능해진다. 대승경전에서는 "일체 중생이 불성을 지닌다(一切衆生悉有佛性)34)"고 설파하고 있다. 여기서 중생이란 범부, 유정, 중연화합생의 세 가지 의미를 지닌다. 존재 영역상 범부가 인간

---

33) "병치은유의 본질적인 가능성은 새로운 자질과 새로운 의미가 나타날 수 있다는 폭넓은 존재론적 사실에 기인하며, 이들은 과거에 결합된 적이 없는 요소들의 새로운 결합으로 존재에 이르게 된다는 것이다."(장도준, 『현대시론』, 태학사, 2008, 224쪽)

34)『大般涅槃經』권8, 「如來性品」제12(『大正藏』제12권, 648쪽), 본고에서는 고영섭, 『불교생태학』, 앞의 책, 88쪽에서 재인용.

에 해당하는 것이라면 유정은 생물에 그리고 중연화합생은 생태계에 해당한다.35) 이러한 맥락의 연장선상에서 작품 속 병치은유의 대상이 된 사물들은 모두 '일체 중생'의 자격을 얻게 된다. 또한 일체 중생인 그들은 불성을 가진 존재로서 동등한 존엄성을 부여받는다.

다시 말해, 화자는 근현대 물질문명의 도구적 이성으로 무장한 인간에게 지배되고 착취당했던 타자들을 차례차례 불러 모아 그들 본연의 내재적 가치를 환기시키고 있는 것이다. 작품 속에서 병치은유는 소외되었던 타자들로부터 '내재적 가치의 존엄성을 가진 존재'라는 새로운 의미를 이끌어낸다. 이 근거가 되는 것이 '불성론'이다. 불성론에 따르면, 불성은 삼라만상 모든 존재에게 동등하게 주어지기 때문이다. 「落差」라는 제목에서 「울 안」으로 이동하는 화자의 심리적 변화도 참조할만하다. '落差'가 병치된 개체 존재들의 현상적 차이를 가리키는 것이라면, '울 안'은 그 개체 존재들에 내재된 '울 안의 동일성(一心)'을 가리키는 은유로서 이해할 수 있다. 현상적으로 드러나는 개체 존재들의 다양한 편차에도 불구하고 모두에게 주어진 불성으로 인해 그들은 일심(一心)의 존재36)가 되는 것이다.

  木瓜나무, 구름
  소금항아리

---

35) 김종욱, 앞의 책, 83쪽, 120쪽 참고.
36) "부처님과 중생은 본래부터 부처님과 중생으로 태어난 것이 아니라 동일한 성품을 가진 존재이다……그래서 부처님과 중생은 한마음 즉 '일심(一心)'이라는 동일성으로 확인된다"(서재영, 앞의 책, 295쪽)

삽살개
개 비름
主人은 不在
손만이 기다리는 時間
흐르는 그늘
그들은 서로 말을 할 수는 없다
다만 한 家族과 같이 어울려 있다
　　　　　　　　　　　—「뜨락」전문

싸리울 밖 지는 해가 올올이 풀리고 있었다.
보리 바심 끝마당
허드렛군이 모여
허드렛불을 지르고 있었다.
푸슷푸슷 튀는 연기 속에
지는 해가 二重으로 풀리고 있었다.
허드레,
허들레로 우는 뻐꾸기 소리
징 소리
도리깨 꼭지에 지는 해가 또 하나 올올이 풀리고 있었다.
　　　　　　　　　　　—「點描」전문

머리가 마늘쪽 같이 생긴 고향의 少女와
한 여름을 알몸으로 사는 고향의 少年과
같이 낯이 설어도 사랑스러운 들길이 있다

그길에 아지랑이가 피듯 태양이 타듯
제비가 날 듯 길을 따라 물이 흐르듯 그렇게
그렇게
　　　　　　　　　　　—「울타리 밖」에서

앞에서 불성을 통해 삼라만상이 '내재적 가치의 존엄성을 가진 존재'라는 존재론적 의미를 새롭게 획득하는 모습을 살펴보았다면, 다음 작품들에서는 이것을 기반으로 하여 공동체적 열린 삶으로 나아가는 모습도 살펴볼 수 있다.

「뜨락」에 등장하는 대상들은 '木瓜나무, 개비름, 삽살개' 등의 동·식물, '주인'의 인간, '소금항아리'의 비생명체뿐만 아니라 '時間, 그늘' 등으로 표상되는 직·간접적 자연환경까지 모두 포함한다. 작품에 드러난 대상들에는 공동체의 모든 구성원이 망라돼 있는 것이다. 이들이 비록, 불성을 지녔다는 점에서 동일하고 공동체 구성원으로서 동등한 자격을 갖지만, 그 개체 존재들에게는 엄연히 서로 다른 차이가 있다. 그들은 개체의 특성과 현상적 차이로 인해 "서로 말을 할 수는 없는" 존재들이다. 화자는 서로 다른 그들의 차이를 인정함으로써 좀더 본질적으로 그것을 들여다보고, 공동체의 일심으로 복원할 수 있는 방안을 도모하고자 한다. 이 결과 제시된 방안을 "한 家族과 같이 어울려 있다"는 맥락 속에서 찾을 수 있다. 한 가족 안에는 다양한 가족 구성원이 존재한다. 조부모, 부모, 자식, 손자 등 가족 구성원으로서 그들의 위치와 존재 의미는 다 다를 수밖에 없다. 그 경중을 따질 수 없이 그들은 모두 각각의 위치에서 중요할 뿐만 아니라 서로 대체할 수 없는 존재 의미를 드러내고 있다. 되레 그 차이로 인해 그들은 가족 구성원으로서 조화롭게 상생하고 있다고 보아도 무방할 것이다. 이 작품을 통하여 시인이 그려내고 싶은 세계역시 그러한 조화와 상생을 이루는 공동체의 모습이라고 볼 수 있다. 특히, 자연환경까지 공동체 구성원에 포함함으로써, 우리가 그들을 가족과 같은 일원으로 인식할 것을 피력한다. 그들은 인간이 갖고 있는 도구적 이성의 대상이 아니라, 공동체 속 '나'와 다를바 없는 구성원이기 때문이다.

「點描」에서는 보리 타작이 마무리되어 갈 즈음의 농촌 풍경이 그려진다. 그런데 보리 타작 마당에 모여든 구성원들이 흥미롭게 표현되어 있다. 3행에서는 '허드렛군', 4행 '허드렛불', 5행 '푸숫푸숫 튀는 연기', 6행 '지는 해', 7행 '허드레', 8행 '허드레로 우는 뻐꾸기 소리', 9행 '징 소리' 등이 그것이다. 이 중에서 반복적으로 드러나는 것은 '허드렛군', '허드렛불', '허드레', '허드레로 우는' 따위의 '허드레'라는 단어이다. 이 반복적인 단어 사용에 내재된 함의야말로 공동체 윤리의 단서를 제공하는 것이다. 허드레는 '그다지 중요하지 아니하고 허름하여 함부로 쓸 수 있는 물건'이라는 사전적 의미를 지니고 있다. 보리 타작 마당에 모여든 존재들 모두 불성을 가진 존재로서 존엄성을 갖지만, 그들은 '허드레'로 명명되고 있다. 다시 말해, 그들 중 어느 하나 자신의 존엄성을 내세우거나 상대방 위에 군림하지 않는다. 오히려 스스로를 낮추고 허드레로서 겸손할 줄 아는 공동체 구성원의 윤리를 보여준다. 공동체 구성원에 대한 상호존중의 배려는 무엇보다 스스로 겸손한 자세에서 출발해야 한다는 사실을 지적하는 것이다. 이 구성원들이 스스로를 부각시키지 않고 공동체라는 큰 그림 속점 하나로서 존재하는 것, 이것이 「點描」의 의미이다. 근현대 물질문명이 인간의 도구적 이성으로 인해 생태계 공동체의 환경과 생태 문제를 야기했다는 것은 주지의 사실이다.

이 작품은 인간의 오만에 대한 경계뿐만 아니라, 생태계 공동체 일원으로서 견지해야 할 자세에 대해서도 메시지를 던지고 있다. 이와 같은 공동체 구성원들의 상생과 공존의 방식이 「울타리 밖」에서 드러난다. 1연에서 병치된 '少女', '少年', '들길' 등이 2연에 이르면 조화롭게 어우러지는 모습을 보여준다. 이 모습을 통해 시인이 의도한 상생과 공존의 공동체 윤리를 짐작할 수 있다. 그것은 "아지랭이가 피듯 태양이 타듯", "제비가 날듯 길을 따라 물이 흐르듯" 자연스러운 모습이다. 저마다 개체 존재들의 특성에 따라 생태계 속 각자의 역할을 자유롭게 수행하는 것, 여기에 인위적인 제어나 조작이 끼어들 틈은 없다. 이 작품은 섣부른 인간중심적 가치관의 오류와 폐해에 대해 지적하고 있다. 자연생태계 모든 존재를 있는 그대로 인정하고 존중하는 일은 인간중심적인 이성을 버려야만 가능해진다. 그 편협한 시각에서 벗어나 대상을 이해하고 생태계 구성원으로서 그 역할과 가치를 인정할 수 있어야 하는 것이다.

살펴본 바와 같이 박용래의 시에는 물질문명의 이분법적 세계관 속에서 인간에게 홀대 당하고 도구화의 대상으로 전락해버린 타자들이 병치은유를 통해시됨으로써, 그들 본연의 내재적 가치와 동등한 자격이 드러난다. 작품 속에서 그들은 각자의 특성과 차이를 바탕으로 하여 공동체 구성원으로서 조화로운 상생을 보여준다. 결국, 박용래 작품에 구현된 공동체 윤리는 탈인간중심주의를 기반으로 한 상호 존중과 배려를 가리킨다고 볼 수 있다.

박재삼 시의 생태적 자연

　박재삼 시의 서정성은 다수의 논의에서 '전통서정'이라 명명되기도 하고, 설화와 자연까지 포괄함으로써 '동양미학'의 범주로 구분되기도 한다. 이러한 선행 연구들에서 박재삼의 시에 대한 탐구가 깊이 있게 진행된 것은 다행한 일임에 틀림없다. 그러나 다른 한편 '한의 시인'이라는 별칭에서 노정되듯이, 박재삼 시의 성격을 지나치게 전형화된 틀에 가두어 버렸다는 아쉬움도 갖게 된다. 이러한 시각에서 본고는 박재삼 시의 서정성에 대해 기존의 한정적이고 전형화된 용례로부터 벗어나 보다 새로운 분석을 시도하고 있다.

　주지하듯이 박재삼 시의 중심 소재는 자연이다. 그중에서도 특히 빈번하게 드러나는 대상은 '식물', '빛', '바람', '물' 등이다. 이 제재들은 단순히 작품속에 놓여 있는 게 아니라 작품 속에서 서로 긴밀한 관련을 맺고 있다. 이러한 특성은, 모든 존재의 상호관계에 관심 갖는 생태학적 측면에서 볼 때 간과할 수 없는 의의를 지닌다.

1. 식물의 상호의존성과 불이(不二)

　자연을 소재로 한 대부분의 작품에서 형상화되어 드러나는 식물 이미지는 그의 내적 지향을 가늠할 수 있는 중요한 단서가 된다. 이 장에서는 박재삼시의 식물 이미지를 통해 삼라만상의 상호의존성에 대한 시인의 인식을 살펴보려 한다.

> 뉘라 알리,
> 어느 가지에서는 연신 피고
> 어느 가지에서는 또는 지고들 하는
> 움직일 줄을 아는 내 마음 꽃나무는
> 내 얼굴에 가지 벋은 채
> 참말로 참말로
> 바람 때문에
> 햇살 때문에
> 못이겨 그냥 그
> 웃어진다 울어진다 하겠네.
> ─「自然」 전문

위 시에서 화자는 꽃나무의 모습으로 묘사되고 있다. 좀더 자세히 볼 것은, 여기서 화자가 외향적인 모습만 꽃나무로 치환되어 있는 게 아니라는 사실이다. 그것은 '움직일 줄을 아는 내 마음 꽃나무'이다. 다시 말해 꽃나무는 단순히 외형상의 유사성을 바탕으로 한 비유 대상이 아니라 화자의 마음까지 대변하는 존재, 화자 자신인 셈이다. 그런데 이 꽃나무는 화자 한 사람만을 특정하는 등가물로 고정되어 있는 것이 아니다. '自然'이라는 제목이 보여주듯, 이 꽃나무는 화자의 마음을 대변하는 대상이면서 동시에 자연 전반을 포괄하는 상징적 존재이기도 하다.

불교에서는 우주의 삼라만상이 연기의 그물 속에 서로 의지하고 관계 맺으며 존재한다고 설명한다. 연기(緣起)에 따르면, 모든 존재는 그것을 성립시키는 여러 가지 원인이나 조건으로 인해 생기는 것이고, 그 원인이나 조건에 말미암아 형성되는 것이다. 이렇게 모든 것이 상호 연관된 존재라는 연기성은 생태학의 전일론적 세계관과 상통하는 견해이기도 하다. "생태학은 생태계를 하나의 유기적인 전체로 바라보는 전일론적 세계관"37)을 견지하고 있기 때문이다. 이런 맥락에서, 위 작품과 같이 박재삼 시에 드러나는 식물이미지는 연기성에 입각하여 세계를 유기적인 전체로 바라보는 전일론적 세계인식의 상징적 표상이라고 할 수 있다.

위 시에서 '내 마음을 표상하는 꽃나무'는 '내 얼굴에 가지를 뻗기도 하는' 대상으로 그려져 있다. 화자와 꽃나무는 서로 상호 투영하는 존재이다. 불교의 연기적 관점에서 바라볼 때 '나 자신'이라고 할만한 것, 실체적 자아는 존재하지 않는다. 모든 존재는 공성(空性)이므로 서로 무수한 조건에 의해 화합하여 생겨나고 상호의존적으로 존재할 따름이다. 이와 같이 무수한 조건의 화합이라고 할 수 있는 연기에 의하여, '어느 가지에서는 연신 피고 어느 가지에서는 지고들 하는' 순환 질서가 형성된다. 이 존재들의 순환 질서가 시인이 인식하는 자연의 모습이다. 자연은 '바람'과 '햇살'의 인연 화합에 의하여 형성된 것이다. 또한 인연 화합에 의하여 형성된 자연은 바람·햇살과 연기적 인과 관계에 놓이게 된다. '바람 때문에/ 햇살 때문에/ 못이겨 그냥 그/웃어진다 울어진다'라는 표현은 연기적 인과관계를 담고 있다. 즉, 바람 때문에 그냥 웃어지거나 바람 때문에 그냥 울어진다는 의미는, '바

---

37) Fritjof Capra, 김용정·김동광 역, 『생명의 그물』, 범양사, 2004, 21-22쪽.

람'과 그 결과로 드러나는 '웃음' 또는 '울음'의 인과성이 '그냥'이라고만 제시됨으로써 걸림 없이 자연스러운 인연 화합을 보여주게 된다. 이러한 맥락은 햇살 때문에 그냥 웃어진다거나 울어진다는 표현에서도 똑같이 감지할 수 있다. 무수한 조건의 자연스러운 화합에 의하여 연기된 꽃나무와 화자와 바람과 햇살은 모두 공성을 띤 존재들이다. 이들은 공성으로서 존재하므로 스스로의 아상에 사로잡히지 않을 뿐 아니라 서로 자연스럽게 영향을 주고받는다. "불교에서는 '自然'의 용례를 대부분 '저절로', '저절로 갖추고 있는', '자연히' 등의 의미로 사용하고 있다."38) 따라서 바람과 햇살의 영향으로 인해 웃음과 울음이 유발되는 현상을 '그냥'이라는 자연의 순리로써 설명하고 있는 것이다. 이렇게 인과성으로 연결되어 있으면서 서로 영향을 주고받는 상즉상입의 존재이므로 그들은 궁극적으로 다르지 않은 불이(不二)의 관계에 놓이게 된다. 왜냐하면 연기법의 요체는 '이것'이 원인이 되어서 '저것'이 있게 된다는 의미가 아니라, '이것'과 '저것'은 동시에 서로를 존재하게 하는 필수적인 조건이 된다는 의미이기 때문이다. 그들은 자연의 일부로서 서로의 연결고리를 잇고 있는 상호의존적 존재들이다. 비록 현상적으로 차이를 보이더라도 본질적으로 모든 존재들은 불이(不二)인 셈이다.

그런데 전술한 내용이 주로 현상적 측면에서의 연기를 보여주는 것이라면 박재삼의 일부 시에서는 시공간을 뛰어넘는 연기적 사고를 보여줌으로써 중층적 이미지를 드러내기도 한다. 다음의

---

38) 법구경, 오분율, 법화경 등, 불교에서 '자연'의 용례는 대부분 '저절로', '저절로 갖추고 있는', '자연히' 등의 의미로 쓰이고 있다.(고영섭, 『연기와 자비의 생태학』, 연기사, 2001, 22쪽)

예시를 살펴보자.

  刑틀에 매여 원통하던 일을 이승에서야 다 풀고 갔으련만
  저승에 가 비로소 못잊겠던가
  春香이 마음은 조롱조롱 살아 다시 열렸네.
  저것은 가냘피 아파 우는 소리였던 것을,
  저것은 여릿이 구슬 맺힌 눈물이던 것을,
  못견딜 만큼으로 휘드리었네.
  ……중략……
  그러나 아가야, 우리에게도 비치는 것은
  네 눈이 葡萄라, 살결 또한 葡萄라……
            ― 「葡萄」에서

  감나무쯤 되랴,
  서러운 노을빛으로 익어가는
  내 마음 사랑의 열매가 달린 나무는!
  이것이 제대로 벋을 데는 저승밖에 없는 것 같고
  그것도 네 생각하던 사람의 등뒤로 벋어가서
  그 사람의 머리 위에서나 마지막으로 휘드려질까본데,
  그러나 그 사람이
  그 사람의 안마당에 심고 싶던
  느껴운 열매가 될는지 몰라!
            ― 「恨」에서

 우주의 모든 존재들은 서로 자연스러운 인연 화합 속에 생겨나고 서로 의존적으로 머물다가 사라지는 관계 속에서 끊임없이 순환한다. 나아가 「葡萄」는 존재들 간의 시공간마저 뛰어넘은 상호의존성을 보여주고 있어서 흥미롭다. 시인은 포도를 바라보며

'刑틀에 매여 원통하던 일을 저승에 가서 못잊고 조롱조롱 살아 다시 열렸네'라고 노래한다. 여기서 조롱조롱 매달린 포도 이미지로 다시 살아난 것은 '춘향이 마음'이다. '춘향이 마음'이라는 불가시성의 인연이 '포도'라는 현실적 존재에 상입(相入)하고 있는 것이다. 다음 연에서는 이 인연의 구체적 원인들이 제시되고 있다. 즉, 조롱조롱 열린 포도송이 각각의 원인은 '가냘피 아파 우는 소리'이며 '여럿이 구슬 맺힌 눈물'이다. 이 원인들은 이승과 저승 사이의 시공간을 뛰어넘어 포도송이의 인연 생기로 작용한다. 그런데 이 인연은 여기서 멈추지 않고 다시 이어진다. 마지막 연 "우리에게도 비치는 것은 네 눈이 葡萄라 살결 또한 葡萄라"라는 대목에서 전술한 인연이 화자에게도 이어지고 있음을 짐작하게 된다. 포도를 설명한다는 것은 화자가 포도를 인식하였다는 의미다.

이러한 점은 「恨」에서도 확인할 수 있다. 첫 연에 모습을 드러낸 감나무에는 '내 마음 사랑의 열매'가 열려 있다. 이 '사랑의 열매'는 '서러운 노을빛'으로 익어간다. 여기서 '서러운 노을빛'은 그 사랑이 현실에서는 이룰 수 없는 마음 속 사랑임을 암시한다. '이것이 제대로 벌을 데는 저승밖에 없는 것 같다' 라는 탄식이 그것을 뒷받침하고 있다. 이와 같이 현실에서 이룰 수 없는 사랑의 욕망이 시공간을 뛰어넘어 감나무의 열매로 현현한다는 것은 연기적 사고에서 비롯된 표현이다. 애(愛)의 인연 생기가 저승을 돌아 나와 현실의 감나무에 투영되고 있는 것이다. 자연히 감나무의 붉은 열매는 '서러운 노을빛'을 머금게 된다. 이것은 이룰 수 없는 '사랑의 恨'이다. 하지만 마지막 연에 이르러 화자는 그것을 현실의 '느꺼운 열매'로 다시 변환시켜 놓는다. 안마당에서 자라는 감나무는 화자와 상호 교감을 나눌 수 있는 실제 대상이다. "'법계로서의 자연'은 존재를 구성하는 다섯 가지 요소 오온(五蘊) 가운데 특히 색온과 식온에 집중된다."39) 이 감나무는 열매를 매단 실제 대상이라는 점에서 색온(色蘊)이며, 열매의 恨에 대해 화자와 소통한다는 점에서 식온(識蘊)의 인연생기 또한 중층적으로 보여준다. 작품에 드러난 감나무와 화자는 몸은 물론 서로 마음의 본체까지 투영해내는 존재이며 이러한 측면에서 이들은 불이(不二)라고 할 수 있다.

살펴본 바와 같이 박재삼은 작품 속에서 화자의 주체적 사유나 행위를 직접 표출하기 보다는 식물을 비롯한 여러 자연물에 기대어 간접적으로 토로하거나 형상화하고 있다. 그 바탕에는 자연물들을 상즉상입의 상호의존적인 존재로 바라보는 시인의 인식이 깔려 있다. 나아가 그는 자연물들을 시적 소재로써 대상화하기보다는 그것을 통해 연기적 관점에서 자연 존재들이 자기 자신과 다르지 않다는 不二의 세계관을 드러낸다. 이러한 사유는 자연 존재들에 대해 편견을 담고 있던 근대의 이분법적 사고와 대치되는 것이다. 이분법적 사고로 인해 인간은 자연을 타자로 인식하게 되었으며, 서로의 의존적 관계를 고려하지 않는 인간중심적 태도가 만연하게 되었다. 이것이 인류가 직면한 생태적 문제들의 원인 중 하나임을 부인하기 어렵다. 근대의 폭력적 계층

---

39) "색온과 식온은 '몸의 이해' 즉 '병의 이해'와 '죽음의 인식'과 밀접하게 관련되어 있다. 즉 인간의 몸과 마음의 본체로서의 법계는 몸과 마음이 지니고 있는 내재성과 외향성을 아우르는 영역이라 할 수 있다. 여기서의 내재성은 마음의 작용으로 표현되며 외향성은 몸의 작용으로 표현된다." (고영섭, 『불교생태학』, 불교춘추사, 2008, 43쪽)

질서 속에서 인간은 자연보다 우위에 군림하고 자연 파괴를 정당화함으로써 생태적 위기를 초래하였기 때문이다. 박재삼의 시는 분리되었던 인간과 자연의 관계를 복원시켜 인간 중심의 근대적 인식에 대한 근본적인 전환을 모색하고 있다.

2. 빛과 바람의 바라밀

앞에서 '상호의존성'이 삼라만상을 형성하는 주요 원리가 되고 있음을 살펴보았다. 존재들은 이 상호의존의 연기성에 대한 깨달음을 바탕으로 하여 상호존중의 자비로 나아가게 된다. 이 장에서는 자비를 행하는 보살의 실천 수행도라고 할 수 있는 바라밀에 대한 논의를 이어가고자 한다. 박재삼시에 드러나는 '빛'과 '바람'은 보살 수행의 바라밀을 잘 구현하고 있어서 주목된다.

  솔잎 사이 사이
  아주 빗질이 잘된 바람이
  내 腦血管에 새로 닿아 와서는
  그동안 허술했던
  목숨의 운영을 잘해 보라 일러 주고 있고……
  살 끝에는 온통
  금싸라기 햇빛이
  내 잘못 살아온 서른여섯해를
  덮어서 쓰다듬어 주고 있고……
          ― 「貞陵 살면서」에서

우리 마음을 비추는

한낮은 뒤숲에서 매미가 우네.

그 소리도 가지가지의 매미 울음.
머언 어린 날은 구름을 보아 마음대로 꽃이 되기도 하
고 잎이 되기도 하고 친한 이웃아이 얼굴이 되기도 하던 것을.

오늘은 귀를 뜨고 마음을 뜨고, 아, 임의 말소리, 미더
운 발소리, 또는 대님 푸는 소리로까지 어여삐 기삐 그려
낼 수 있는

明明한 明明한 매미가 우네.
  ―「매미 울음에」 전문

"초기 불교는 중생들이 겪는 고통을 해결하여 구제하기 위해서 다양한 사회적 실천을 강조했다."40) 이 실천적 이념을 포함하고 있는 것이 6바라밀 사상이다. "보살의 6바라밀 실천이 적극 강조되고 체계화된 것은 대승경전에 의해서이다. 6바라밀은 보시(布施), 지계(持戒), 인욕(忍辱), 정진(精進), 선정(禪定), 반야(般若)이다. 바라밀(paramita)의 어원은 최상, 완성을 의미하는 parama로 일반적으로 渡彼岸으로 번역한다. 그러므로 6바라밀은 보시의 완성, 지계의 완성, 인욕의 완성, 정진의 완성, 선정의 완성, 지혜의 완성 등 6가지의 완성을 의미한다."41)

「貞陵 살면서」는 빛과 바람의 보시바라밀이 드러난 작품이다. 6바라밀 중 '보시'는 자기가 가진 모든 것을 아낌없이 베푸는 것

---

40) 이찬훈, 「화엄경 보살사상의 현대적 계승」, 『철학논총』 제70집, 2012, 85쪽.
41) 조수동, 「보살정신과 자유의 실천」, 『철학논총』 제72집, 2013, 150쪽 참고.

을 가리킨다. 먼저 1연에 등장하는 바람의 의미를 눈여겨 볼 필요가 있다. 빗질이 잘 되었다는 표현에서 짐작되듯이, 그것은 황야의 거친 바람줄기와는 사뭇 다른 모습이다. 정제되어 있으며 고요하다. 그 바람이 화자에게 '허술했던 목숨의 운영을 잘해 보라'라는 메시지를 전한다. 그런데 이 메시지는 관념적인 차원의 그것이 아니다. 그것은 직접 '솔잎 사이 사이'를 돌아 나오는 체험을 통해 '아주 빗질이 잘 된' 바람이 일러주는 전언이다. 자신이 온몸으로 견뎌온 여정을 거울삼아 체득한 지혜를 화자에게 들려주고 있는 것이다. 바람의 진심 어린 보시바라밀이다.

2연에서 화자는 자신의 피부에 따뜻하게 내려앉은 햇빛을 가리켜 '금싸라기 햇빛'이라고 말한다. 햇빛이 화자에게 금싸라기로 인식되는 이유는 두 가지이다. 하나는 햇빛이 '잘못 살아온 화자의 서른여섯해'를 덮어주기 때문이며, 다른 하나는 화자의 잘 못 살아온 과거와 현재를 '쓰다듬어 주고' 있기 때문이다. 즉, 햇빛은 작품 속에서 타인의 실수를 너그럽게 감싸고 토닥여주는 너른 포용력과 사랑을 가진 존재로 그려지고 있다. 이 사랑을 화자에게 베풀어 줌으로써 햇빛의 보시바라밀이 완성된다.

「매미 울음에」에서는 선정바라밀을 읽을 수 있다. 선(禪)은 마음을 한 곳에 모아 움직이지 않고 고요히 생각하는 것이다. 즉, 모든 욕망과 번뇌를 버려 마음을 산란하지 않고 항상 일체지로 향하게 하는 것이 선정바라밀이다. 이 작품은 선(禪)에 들었을때 비로소 깨닫게 되는 지혜를 보여주고 있다. 작품에 등장하는 빛은 2연과 3연에서 각각 다른 의미와 역할을 드러내고 있어서 흥미롭다. 이 빛은 2연에서 '머언 어린 날'의 추억과 어우러지면서 화자의 의지에 따라 대상을 비추는 조력자의 역할을 한다. '구름을 보아 마음대로 꽃이 되기도 하고, 잎이 되기도 하고, 친한 이웃아이 얼굴이 되기도 하던'이라는 표현에서 '꽃'과 '잎', '친한 이웃아이 얼굴'은 화자가 의도적으로 떠올린 어떤 대상, 관(觀)의 내용이다. 이것은 일상적인 의식 상태에서 바라보는 것이며 주관적인 감정과 사고에 의해 조작된 것이다.42) 즉, 화자가 의식하는 '꽃, 잎, 이웃아이 얼굴'이란 화자가 구름을 바라보며 의도적으로 떠올린 대상일 뿐이다. 엄밀한 의미에서 그것들은 눈 앞에 펼쳐진 구름과 무관하다. 그것들은 있는 그대로의 구름이 아니라 화자가 구름을 통해 觀한 주관적 현상이다.

그러나 3연에서 이르러 화자는 비로소 '귀와 마음을 뜨게' 하는 빛의 선정(禪定)을 경험하게 된다. 이것은 1연 '우리 마음을 비추는 한낮'의 빛, 4연 '明明한' 빛과 더불어 같은 맥락에 놓여있는 것이다. 전술한 것처럼, 대상을 의식한다는 것은 대상에 대해 주관적인 편견을 덧씌운다는 의미이기도 하다. 이 개념적 사고에서 벗어나는 방법은 오직 자신의 의식을 놓아버리는 것뿐이다. 빛의 선정은 깊은 삼매를 통하여 '있는 그대로의 세계'를 바라보는 것이다. 자신의 의식에서 놓여나 '있는 그대로'를 보는 상태, 즉 선에 들었을 때의 지혜로써 여실지견(如實知見)하는 것을

---

42) 조준호는 어떤 개념을 분석하고 응용하거나 적용시키는 것이나 또는 의도적으로 의식에 떠올린 어떤 대상에 집중하여 관찰하는 것, 또는 일상적인 의식 상태에서 窮究하는 것을 觀이라고 한다면, 이때의 대상은 '있는 그대로'도 아니고, 다만 주관적인 감정과 사고에 의해 조작된 것(有爲法)에 지나지 않는다고 말한다. 그는 이 개념에 대하여 초기 불교에서 말하는 觀의 개념이 해이하게 사용된 용례라고 주장한다.(조준호, 「초기불교경전에 나타난 수행에 관한 용어와 개념의 검토(1)」, 『한국선학』 제3호, 2001.12, 106-108쪽).

가리킨다.

觀에 의해 포착된 대상이 다만 주관적인 감정과 사고에 의해 조작된 것에 지나지 않는다면, 위 시의 빛의 선정에 의해 드러나는 대상은 '있는 그대로의 존재상황'을 보여주는 것이라고 할 수 있다. 결국, 빛의 선정바라밀은 화자에게 선정을 통해 있는 그대로의 진리의 세계를 체험하도록 돕고 있다. 일시에 모습을 드러낸 세계는 일체의 장식적 관념을 배제한 채 그것 스스로 본질적인 진리를 노정한다. 자연히 그 본질에 겨눠진 선정바라밀은 '明明한' 빛을 발산하게 된다. 이와 같이 삼매의 경계를 넘어선 근원적인 지혜는 반야바라밀로 이어진다. 다음의 시에서 살펴보자.

> 햇빛은 제일 많이
> 나뭇잎과 강물에 와서는
> 놀다 가는 모양이더라
> 달빛 또한 그런 모양이더라.
>
> 그런 하염없는 세상에
> 나는 그들의 사돈의 팔촌이나 되던가
> 부모 섬기고 형제 위하기
> 한결 얼룩진 무늬가 드디어
> 살에 패인 피리 구멍 되어
> 뿌리 젖은 나무로 우느니,
> 또한 발 적시는 강물로 우느니.
>
> ―「피리 구멍」 전문

풀밭에 바람이 날리듯이
남쪽바다에 햇살이 날리네.

......중략......
꽃지는 꽃그늘엔
바람이 잠시 피하고
저것들의 깃쭉지와 돛폭 아래선
햇살이 잠시 피하는가.
사람들이여
이승과 저승은 어디서 갈린다더냐.
풀밭에 바람이 흐르듯이
남쪽 바다에 햇살이 흐르네.

—「한 景致」에서

"6바라밀의 핵심은 반야바라밀이다. 반야는 만물의 실상을 꿰뚫어보는 지혜를 가리키는 것으로 일체법의 실상이 공성이고 진여인 것을 직관하는 무분별지(無分別智)다. 반야는 분별과 분석을 초월한 종합적 전인적 인식이며 실천적으로는 주관과 객관, 자타의 대립을 초월한 고차원의 주체적 입장이다. 반야는 우리들의 상대적인 지성으로는 알 수 없기 때문에, 반야바라밀을 행하여야만 제법실상(諸法實相)을 알 수 있다."[43]

「피리 구멍」은 일상에 대한 직관으로써 반야를 드러낸다. 1연의 장면은 햇빛과 달빛이 나뭇잎과 강물로 대표되는 만물을 비추는 일상적인 모습에 지나지 않는다. 그런데 빛을 통해 드러난 모습이 화자에게 직관되면서 이 현상은 그것 자체에 내포된 근원적 세계의 진리를 보여주게 된다. 이렇게 직관된 반야의 내용이 2연에서 그려지고 있다. 화자는 햇빛과 달빛이 나뭇잎과 강물을 비추다가 사라지곤 하는 모습을 바라보면서 연기적 세계에

---

43) 조수동, 앞의 논문, 150쪽.

대한 깨달음을 얻는다. 2연 첫행 '그런 하염없는 세상'이라는 의미는 바로 그 깨달음을 가리키는 것이다. 삼라만상은 상호 관계 속에 생겨나 서로 의지하다가 사라져간다. 모든 존재들은 이러한 연생(緣生)과 연멸(緣滅)의 관계 맺음 위에 끊임없이 순환한다. 자연과 인간의 관계도 마찬가지다. 이러한 연기적 순환관계 속에서 바라보면 '나'는 나뭇잎과 강물의 '사돈의 팔촌' 같은 존재이며, 그것들과 상호의존하는 존재라는 인식에 이르게 된다. 이 인식은 다음 행에서 좀더 근원적인 관계의 비유로까지 이어진다. 다음 행에서 존재들 간의 상호의존적 관계가 '부모 섬기고 형제 위하는' 행위로 변환되고 있는 것은 그 때문이다. 이러한 인식의 결과, 화자는 자기자신을 '살이 패인 피리 구멍' 중 하나로 이해하게 된다. 또한 '피리 구멍'은 피리에게 몸을 내어준 '나무'에 대한 이해로 이어지고, 나무는 다시 자신을 성장하게 한 '강물'에 대한 이해로 이어지는 연쇄적인 연결고리 속에 놓이게 된다. 모든 존재가 변화하며 상호 관계에 의해 존재할 뿐, 고유한 실체로서의 '나'는 없다는 진리의 체득인 셈이다. 결국 화자는 빛의 반야바라밀을 통해 자신의 공성을 이해하고, 공성을 바탕으로 하여 상호 연기하는 삼라만상의 이치를 직시하고 있는 것이다.

"반야바라밀은 부처가 설한 근원적인 지혜를 배우고 이를 언제 어디서나 항상 관조하는 것이다."44) 「한 景致」에서 화자는 바람과 햇살을 관조하고 있다. 이 시에서 주의 깊게 살펴 볼 것은 주체와 행위의 변화이다. 1연 '풀밭에 바람이 날리듯'에 이어 등장하는 '남쪽 바다에 햇살이 날리네'라는 표현은 주술관계가 자연

---

44) 이찬훈, 앞의 논문, 94쪽.

스럽지 않다. 서로 다른 주체의 행위가 동일하게 묘사되고 있는 것이다. 이러한 정황은 다음 연에서도 똑같이 되풀이된다. '바람이 잠시 피하고', '햇살이 잠시 피하고'라는 표현이 그것이다. 여기에서 바람과 햇살은 연기적 존재로서 서로 의존적으로 존재할 뿐만 아니라, 상호교섭(相卽)· 상호침투(相入)하며 서로의 역할을 상환하고 있다. 이것은 단순한 역할 상환에서 벗어나 존재의 자리바꿈, 자타상환(自他相換)으로도 이어진다. 따라서 '꽃지는 꽃그늘에 잠시 피해 있는 바람'은 '꽃지는 꽃그늘에 잠시 피해 있는 햇살'로 대체되어도 무방한 것이다. '깃쭉지와 돛폭 아래 잠시 피해 있는 햇살' 역시 '깃쭉지와 돛폭 아래 잠시 피해 있는 바람'으로 대체될 수 있다. 이들은 다시 '풀밭에 흐르는 바람'과 '바다에 흐르는 햇살'로 변모한다. 또다른 역할 바꿈, 자타상환이 이루어지고 있는 것이다. 모든 존재들을 하나의 동체로 보는 것은 입보리행론에서 제시된 자타상환법과 다르지 않다.45) 이러한 연기의 이해로부터 불교의 만물일체 세계관이 성립되는 것이다. 나아가 연기성공(緣起成空)에 대한 반야는 삶과 죽음이 하나라는 생사일여(生死一如)의 존재관까지 포괄하게 된다. 즉, '이승과 저승은 어디서 갈린다더냐'라는 질문은 마지막 연에서 '풀밭에 바람이 흐르듯이 남쪽 바다에 햇살이 흐르네'라는 대답으로 갈무리되고 있다. 화자가 인식하는 '이승'과 '저승'은 '풀밭' 혹은 '남쪽 바다'와 다르지 않다. 그러기에 풀밭과 남쪽 바다에서 햇살이 여일하게 흐르는 것이다. 「한 景致」에서 구현된 빛과 바람의 반야

---

45) "모든 몸 가진 것들을 나의 몸으로 보는 것, 혹은 하나인 동체로 보는 것은 입보리행론 에서 제시하고 있는 '서로 바꾸어 보기 방법'인 자타상환법(自他相換法)과 다르지 않다." (안옥선, 「생태적삶의 태도로서 '동일시'와 '동체자비'」, 『동아시아불교문화』 1권0호, 2007, 237쪽).

바라밀은 연기에서 비롯된 만물일체의 깨달음을 통해 우리가 모든 존재들에 대해 상호존중으로 나아가는 길을 열어주고 있다.

3. 물의 동체대비적 보살행

박재삼은 물을 통하여 그의 정서를 형상화하는데 탁월한 재능을 지닌 물의 시인이라는 평가를 받고 있다.46) "물은 근원이자 원천으로서 존재 가능성의 저장소이다. 물은 모든 형태에 선행하며 모든 창조를 받쳐준다."47) "불교의 관점에서도 물은 모든 존재의 물질적 토대가 되는 사대(四大) 중 하나이며, 축축함(濕)을 본질로 하여 만물을 포용한다고 여겨진다."48)

동체자비는 온 세상이 한 몸이라 여기는 위대한 자비이다. 안옥선은 생태학자 네스(Arne Naess)의 '동일시(identification)'와 불교의 '동체자비(同體慈悲)' 개념의 비교를 통해 두 개념 간의 유사성을 밝히고 있다. 그는 '동일시'와 '동체자비'가 공통적으로 생태적, 관계적, 상호의존적 관계실상에 대한 인식을 전제로 하고 있으며, 전일적 존재론과 연기의 필연적 귀결이라고 설명한다. 그는 전일적 존재론에 근거한 동일시에 대하여 자아실현의 방법으로서 그것을 통하여 자아로 하여금 큰 자아 혹은 생태적 자아로 변환되게 한다고 본다. 이 동일시의 결과로 일어나는 공감과 같은 감정, 공감이 유발하는 보살핌 자체가 자신을 위한 것

---

46) 신현락, 「물의 이미지를 통해 본 박재삼의 시세계」, 『비평문학』 제12호, 1998.7, 307-340쪽.
47) Mircea Eliade, 이재실 옮김, 『이미지와 상징』, 까치, 2000, 165쪽.
48) 김종욱, 『불교생태철학』, 동국대출판부, 2006, 10쪽.

이라는 것이다. 그는 동체자비 역시 자신 이외의 모든 존재를 자신으로 보아, 자신이 자신을 보살피는 것과 동일한 보살핌으로 그들을 보살피는 것이 동체자비라는 점에서 두 개념이 유사하다고 보고 있다.49)

본고는 안옥선의 논의에서 동일시와 동체자비가 모두 생태적, 관계적, 상호의존적 관계실상(연기)에 대한 인식을 전제로 하고 있다는 점에 대해 공통된 견해를 갖고 있다. 그러나 두 개념을 동등하게 실천 개념으로 인식하는 그의 견해와는 다른 입장을 표방한다. 본고는 '동일시'의 개념을 '자아실현에 이르게 하는 원리'로 이해하고, '동체대비'에 대해서는 '동체 인식(동일시)에서 저절로 우러나온 결과이자 대자아의 실현'50)으로 인식하여 논의를 전개하고자 한다. 따라서 본고의 '동체대비' 개념은 '동일시의 결과'이면서 동시에 그것 스스로 '실천 개념'을 내포하게 된다.51) 이글에서 주목하는 것은 박재삼 시에 드러난 '물'의 동체대비적 보살행이다. 먼저 유기적 매개물로써 작품 속에서 상징적 보살행을 수행하고 있는 '눈물' 이미지를 살펴보자.

    내 눈물 마른 요즈음은

---

49) 안옥선, 앞의 논문, 242-243쪽 참고.
50) 심층생태학의 창시자 네스(Arne Naess)는 모든 인간을 아우르는 자아 즉, 좁은 의미의 '자아실현(self realization)'과 구분되는 것으로서 인간 이외의 자연세계까지 포괄하는 동일화의 단계를 '큰자아실현(Self realization)'이라고 설명한다. (한면희, 『환경윤리』, 철학과현실사, 2006, 164-166쪽 참고)
51) 본고의 '보살' 개념에서도 상이한 견해가 도출된다. "자신을 타 존재에게로 확장시켜 감으로써 큰자아(Self) 또는 생태적 자아(ecological self)가 되어간다"라는 안옥선의 동일시 개념은 '타존재'라는 개체적 대상을 전제로 한 개념이라고 볼 수 있다. 그러나 본고의 '동체대비적 보살행'에서 궁극적으로⋯ 구현되는 보살은 자타의 경계에서⋯ 벗어나⋯ 걸림 없는 반야의 지혜를 터득한 자이므로 안옥선의 동일시 전제를 초극한다.

눈에도 아니 비치는 갈매기야

어느 小小한 잘못으로 쫓겨난
하늘이 없던, 어린 날 흘렸던,
내 눈물의 복판을
저승서나 하던 것인가.
무지개 빛을 긋던 눈부신 갈매기야,

꽃잎 속에 새 꽃잎
겹쳐 피듯이

눈물 속에 새로 또
눈물 나던 것이네.
— 「눈물 속의 눈물」 전문

사람이 죽으면 물이 되고 안개가 되고 비가 되고 바다에 나 가는 것이 아닌 것가. 우리의 골목 속의 사는 일 중에는 눈물 흘리는 일이 그야말로 많고도 옳은 일쯤 되리라.
— 「가난의 골목에서는」에서

"보살은 일체중생을 먼저 이상세계(彼岸)에 도달하게 하는 뱃사공과 같은 역할을 한다."52) 「눈물 속의 눈물」에서 드러나는 물은 이러한 보살의 역할을 잘 보여주고 있다. "눈물은 시간과 공간의 변화에 영향을 받는 유기적인 이미지이며 이것은 좀더 인간과 자연에 가까운 이미지이다."53) 연기 그물 속에서 삼라만상의 모든 존재들과 따뜻한 교감을 주고받는 것은 그들을 타자화

---

52) 조수동, 앞의 논문, 179쪽.
53) 신현락, 앞의 논문, 312쪽.

된 대상이 아니라 자기와 다름없는 존재로 이해하고 바라본다는 의미이다. 이 자기화된 시선은 대상의 처지를 이해하고 그 아픔을 함께 나누는 자비를 불러일으킨다. 이런 맥락에서 본다면, 첫 연의 '눈물 마른 요즈음'은 화자와 갈매기 간 따뜻한 교감이 사라진 상황을 가리킨다고 볼 수 있다. 상대방의 느낌을 자신의 것으로 온전히 이해하고 받아들이는 교감이 작품 속에서 눈물로 형상화되고 있다. 이로 인해 교감이 단절된 '눈물 마른 요즈음'은 갈매기가 '눈에도 아니 비치는' 것이다.

그런데 '눈물 마른' 1연과 달리 2연에서는 눈물이 회복됨으로써 화자와 갈매기의 동일시가 이루어지고 있다. 이 동일시를 통해 '어린 날의 화자'와 '눈부신 갈매기'가 오버랩되어 드러난다. 상대방을 바라보며 눈물을 흘린다는 것은 그 개체와 충분한 교감을 이루며 상대의 느낌을 자기의 것으로 인식하였다는 증거이기도 하다. 너와 내가 하나이기 때문에 상대의 감정을 이해하고 공유하여 눈물 흘릴 수 있는 것, 이것이야말로 불교적 관점의 자비이다. 여기서 화자가 어린 날 흘렸던 눈물은 화자의 어린날과 눈부신 갈매기를 유기적으로 연결하는 역할을 하고 있다. 이렇게 확장된 자아에게서 생성된 눈물은 '눈물 속에 새로 또 눈물 나는' 자비의 확산으로 이어진다. 이 작품에서 '눈물'은 화자와 대상간의 동일시를 통해 자비를 이끌어내는 중요한 매개 역할을 한다. 상징적인 보살행인 셈이다. 그것은 인간에게 가까운 유기적인 이미지로써 화자의 감정을 좀 더 잘 드러내는 부차적인 기능도 수행하고 있다. 화자 역시 이와 같은 눈물의 의미를 이해하고 있다. 따라서 「가난의 골목에서는」에 이르면 "우리의 골목 속

의 사는 일 중에는 눈물 흘리는 일이 그야말로 많고도 옳은 일
쯤 되리라"라고 표명하고 있는 것이다. 화자의 자아인식은 '눈물'
의 유기적 연결고리를 통해 자아의 틀로부터 벗어나 자연으로
확장되어 나가게 된다.

    마음도 한자리 못 앉아 있는 마음일 때,
    친구의 서러운 사랑 이야기를
    가을햇볕으로나 동무삼아 따라가면,
    어느새 등성이에 이르러 눈물나고나.

    제삿날 큰집에 모이는 불빛도 불빛이지만
    해질녘 울음이 타는 가을江을 보겠네.

    저것 봐, 저것 봐,
    네보담도 내보담도
    그 기쁜 첫사랑 산골 물소리가 사라지고
    그 다음 사랑 끝에 생긴 울음까지 녹아나고,
    이제는 미칠 일 하나로 바다에 다와 가는,
    소리죽은 가을江을 처음 보겠네.
               — 「울음이 타는 가을江」 전문

    울고 웃는 것이 한가지
    결국은 한 바다로 오는 것인가.

    애타는 一萬肝臟이 다 녹으면
    때와 곳이 남는가,
    아무것도 없는가.

    아무것도 없는 데서 차라리

우리나라의 바다여!
심청전 속의 크낙한 꽃이
다시 솟아서

— 「꿈으로서 묻노니」에서

「울음이 타는 가을江」은 자연으로 확장된 불교의 자아 개념을 형상화하고 있다. 이 개념은 물활론처럼 개별 사물로 좁혀드는 관점이 아니라 자연과 우주 전체로 확장하는 개념이다. 이런 관점에서 보면, 불교의 자아 개념은 네스(Arne Naess)의 '생태적 자아' 개념과 같은 맥락에 놓인다.54)

「울음이 타는 가을江」첫 연, 화자는 친구의 사랑이야기를 따라가고 있다. 그런데 이상한 것은 동행의 대상이 분명하게 지목되지 않는다는 점이다. 실제로 그 대상은 '친구'일 수도 있고, '사랑이야기'를 포함하는 '추억'이거나 '가을햇볕'일 수도 있다. 많은 대상들 중 어느 하나에 얽매이지 않은 채 그 모두를 포괄하여 '동무'로 치환하고 있다. 그들은 각 각 하나의 개체로서가 아닌 경계 없이 뭉뚱그려진 동행자로서 화자의 여정에 동참하게 된다. 화자는 이 동행자와 등성이에 이르러 '눈물'을 보인다. 여러 존재들을 하나의 동행자로 인식한다는 것은 이미 각 개체간 구분이나 차별이 존재하지 않는다는 의미이다. 불교에서 바라보는 중생의 범주는 살아 있는 모든 것들인 유정뿐만 아니라 언젠가는 새로운 인연을 통해 생명성을 회복할 무정까지 포함하는 것이다. 화자는 유정과 무정은 물론 가을 햇볕이나 사랑 이야기 따위 추

---

54) 네스(Arne Naess) 역시 자아와 자연의 일치를 통해 모든 방향으로 자아의 확장이 이루어진다고 주장하였다.(『생명의 그물』, 앞의 책, 29쪽).

상적 존재까지 포괄하는 동행자와의 동체적 교감을 통해 눈물의 자비를 이끌어 내고 있다. 이로 인해 화자의 눈물은 가을 강의 눈물로 번져나가 '울음이 타는 가을 강'으로 확산된다.

앞서 첫 연의 자아 인식이 개체적 소아(小我)를 기반으로 대상을 바라보는 데서 출발하였다면, 이 작품의 마지막 연에 이르러서는 확장된 자아 인식이 드러난다. 우주 속의 나, 인드라망의 연결고리로서 자아를 이해하고 있는 것이다. '네 보담도 내보담도'라는 문맥에서 우리는 '너' 혹은 '나'라는 개체적 자아를 초월한 탈개체적 자아 인식을 읽을 수 있다. 이렇게 개체적 자아를 초월한 대자아로서의 인식이 전제됨으로써 비로소 일체 중생에 대한 대비심을 낼 수 있는 것이다. 이 대비심은 '기쁜 첫사랑 산골 물소리가 사라지고 그 다음 사랑 끝에 생긴 울음까지 녹여내는' 전체성의 자각으로 이어지게 된다. "자아의 테두리를 벗어나는 것은 전체성에 대한 자각이며 나아가 나와 남이 하나 되는 동체대비(同體大悲)의 자각을 의미"[55]하는 것이다. "보살은 이타적인 무아(無我)를 실천하는 존재이며, 살아 있는 것들을 위해 기꺼이 자신을 버리는 물과 같은 존재라 할 수 있다."[56] 여기서 첫사랑의 산골 물소리와 사랑 끝에 생긴 울음까지 녹여내어 하나로 이끌어 내는 것은 '가을 江줄기'의 보살행이며, 이 강줄기는 '바다'라는 궁극의 동체대비를 통해 '삼라만상과 하나 됨'을 구현하게 된다.

"법성(法性)을 본성의 원리로 하고 법계(法界)를 전체의 범위로 하는 불교적 자연(法性自然, 法界自然)에서는 모든 존재자가

---

55) 서재영, 앞의 책, 268-269쪽.
56) 고영섭, 『불교생태학』, 앞의 책, 65쪽.

상의성(相依性)과 연생성(緣生性)과 공성(空性)을 법으로 하여 통일된 한 생명의 큰 바다를 이루고 있다."57) 온 우주가 한몸이라는 동체대비 사유는 「꿈으로서 묻노니」에서 생과 사, 연생(緣生)과 연멸(緣滅)에 대한 고구로 이어진다.

첫 연, '울고 웃는 것이 한가지/ 결국은 한 바다로 오는 것인가'에서 표현된 '바다'는 전술한 불교적 의미의 '생명의 큰 바다'라고 볼 수 있다. 화자는 이 작품의 첫 연에서 이미 자신이 구한 답을 제시하고 있다. 그가 바라보는 '바다'는 모든 존재들에게 차별 없이 자비가 펼쳐지는 장소이며, 이 자비를 통해 스스럼 없는 대자아의 실현(Self realization)이 이루어지고 있기 때문이다. 여기서 '바다'는 그 스스로가 보살행의 주체이면서 동시에 자아실현의 장소로 드러나고 있다. "물은 죽음과 재생을 모두 내포하는 것"58)이다. 이 생명의 큰 바다에서는 '생과 사', '때와 곳' 어느 것에도 집착하지 않는 空의 제법이 이루어진다. 이곳에는 '아무 것도 없는' 듯하지만, '크낙한 꽃이 다시 솟는' 곳이기도 하다. 마지막 연 '심청전 속의 크낙한 꽃'이 가리키는 연꽃의 상징성을 통해서도 제법의 숨은 의도가 들어 있음을 짐작할 수 있다. 이 연꽃을 내포하는 '바다'는 삼계(三界)를 다 포용하면서도 그 어디에도 집착하지 않는 무주공성(無住空性)이므로 진보살59)의 면모를 보여 준다. 또한 그것은 우주와 통섭하며 하나가 됨으로써 스스로 대자아를 실현하고 있다.

---

57) 김종욱, 『불교생태철학』, 동국대출판부, 2006, 148-149쪽.
58) 미르치아 엘리아데, 앞의 책, 165쪽.
59) " 유마경 의 '진보살'은 반야의 지혜를 완성하여 무생법인을 얻었으며, 삼계의 어느 것에도 집착하지 않는 無住空性을 특징으로 한다." (조수동, 앞의 논문, 153쪽.)

백석의 유기적 시세계

　백석 시에는 유년의 추억과 고향 이미지, 자연을 대상으로 한 정서가 따뜻하게 잘 드러난다. 그의 작품들이 그려내는 구성원들 사이 질박한 유대감과 고향의 아우라는 독자들로 하여금 아련한 향수를 불러일으키게 한다. 파편화된 관계 속에서 살아가는 현대인들이 유독 백석 시를 통해 강한 끌림을 경험하는 이유는, 그의 작품 속에 그들 자신의 소외의식을 진단하고 치유할 수 있는 방안이 들어있다고 여기기 때문일 것이다. 백석의 작품들은 우리가 오래전에 잃어버린 고향의 농촌 풍경을 형상화하고 있다. 그 속에는 모든 존재들이 거리낌 없이 하나되는 공동체의 유기적인 세계60)가 펼쳐진다.

　현재 우리가 직면한 생태적 위기의 본질은 근대 문명의 기계론적이고 분절된 세계관으로부터 비롯되었다고 볼 수 있다. 하지만 삼라만상을 구성하고 있는 모든 존재들이 상호 연관되어 있다는 사실은 시스템 이론 등 21세기 과학적 성과를 통해서도 잘 알려져 있다. 현 생태 문제의 본질을 직시하기 위해서는 삼라만상을 낱낱의 개체적 대상이 아닌 전일론적인 전체성의 시각으로 바라봐야만 한다. 이 같은 전일론적 시각의 필요성이 대두되면서

---

60) "유기체는 생동하는 전체시스템으로서, 전체와 부분이 상호작용하며 협력하면서 스스로 조직하고 유지, 발전한다. 유기체적 세계관은 전일적이고 시스템적 입장에서 모든 것을 부단히 변화하는 역동적인 것으로 본다."(박준건, 「불교생태론을 다시 생각한다」, 『대동철학』제46집, 2009.3, 5쪽)

생태학이 등장한 것이다.

　전체적인 관계성을 중시하는 생태철학과 삼라만상이 상호의존적으로 존재한다고 보는 불교철학은 서로의 공통적 사유 기반61)을 토대로 하고 있다. 이러한 불교정신에 입각해 생태계 조화와 상생의 실천 방안을 백석의 시세계를 통해 탐구하는 것이 본고의 목적이다.

1. 존재의 공성과 교감

　백석의 대부분의 작품에서 가장 빈번하게 드러나는 이미지는 고향이다. 고향의 농촌이미지는 그가 애착을 가졌던 유기적 공동체의 모습을 담고 있다고 보아도 무방할 것이다. 따라서 이 공동체와 공동체를 형성하고 있는 구성원들의 모습을 연기적 측면에서 살펴봄으로써 백석 시의 지향을 가늠하는 것은 무엇보다 자연스러운 일이다.

　불교의 연기론은 모든 것이 인연으로 인해 생겨났으므로 서로가 상호의존적으로 존재할 따름이라는 정견을 담고 있다. 이 연기론의 관점에서 바라보면 삼라만상은 '나'라고 할만한 것이 없다(無我)는 비실체성의 공성(空性)을 띤다. 이 불교적 사유는 서구 근대 주체 중심의 실체론적 사유와 장면으로 대치되는 것이다. 연기론에 의하면 존재들에게 있어서 그 자신의 고유한 본질

---

61) 데이비드 킨슬리(David Kinsley)는 불교사상에 나타난 생태학적 특성으로 모든 존재의 상호연관성, 자연의 신성시와 그 고유한 가치 인정, 비폭력에 대한 전통 등을 들고 있다.(David Kinsley, 원병관 옮김, 「아시아의 종교적 전통에 나타난 불교생태학」,『불교평론』제5권제2호, 2003.여름, 138-139쪽)

이란 없으며 거대하고 복잡한 연결망 속에 상호 연관되어 있을 따름이다. 따라서 "그 구성원들은 공성이므로 자신들의 본질 자체를 다른 것과의 관계에서 획득한다."62) 여기에서는 이 '관계성'을 중심으로 논의를 이어갈 것이다. 먼저, 존재 자체의 연기에 드러난 관계성을 살펴보자.

> 여승은 합장하고 절을 했다
> 가지취의 내음새가 났다
> 쓸쓸한 낯이 넷날같이 늙었다
> 나는 불경처럼 서러워졌다
> 평안도 어느산 깊은 금덤판
> 나는 파리한 여인에게서 옥수수를 샀다
>
> 여인은 나어린 딸아이를 따리며 가을밤같이 차게 울었다
>
> 섶벌같이 나아간 지아비 기다려 십년이 갔다
> 지아비는 돌아오지 않고
> 어린 딸은 도라지꽃이 좋아 돌무덤으로 갔다
>
> 산꿩도 설게 울은 슬픈 날이 있었다
> 산절의 마당귀에 여인의 머리오리가 눈물방울과 같이 떨어진 날이 있었다
>
> ─「여승」전문

「여승」은 마치 서사시를 축약해 놓은 듯한 작품이다. '여승'은 이 작품의 핵심 제재이면서 서사의 결과이기도 하다. 한 여인이

---

62) 김종욱, 『불교생태철학』, 22쪽.

여승이 되기까지의 과정을 연기적으로 표현하고 있기 때문이다. 첫 연에 등장하는 '쓸쓸한 낮의 여승'은 화자의 기억을 이끌어내고 있다. 그녀는 평안도 어느 산 금덤판에서 화자가 만난 적 있는 '파리한 여인'이었으며, 섶벌 같이 나간 지아비를 십년 기다린 청상이었고, 어린 딸을 앞세운 비운의 어미이기도 했다. 이렇게 중층적으로 노정된 여러 사건들이 '여승'이라는 결과로써 드러난 것이다. '여승이 되었다'는 결과를 연기적으로 들여다 볼 때, 전술한 여러 사건들은 중첩된 상의성을 지닌 조건들에 해당된다. 또한 이 연기적 인과는 근대 기계론의 선형적 인과관계와는 다른 비선형적 인과관계를 형성한다.

 위 작품에서 '섶벌 같이 집 나간 지아비'와 그를 기다리는 아내는 서로 영향을 주고받는 관계이다. 비록 서로 직접적으로 주고 받는 행위는 없을지라도 집나간 지아비의 부재는 아내에게 큰 상실감을 안겼을 것이며, 상실감을 안긴 그 부채가 고스란히 지아비 자신에게 되돌아와 가슴을 짓누르고 있었을 것이다. 그런데 이 불길한 상호작용은 두 사람에게서 그치는 것이 아니다. 이것은 나아가 '집 나간 지아비의 아내와 그녀의 딸'의 관계에서 '집 나간 지아비의 아내와 집 나간아버지의 딸'의 관계로 중첩되어 이어지게 된다. 전자는 '나어린 딸아이를 따리며 가을밤같이 차게 울었다'는 표현에서 드러나듯이, 10년이나 돌아오지 않는 남편을 기다리는 아내의 한이 그녀의 딸에게 전달될 수밖에 없는 상황이다. 후자의 경우는 여기에 덧붙여 아버지 없는 딸로서 겪는 고통까지 가중된 상황이라고 볼 수 있다. 견딜 수 없이 늘어난 슬픔의 하중을 못이기고 어린 딸은 결국 사망에 이르는 것이다. 하지만 이 영향관계는 여기에 멈추지 않고 '어린 딸의 죽음'이라는 소용돌이 속에서 커다란 창발적 반향을 불러일으키게 된다.63) 중층적인 상즉상입의 결과, 현상적 차원의 유전문(流轉門)을 지나 실체에 근접해나가는 환멸문(還滅門)으로의 진입이 이루어지는 것이다.64) 이전과는 전혀 다른 차원의 질서가 형성되고 있다. 이와 같이 비선형 인과관계는 복잡한 상호작용을 거치며 무궁무진한 관계로 확장된다.

그런데 이러한 존재 자체의 관계성보다 더욱 주목해야 할 것은 백석 시에 드러나는 여러 존재들의 관계성이다. 백석 시에서 관계성은 인간 사이에서만 이루어지는 게 아니라 삼라만상을 아우르는 폭넓은 망을 구현하고 있다.

> 시냇물이 버러지 소리를 하며 흐르고
> 대낮이라도 산 옆에서는
> 승냥이가 개울물 흐르듯 운다
>
> 소와 말은 도로 산으로 돌아갔다
> 염소만이 아직 된비가 오면 산 개울에 놓인 다리를 건너 인가
> 근처로 뛰여온다

---

63) '창발(創發 emergence)이란 하위 차원에서 예측할 수 없었던 것이 상위 차원에서 돌발적으로 새롭게 출현하는 현상'을 말하는 데, 이 작품에서 '여인이 딸의 죽음을 수용하면서 여승으로 변화 하는 모습'은 창발적 인과를 드러낸다고 할 수 있다.(장은성, 『복잡성의 과학』, 전파과학사, 1999, 95-98쪽 참고.

64) "有란 集의 결과이고, 無란 滅의 결과일 뿐이다. 이러한 集과 滅이 곧 연기의 유전문(流轉門)과 환멸문(還滅門)을 의미한다. 연기의 논리가 유무를 포괄할 수 있는 것은 그것이 유전문과 환멸문이라는 두 문을 갖고 있기 때문이다. 공의 논리에 따르면 연기의 유전문과 환멸문이 다를 바 없고, 세간과 열반이 다를 바가 없게 된다."(한자경, 『불교 철학의 전개』, 예문서원, 2010, 120-129쪽)

산너머십오리서나무뒝치하고싸리신신고산비에촉촉이젖어서
　　약물을 받으러 오는 산아이도 있다
　　　　　　　　　　　　　　— 「산지(山地)」에서

　　졸레졸레 도야기새끼들이 간다
　　귀밑이 재릿재릿하니 볕이 담복 따사로운 거리다

　　잿더미에 까치 오르고 아이 오르고 아지랑이 오르고

　　해바라기하기 좋을 볏곡간 마당에
　　볏짚같이 누우란 사람들이 둘러서서
　　어늬 눈 오신 날 눈을 츠고 생긴 듯한 말다툼 소리도 누우라니

　　소는 기르매 지고 조은다

　　아 모도들 따사로이 가난하니
　　　　　　　　　　　　　　— 「삼천포 —남행시초4」 전문

　　닭이 두 홰나 울었는데
　　안방 큰방은 홰즛하니 당등을 하고
　　인간들은 모두 웅성웅성 깨여 있어서들
　　오가리며 석박디를 썰고
　　생강에 파에 청각에 마눌을 다지고

　　시래기를 삶는 훈훈한 방안에는
　　양염 내음새가 싱싱도 하다

　　밖에는 어데서 물새가 우는데
　　토방에선 햇콩두부가 고요히 숨이 들어갔다
　　　　　　　　　　　　　　— 「秋夜一景」 전문

불교생태철학에서는 삼라만상이 공성이므로 상호의존성의 원리에 의해 유기적으로 존재한다고 인식한다. 이 관점에서 바라볼 때 미미한 존재에서부터 우주 전체에 이르기까지 모든 존재들은 서로 "상호교섭(相卽)과 상호침투(相入)"[65]의 관계를 맺고 있다. 「산지(山地)」에서 드러나는 존재들 역시 지극히 자연스러운 상즉상입을 보여준다. 1연 1행의 시냇물은 버러지 소리를 내며 흐르고 있다. 시냇물과 버러지가 상호 침투하여 일체화된 상태이다. 시인은 시냇물과 버러지를 실체의 대상으로 인식하지 않는다. 그들은 상호의존적으로 존재하는 자연의 일부일 따름이다. 따라서 '시냇물'과 '버러지'는 모두 공성(空性)이며, 공의 상태에서 자유로운 교감이 이어지게 된다. 이와 같은 상즉상입은 1연 3행의 승냥이 울음을 통해서도 살펴볼 수 있다. 시인은 승냥이에게서도 그 야생성에 주목하기보다는 연기적 존재로서의 공성에 주목하였으며, 이로 인해 '개울물 흐르듯 우는 승냥이'로 구현된 두 존재의 상즉상입을 그려내고 있다.

이어지는 2연과 3연에서는 보다 능동적인 관계성이 드러난다. 2연에서 '소와 말'이 산으로 돌아간 반면 '염소'는 인가로 뛰어온다는 내용이 그것이다. 이 교차적 행위는 3연의 '약물 받으러 오는 산아이'에게까지 연쇄적으로 이어진다. 즉, 이 작품에 드러나는 상즉상입의 관계성이란 소극적으로 서로의 특성과 형질을 포용하는 데 그치지 않고, 서로 행위를 반영하거나 능동적으로 반향을 일으키는 행위의 교차성까지 자연스럽게 포괄하고 있는 것이다.

---

65) 고영섭, 『연기와 자비의 생태학』, 연기사, 2001, 45쪽.
　　본고의 '상즉상입'은 교감을 나누기 위한 전제의 개념이다. 이때 상즉상입은 교감의 연장선상에 놓이지만, 이 두 개념은 동시 발생적인 것으로 이해할 수도 있다.

이와 같이 폭넓게 형성된 관계성을 바탕으로 하여, 백석은 자신이 지향하는 정토(淨土)를 작품 속에 형상화하고 있다. 「삼천포 -남행시초4」와 「秋夜一景」은 정토사상66)이 반영된 대표적 작품들이다.

「삼천포 -남행시초4」 1연에 처음 등장하는 것은 '도야지새끼들'이다. 일반적으로 거리에서는 사람들과 교통수단이 먼저 눈에 띄기 마련이다. 그런데 이 작품에서 거리를 차지하고 있는 것은 '도야지새끼들'이다. 거리 풍경 속에서 이들을 먼저 포착한 시인의 시선에는 생태적 인식이 들어 있다. 우리가 자연과 함께 공동체를 이루어 상생하기 위해서는 무아(無我)로서의 공성(空性)을 직시하는 것도 중요하지만 이에 못지않게 타자를 상호의존적인 연기의 대상으로서 존중하는 자세도 중요하다. 그러기 위해서는 대상을 분별의 마음으로 바라보지 않고 무심으로 대할 수 있어야 하는 것이다. 이 무심의 마음으로써 2연 '까치'와 '아이'와 '아지랑이'의 자연스러운 상즉상입이 이루어진다. 아상을 버리고 무심의 마음으로 교감할 때, 인간과 비인간, 인간과 자연의 관계는 거리낌 없는 상호의존적 관계가 이루어지게 된다. 이것이 이 작품 속 공동체에서 형성되는 관계성의 상즉상입이라고 볼 수 있다. 이 공동체에서는 '나(我)'의 실체성이 강조되기보다는 타자와의 관계 속에서 내가 규정되므로, 나를 규정하는 타자들은 모두 나의 원천이며 나와 다르지 않은 존재가 된다. 그 속에는 자연히

---

66) "대승불교의 정토사상(淨土思想)은 모든 존재의 평화롭고 청정한 세계를 만들어 내고자 하는 데 목표를 두고 있다. '정토'라는 용어는 정토사상에서 성취하고자 하는 최고의 결과를 언급한 것일 뿐만 아니라, 그들의 육체적 정신적 평온과 평화의 상태 또한 표현하는 것이다."(R.K.Rana, 「영성과 평화」, 『원불교 사상과 종교문화』 34집, 2006.12, 31-32쪽)

개인적 욕망과 이기를 넘어선 공동체의 윤리가 형성될 수밖에 없다. 3연의 "볏짚같이 누우란 사람들/ 말다툼 소리도 누우라니"라는 표현에서, '볏짚같이 누우란 사람들'의 질박함이 '말다툼 소리'에까지 상입하여 서로 '누우라니' 동화되어 가는 공동체 구성원들의 연기적 교섭을 읽을 수 있다.

그런데 이 공동체의 연기적 상생의 장소는 마지막 연에 드러나듯 '모도들 따사로이 가난한' 곳이다. 즉, 시인이 지향하는 '정토(淨土)'의 모습은 물질적으로 풍요로운 곳이 아니라 가난한 이웃들과 함께 살고 있는 바로 그 현실의 장소이다.67) "인간의 마음이 청정하게 되었을 때 그가 살고 있는 곳이 그에 상응하게 청정해지는 것"68)이라고 할 때, 백석이 그려내고자 한 '청정한 인간의 마음'이란 '무아와 무심의 마음'이라는 것을 확인하게 된다.

「秋夜一景」에 드러난 정토는 "도시문화가 놓쳐 버린 청각과 촉각 등의 감각"69) 속에서 구현된다. 현대사회에서 특히 중시되는 감각은 시각이다. 그런데 "시각은 사회적이고 타인을 중심으로 하는 청각과는 달리, 고립감과 거리감을 조성할 뿐 아니라 다른 감각들의 친교성을 부인한다는 점에서 몰감각적이다."70) 이 작품

---

67) 道信선사는 우리가 사는 이 땅을 사랑하고 잘 가꾸며 보존할 때 이 땅이 바로 淨土가 된다고 말한다. 六祖慧能도 정토란 중생들이 살아가는 이곳에서 멀리 가지 않는다고 말했다. 결국 인간이 딛고서 있는 대지를 버린다면 초월적 구원의 세계란 따로 없다는 것이 도신과 혜능의 인식임을 엿볼 수 있다. 선에 입각해 본다면, 바로 이 대지와 생태계를 보전하고 가꾸는 것이 곧 정토를 실현하는 것이자 극락세계를 체험하는 것이다. (서재영, 『선의 생태철학』, 앞의 책, 41-42쪽)

68) R.K.Rana, 앞의 논문, 32쪽.

69) "도시문화가 놓쳐버린 것은 감각 특히 청각과 촉각이다." (박연규, 「공동체와 생명의 관계성」, 『전통사상과 생명』, 국학자료원, 2003, 227쪽)

70) 정화열, 『몸의 정치』, 민음사, 1999, 242쪽.

은 색채나 구도 따위의 시각적 요소를 지양하면서 청각, 미각, 후각, 촉각 등 문명 속에서 점차 쇠퇴되어 온 감각적 요소들의 중요성을 독자들에게 환기시키고 있다. 이 감각적 요소들은 작품 속에서 "흙과의 관계"71)를 연상시키는 매개작용을 한다. 1연의 '닭', '오가리', '석박디', '생강', '파', '마늘', 2연의 '시래기', 3연의 '토방', '햇콩두부' 등은 모두 흙에 맞대 있거나 흙에서 수확한 자연의 일부이다. 이와 같은 흙의 상상력은 흙에서 비롯된 우리 자신의 연대감72)을 불러일으킴으로써 우리 스스로를 겸허히 "관계적 자아"73)로 거듭나게 한다. 이렇게 백석 시에 그려지는 농촌이 미지는 연기적 측면의 관계성 외에도 흙을 기반으로 한 존재들의 연대감을 불러일으킴으로써 흙의 상상력에서 비롯된 관계성을 부각시키는 부수적 효과를 거두고 있다.74)

박연규는 공동체의 관계성에 대해 언급하면서 "관계성을 구성하기 위한 요건으로서 서로 다른 개체는 서로를 존중할 수 있는 여유 즉 틈을 가질 수 있어야 하고 이런 전제 하에서 접촉이 이루어져야 한다"75)라고 주장한다. 이때 그가 말하는 '여유'와 '틈'

---

71) 박연규, 앞의 글, 227쪽.
72) 인간의 몸은 地水火風(四大) 네 가지 속성의 결합으로 되어 있다. (고영섭, 『연기와 자비의 생태학』, 연기사, 2001, 27쪽)
73) "한 자아와 다른 자아의 관계는 틈의 차원에서 볼 때 관계적 자아가 된다. 즉 서로 일치되고 서로가 서로에게 함몰되어 있거나 동화된 차원이 아니라 서로 관계를 맺고 있는 차원이며 이런 관계 속에서 '비움'의 가치가 자연적으로 드러난다." (박연규, 앞의 글, 227-229쪽 참고)
74) "공동체들의 경우 다양한 여러 공동체적 테마들은 땅으로의 복귀라고 하는 한 가지 이상으로 집약된다. 제일 자연적인 대상인 땅에 농사를 지음으로써 그들은 공동체로 향한 허다한 충동들을 충족시킨다. 그들은 농사를 통해 자연 및 자연 질서와 더 가까이 접하게 되며, 존재의 근원과 더욱 깊은 관계를 맺는 보다 단순한 생활로 돌아가는 것이다" (방영준, 「공동체의 본질과 실현에 관한 연구」, 『윤리연구』 64, 한국윤리학회, 2007, 111쪽)

이란, 불교생태적 관점에서 설명한다면 자신이 상호의존적인 존재일 뿐이라는 무아와 공성에 대한 깨달음을 의미하는 것이다. 자아가 공(空)이라는 자각은 자아에 대한 아상이나 여기서 비롯된 욕망을 내려놓고 다만 자신을 비어 있게 한다. 이렇게 이기적 자아를 버림으로써 비로소 공동체의 관계적 자아로서 걸림 없는 구성원이 될 수 있다. 공성에 대한 인식은 너와 나라는 경계와 분별마저 지워버리기 때문이다.

2. 공동체의 유기적 평등관

백석이 형상화한 유기적 공간 속 구성원들은 전통적 농촌 마을의 일원으로서 그리 두드러지지 않는 존재들이다. 이들은 각각 개성적인 캐릭터를 갖고 있거나 서로 다른 자기만의 세계를 고집하지 않는다. 그들은 익명성을 띤 존재들이다. 이러한 특성은 공동체 구성원으로서 스스로의 색을 지워버리는 무아(無我)의 맥락에서 해석할 수도 있다. 그러나 그것만으로는 백석 시에 구현되는 공동체 전체를 설명하기에 부족하다. 그의 유기적 공동체 속에는 인간뿐만 아니라 삼라만상이 함께 들어 있기 때문이다.

코기토를 추구하는 데카르트의 인식론적 철학이 물려준 근대적 유산의 특징은 자아 중심적이다.[76] 이 근대문명의 존재관은 '사유(자아의 본질)하는 자'와 '연장(물체의 본질)된 것'으로써 주체와 객체, 주관과 객관이라는 이분법적 사유의 전통을 만들어

---

75) 위의 글, 228쪽.
76) 정화열, 앞의 책, 241쪽.

냈다.77) 이와 같은 사유체계는 삼라만상을 이분법적으로 나누어 분별하는 폭력적 계층질서를 정당화해 나가게 된다. 이 폭력적 사유야말로 현재 직면한 생태 위기의 근본적 원인이라고 볼 수 있을 것이다.

　백석의 시가 보여주는 유기적 공동체는 폭력적 계층질서를 극복하고 나아갈 방향을 제시하고 있다. 근대 문명의 이분법적 사유체계가 인간중심적인 가치를 고착시켰다면, 이 공동체 속의 구성원들은 인간과 비인간의 구분 없이 모두 공동체 일부로서 존재할 뿐이다. 그러기 위해 무엇보다 필요한 것은 상대방에 대한 존중이며, 이것은 평등에 대한 자각을 기반으로 한다.

　　　병이들면풀밭으로가서풀을뜯는소는인간보다영(靈)해서

　　　열 걸음 안에 제 병을 낫게 할 약이 있는 줄을 안다고

　　　 수양산의어느오래된절에서칠십이넘은로장은이런이야기
　　　를 하며 치맛자락의 산나물을 추었다.
　　　　　　　　　　　　　　　　　　　―「절간의 소 이야기」 전문

　　　새끼오리도 헌신짝도 소똥도 갓신창도 개니빠디도 너울쪽도
　　　짚검불도 가락닢도 머리카락도 헝겊조각도 막대꼬치도 기왓장
　　　도 닭의 짗도 개터럭도 타는 모닥불!

　　　재당도 초시도 門長늙은이도 더부살이 아이도 새사위도 갓사

---

77) 김종욱, 『불교생태철학』, 동국대출판부, 2006, 257쪽 참고.

둔도 나그네도 주인도 할아버지도 손자도 붓장사도 땜쟁이도 큰
개도 강아지도 모두 모닥불을 쪼인다
— 「모닥불」에서

「절간의 소 이야기」에서 시인은 '로장'의 입을 빌려 '인간보다 靈한 소'에 대해 이야기 한다. 이 이야기는 '칠십 먹은 로장'의 오랜 연륜에서 비롯된 것이어서 더욱 신뢰를 줄 뿐 아니라 신비스러움까지 전해준다. 무릇 모든 생명을 존중하기 위해서는 대상을 분별심 없이 바라봄으로써 그 내재적 가치를 잘 이해할 수 있어야 한다. 내재적 가치를 인정한다는 의미는, 그것이 존중받을만한 이유가 있으며 또한 "자기 고유의 가치를 지닌 존재를 우리와의 관계에서만 가치를 지니는 존재로 다루는 것은 잘못"[78]이라는 함의를 담고 있는 것이기도 하다. 불교의 관점에서 보면 생명의 종(種)에 상관없이 모든 생명에는 불성이 있고, 그것의 가치는 동등하기 때문이다.[79]

「모닥불」에 드러난 중생의 모습 역시 그것을 뒷받침하고 있다. 「모닥불」은 타오르는 모닥불을 중심으로 빙 둘러앉아 온기 나누는 모습을 형상화한 작품이다. 1연이 모닥불에 대한 묘사라면, 2연은 모닥불을 쬐는 풍경에 대한 묘사라고 볼 수 있다. 1연에 등장하는 소재들은 모두 모닥불을 피워올리는 땔감의 역할을 하는 존재들이다. 새끼오리에서 개터럭에 이르는 숱한 존재들은

---

78) J.R.Desjardins, 김명식 옮김, 『환경윤리』, 1999, 219쪽.
79) '불성(佛性)'은 '여래의 성품' 혹은 '부처가 될 원인(요소)'를 의미한다. 이 불성론은 모든 존재들이 인간이 그것들에 부여하는 가치와는 별개로 자기 나름의 가치를 지닌다는 심층생태학의 내재적 가치론에 맥이 닿아 있다.(서재영, 「선의 생명평등 사상과 수행문화」, 『한국선학』제23권, 2009.8, 432쪽.)

땔감의 상식적 상상력을 훌쩍 뛰어넘을 만큼 다양하다. 그 모닥불은 우리 주변에 산재하는 사물들을 망라한 결정체인 셈이다. 이로 인해 모닥불을 쬐는 2연의 풍경이 더욱 의미심장하게 다가온다. 2연에서 모닥불을 빙 둘러싼 일행 속에는 아이와 장문늙은이, 새사위와 갓사둔, 나그네와 주인, 할아버지와 손자 등 상하의 구별이 없는 것은 물론, 큰 개와 강아지도 동등하게 중생의 일원으로서 참여하고 있다.

그런데 불성을 가진 '중생'의 의미는 『화엄경』에 이르러 그 범위가 더욱 확대된다.80) 초기불교와 달리 『화엄경』에서는 생명현상과 정신작용이 모두 있는 동물뿐만 아니라, 생명현상만 있는 식물과 생명현상이 없는 무정물마저 불성을 갖고 있다고 설하고 있는 것이다.

> 달빛도 거지도 도적개도 모다 즐겁다
> 풍구재도 얼럭소도 쇠드랑볕도 모다 즐겁다
> ……중략……
> 송아지 잘도 놀고
> 까치 보해 짖고
> ……중략……
> 대들보 위에 베틀도 채일도 토리개도 모도들 편안하니
> 구석구석 후치도 보십도 소시랑도 모도들 편안하니
> ― 「연자간」에서

---

80) 내재적 가치를 인정하는 심층생태학 역시 모든 생명체가 상호연관된 전체의 평등한 구성원이라는 '생명중심적 평등(biocentricequality)'을 주장한다. 하지만 불교의 '불성론'은 '무정'까지 포함한 '중생' 개념을 적용한다는 점에서 심층생태학의 '생명중심적 평등'보다 더 포괄적이고 확장된 개념이라고 볼 수 있다.

솔포기에 숨었다
토끼나 꿩을 놀래주고 싶은 산허리의 길은

업데서 따스하니 손 녹히고 싶은 길이다

개 데리고 호이호이 휘파람 불며
시름 놓고 가고 싶은 길이다

괴나리봇짐 벗고 땟불 놓고 앉아
담배 한 대 피우고 싶은 길이다

승냥이 줄레줄레 달고 가며
덕신덕신 이야기하고 싶은 길이다

더꺼머리 총각은 정든 님 업고 오고 싶을 길이다
— 「창원도」 전문

「연자간」의 1연에 드러난 시인의 시선은 농민의 그것처럼 넉넉하다. 이 시선은 '거지', '도적개'와 같이 소외되거나 편견에 싸인 이웃에서부터 전통적 농촌공동체를 상징하는 '얼럭소' 그리고 '풍구재', '쇠스랑볕' 등 농기구에 이르기까지 빠짐없이 포괄하고 있다. 전혀 다른 그들이 '모다 즐겁다'는 것은 공동체 속에서 서로 인간과 비인간, 생명체와 비생명체 따위의 분별심을 내지 않기 때문에 가능한 일이다. 그들은 불성을 가진 동일법성(同一法性)의 존재로서 각자 내재적 가치를 지닌 채 자리매김하고 있다. 농촌공동체에서는 농사에 중요한 역할을 하는 '얼럭소'나 농기구들은 물론이거니와, '거지'와 '도적개'도 인정과 여유의 여백을 채

우는 구성원으로서 자연스럽게 조화를 이룬다. 인간 중심에서 바라보는 도구적 가치와는 사뭇 다른 관점이다. 공동체 구성원들 모두에게 들어 있는 "불성(佛性)은 그들에게서 보편적 존엄을 드러내는 장치가 된다."[81] 이와 같은 '불성론'을 토대로 하여 "모든 만물이 연기실상의 장에서 전체이자 부분이고 부분이자 전체로 존재한다고 보는 불교의 범신론적 세계관"[82]은 그 의의를 갖는다. 모든 존재는 불성의 주체로서 신성하며, 이 삼라만상이 어우러진 우주 역시 신성성을 지니게 되는 것이다.

「창원도」에서는 만물 평등의 인식에 머물지 않고, 존재들 간 걸림 없는 조화를 보여준다. 1연은 '산허리의 길(路)'의 숨바꼭질 장면이다. 시인은 이 작품에서 불성을 가진 존재들의 내재적 가치를 조명하기보다는, 불성을 가진 주체[83]로서 존재들이 능동적으로 융섭하는 모습을 그려내고 있다. '산허리의 길이 토끼나 꿩을 놀래주고 싶어서 솔포기에 숨는다'라는 표현은, 시인이 솔포기에 가려진 길을 통해서도 자유자재로 융섭하는 만물의 모습을 읽어내고 있음을 짐작게 한다. 그 연기화합의 장에 그는 직접 '업데서 따스하니 손 녹히고 싶다'는 동참의 의사를 밝힌다. 그리고 그 조화로운 어울림은 '개'와 '승냥이', '더꺼머리 총각'으로 이어지는 인연생기를 연쇄적으로 이끌어낸다. 이들은 모두 불성을 가진 존재라는 점에서 평등하며, 부분이자 전체로서 삼라만상을 구성하는 능동적인 구성원으로 자리 잡고 있다. 차별과 위계가

---

81) 서재영, 앞의 책, 320쪽.
82) 박준건, 앞의 논문, 6쪽 참고.
83) 이때의 '주체'는 我相에서 비롯된 실체성의 의미가 아니라, 緣이라는 타자에 의해 규정되는 연기적 존재로서의 나를 의미한다.

없는 이러한 공동체 속에서 삼라만상의 모든 존재들에게는 폭력적 계층 질서 대신 평등한 존재로서 상대방을 존중하는 태도가 자연스럽게 형성될 수밖에 없다. 불성(佛性)을 근거로 한 불교의 가르침은 공동체 일부로서 그 구성원들이 조화를 이루는 평등의 생태적 지혜를 내보이고 있다.

3. 동체 인식과 상생의 윤리

우리가 현재 맞닥뜨린 생태적 위기 상황을 극복하기 위해서는 현상황을 직시한 뒤 새로운 세계관을 정립하는 것도 중요하지만, 이에 못지않게 그것을 뒷받침할 수 있는 실천적 윤리 또한 중요하다. 그러므로 공성(空性)에 대한 이해를 바탕으로 하여 배려와 존중의 윤리를 새롭게 확립하는 것은 물론, 그것을 일상생활 속의 실천 지침으로 삼아야 한다. "상생적 삶의 양식은 조화로운 공동체를 구현하는데 중요한 요소"[84]이기 때문이다.

백석 시에는 모든 존재들을 평등하게 인식할 뿐만 아니라 나아가 나와 상대를 동일시하는 장면도 자주 등장한다. 이러한 점에 주목하여 이 장에서는 동체 인식에서 비롯되는 상생의 생태적 윤리 개념에 대하여 살펴보자.[85]

---

84) 방영준, 앞의 논문, 117쪽.
85) 이 불교적 사유(동체 인식)는 생태학자 네스(Arne Naess)의 '동일화(identification)' 개념과 맞닿아 있다. "동일화는 인간됨을 넘어서서 인간 외 자연세계까지 자기를 넓히도록 실현하는 과정이며, 자연세계의 모든 존재와 함께 하는 동일화를 통해 '큰자기 실현(Self realization)'에 이르게 된다." (한면희, 『환경윤리』, 철학과현실사, 2006, 165-166쪽 참고)

처마 끝에 명태를 말린다
명태는 꽁꽁 얼었다
명태는 길다랗고 파리한 물고긴데
꼬리에 길다란 고드름이 달렸다
해는 저물고 날은 다 가고 별은 서러웁게 차갑다
나도 길다랗고 파리한 명태다
문(門)턱에 꽁꽁 얼어서
가슴에 길다란 고드름이 달렸다
　　　　　　　　　　— 「멧새 소리」 전문

낡은 나조반에 흰밥도 가재미도 나도 나와 앉아서
쓸쓸한 저녁을 맞는다

흰밥과 가재미와 나는
우리들은 그 무슨 이야기라도 다 할 것 같다

우리들은 서로 미덥고 정답고 그리고 서로 좋구나
　　　　　　　　　　— 「선우사(膳友辭)」에서

　　시인이 의식적으로 자아와 세계의 동일성을 추구하는 데는 두 가지 방법이 있다. 동화(assimilation)와 투사(projection)가 그것이다.[86] 「멧새 소리」는 두 가지 방법론에 기대어서 동일화를 이끌어내고 있는 작품이다. 작품 첫행, 처마 끝에 명태를 말리는 화자가 등장한다. 여기서 화자는 주객으로 분리된 관계 속의 주체로서 명태를 관찰하고 있다. 화자의 시선은 감정이 소거된 채

---

86) 김준오, 『시론』, 삼지원, 1991, 32쪽.

무미건조하다. 이것은 처마 끝에 매달린 명태를 바라보며 '꽁꽁 얼었다'라고 말하는 데서도 드러난다. 즉, '명태가 얼어 있다'는 사실은 화자의 감정적 동요를 일으키지 않는다. 명태는 그저 '얼어 있는 물고기'로써 풍경처럼 놓여있을 따름이다. 이 때문에 길다랗고 꼬리에 고드름 달린 물고기의 생김에 대해 3~4행에 걸쳐 외연적인 부연설명이 건조하게 이어지는 것이다. 그런데 그 시선은 점차 변화하기 시작한다. '해는 저물고 날은 다 가고 별은 서러웁게 차갑다'라는 5행은 화자가 객체를 응시하던 자신을 잠시 멈추고 있는 장면이다. 시선을 먼 하늘로 돌리며 자신을 비추는 저녁별이 '서러웁게 차갑다'라고 말하는 화자에게서 작은 동요의 흔적을 느낄 수 있다. 비로소 화자는 건조한 시선을 거두고 명태를 투사하게 된다. 그리고 투사를 통해 명태의 모습을 바라본 순간, '나도 길다랗고 파리한 명태다'라는 동체 인식을 일으키게 된다. 이 동체 인식은 단순히 인식 차원에 머물지 않는다. 화자는 얼어 있는 명태를 "자신의 내부로 끌어들이는"[87] 감정적 교감의 동화를 거쳐 '가슴에 고드름이 달리는' 완벽한 동일화로 나아간다.

「선우사(膳友辭)」는 제목에 드러난 것처럼 반찬을 의인화하고 있다. 화자는 낡은 나조반 위의 소박한 음식들을 의인화하여 그것들이 소반 위에 차려진 음식이 아니라 자신과 함께 앉아 있는 '벗'이라고 말한다. 이와 같은 "시적 대상들의 의인화는 불교생태학적 관점에서 볼 때 자타불이(自他不二)의 문학적 수용이라고 볼 수 있다."[88] 너와 내가 다르지 않다는 불이의 사유로 인

---

[87] 위의 책, 32쪽.
[88] 김지연, 「강은교 시에 관한 불교생태학적 고찰」, 『인문과학연구』제40집, 2014.3, 55쪽.

해 반찬들에조차 나와 다름없는 인격을 부여하고 있는 것이다. 이 자타불이의 다르마는 연기에 대한 깨달음에서 비롯된다. 우리 모두는 상호의존적인 인드라망 속에서 관계를 맺으며 살아가고 있기 때문이다.

그런데 연기된 우리의 몸은 인연화합을 통해 또 다른 연기적 관계 속에 놓이게 된다. 화자가 반찬들을 먹는 행위는 식생 차원을 넘어서는 상호의존의 생태적 순환관계도 포함하는 것이다. 생태계의 구조는 생산자-소비자-분해자 사이의 물질적 순환성과 각 단계 서로간의 상호의존성으로 형성되어 있다. "생명 과정들 상호간의 의존성은 모든 생태적 관계의 본질"[89]이며, 그 거대한 생명의 그물 속에서 화자와 '반찬들'은 상보적인 관계에 놓인다. 따라서 순환성과 상호의존성의 생태적 관점에서 보더라도 '반찬들'은 화자와 관계를 맺고 그 존재를 획득케 하는 불이의 존재가 된다. 이와 같이 생태계를 아우르는 연기실상에서 얻은 동체 인식은 '나'라는 좁은 테두리를 뛰어넘어 거듭날 수 있는 길을 제시한다.

  캄캄한 비 속에
  새빨간 달이 뜨고
  하이얀 꽃이 퓌고
  먼바루 개가 짖는 밤은
  어데서 물외 내음새 나는 밤이다

  캄캄한 비 속에

---

89) Fritjof Capra, 김용정·김동광 옮김, 『생명의 그물』, 범양사, 2004, 390쪽.

새빨간 달이 뜨고
하이얀 꽃이 퓌고
먼바루 개가 짖고
어데서 물외 내음새 나는 밤은

   나의 정다운 것들 가지 명태 노루 뫼추리 질동이 노랑나뷔
바구지꽃 메밀국수 남치마 자개짚세기 그리고 천희(千姬)라는
이름이 한없이 그리워지는 밤이로구나
                — 「야우소회(夜雨小懷)」 전문

어니젠가 새끼거미 쓸려나간 곳에 큰 거미가 왔다
나는 가슴이 짜릿한다
나는 또 큰거미를 쓸어 문밖으로 버리며
찬 밖이라도 새끼 있는 데로 가라고 하며 서러워한다

이렇게 해서 아린 가슴이 싹기도 전이다
 어데서 좁쌀알만한 알에서 가제 깨인 듯한 발이 채 서지도 못
한 무척 적은 새끼거미가 이번엔 큰거미 없어진 곳으로 와서
아물거린다
 나는 가슴이 메이는 듯하다
                — 「수라(修羅)」에서

「야우소회(夜雨小懷)」 속에 그려진 밤풍경은 독특한 정취를 자아내고 있다. 1~3행의 '캄캄한 비속에 새빨간 달이 뜨고 하이얀 꽃이 퓌고'라는 표현에 드러난 색상의 조합은 강렬하지만 다소 비현실적이다. 비까지 내리는 캄캄한 밤, 달과 꽃의 선명한 색감을 보기는 어렵다. 이 모순적 상황을 무릅쓰고서 시인이 표현한 의도는 비와 달, 꽃의 개체적 특성을 부각시키는 데 맞춰져

있다. 4행에서 '개'는 '비'와 '달', '꽃'을 향해 짖고 있다. 자신의 뛰어난 감각으로써 캄캄한 밤에 벌어지는 비와 달, 꽃의 변화에 반응하고 있는 것이다. 그런데 각각의 변화에 개별적으로 반응하던 개는 그것들에게서 '물외 내음새'라는 공통된 요소를 포착해낸다. 후각이 뛰어난 개의 등장으로 인해 개체적으로 존재하던 삼라만상은 냄새에 의해 새롭게 재구성된다.90) 이 작품에 드러난 동체 인식은 자신과 대상을 동일시하는 데 그치지 않고 나아가 '냄새'라는 제3의 요소에 의해서로 상즉(相卽)의 동질성을 발견함으로써 삼라만상이 하나 되는 동체대비로 이어지고 있다. 그리고 이 연대는 마지막 연에 이르러 화자와 화자의 추억 속 존재들까지 아우르며 삼라만상에 대한 자비로 이어진다.

「수라(修羅)」에서 화자는 동체 인식을 통해 거미들과 하나 된 마음을 일으키고 있다. 1연에서 새끼거미 있던 자리에 찾아든 큰 거미를 보며 화자의 가슴이 짜릿한 것은, 애타는 큰 거미의 마음을 느끼고 있기 때문이다. 삼라만상의 일부로서 서로가 하나임을 인식하고 있으므로 거미의 아픔을 곧 나의 아픔으로 느낄 수 있게 된 것이다. 화자가 '좁쌀알 만한 알에서 가제 깨인 듯한 거미'에게서조차 '가슴이 메이는' 측은지심을 드러내는 것으로 미뤄볼 때, 그것이 삼라만상을 한 몸으로 여기는 동체대비에서 비롯되었음을 짐작하게 한다. 아주 작은 거미와도 교감하고 감정을 일으킨다는 것은 "그것이 진실한 나의 본체라는 통찰"91)이 있었

---

90) 전술한 바와 같이 네스(Arne Naess)의 동일화(identification) 개념은 특정 존재들에 국한된 것이 아니다. 그에 따르면 어떤 동물이나 식물, 산, 해양 등 인간뿐만 아니라 인간 외 자연세계까지 그런 동일화 과정을 유발시킬 수 있다. (한면희, 앞의 책, 166쪽)

기에 가능한 것이다. 더욱이 거미의 마음을 헤아리고 다치지 않게 돌려 보내는 '배려의 윤리'는 깊이 되새겨볼만하다.

책임감과 의무감에 의해 행해지는 윤리의 실천은 우리가 직면한 생태 위기를 극복할 근본적인 대책이 될 수 없다. 백석의 시는 삼라만상의 공동체 속에서 저절로 체득한 동체 인식을 바탕으로 하여 '살림'과 '배려'의 윤리를 자연스럽게 구현하고 있다.[92] 이 조화로운 공동체의 근간에 동체대비의 사유가 들어 있다.

---

91) 고영섭, 『연기와 자비의 생태학』, 앞의 책, 76쪽.
92) "불교의 생태관은 비폭력을 기본 전제로 한다. 비폭력은 상대방 또는 다른 생명 있는 것들에 대한 존중의 마음에서 나오는 행위이다. 때문에 생태에 대한 불교의 견해는 '죽임의 문화'가 아니라 '살림의 문화'를 지향한다" (위의 책, 77쪽).

서정주 시의 불교생태학적 존재관

 본고는 서정주 시세계의 불교생태학적 존재관과 그 의의를 밝히고자 하는 의도에서 비롯되었다. 따라서『미당 서정주 시전집』1 전체를 논의 대상으로 삼지만, 시전집 중『西으로 가는 달처럼』이후의 후기 시는 여행시편의 성격이 강하므로 부득이 논의 대상에서 제외하였다. 그의 시에 노정된 불교생태학적 존재관을 고구하기 위해 주의 깊게 살펴볼 것들은, 작품에 드러나는 우주만물의 연기적 생성원리와 상호의존적 관계성, 동체자비 등이다.

1. 순환적 존재의 비실체성

 서정주의 작품 속에는 '윤회' 같은 순환적 이미지들이 자주 등장한다. 이러한 점은 선행 연구자들이 서정주 시세계의 불교적 연관성에 대해 고구하게 된 이유가 되기도 하였다. 이 장의 논의 역시 그의 시에서 순환적 이미지로 형상화된 존재들을 탐색하는 데서 출발한다. 그러나 여기서 주목하는 것은 순환적 존재 자체가 아니라 이 순환적 존재들에 함의된 비실체성(非實體性)이다.
 불교적 시각으로 본다면, 삼라만상의 이치란 무수히 많은 조건들이 화합하여 생성하는 연쇄작용에서 기인하는 것이다. 무수히 많은 조건들의 상호적 연쇄성을 연기(緣起)라고 하는데, 이 연기성의 무수히 많은 조건들에 의한 연쇄작용은 조건들의 반복을 통해 끝없는 순환으로 이어지게 된다. "이런 순환이 물질적 차원에서 표출된 것을 인연(因緣)이라고 한다면, 정신적 차원에서 전개 되는 것은 윤회(輪廻)라고 할 수 있을 것이다."93)

작품을 통해 순환적 존재의 이미지들을 살펴보자. 다음 작품들은 사대(四大)의 인연화합(因緣和合)을 잘 드러내고 있다.

> 복사꽃 피고, 복사꽃 지고, 뱀이 눈뜨고, 초록제비 무처오는
> 하늬바람우에 혼령있는 하눌이어. 피가 잘 도라… 아무病도없
> 으면 가시내야. 슬픈일좀 슬픈일좀 있어야겠다.
> ─「봄」 전문

> 바람뿐이드라. 밤허고 서리하고 나혼자 뿐이드라.
> 거러가자, 거러가보자, 좋게 푸른 하눌속에 내피는 익는가.
> 능금같이 익는가. 능금같이 익어서는 떨어지는가.
> 오─ 그 아름다운날은… 내일인가. 모렌가. 내명년인가.
> ─「단편(斷片)」 전문

불교사상에서는 세상의 존재들이 어떤 고정적인 실체성을 갖지 않으며 그것들은 여러 요소들의 인연화합에 불과한 것이라 여긴다.94) 존재를 구성하는 다섯 가지 요소 즉 오온(色·受·想·行·

---

93) 김종욱,「불교생태학적 생명관의 정초 모색」,『한국불교학』제38권, 한국불교학회, 2004, 207쪽.
94) "불교는 무실체의 존재로서 인간을 규정함으로써 인간이라고 할만한 어떠한 실체도 인정하지 않는다. 다만 여러 요소의 인연화합에 불과한 것으로 규정한다. 일체의 존재를 地·水·火·風이라는 四大의 인연 화합으로 보거나, 色·受·想·行·識의 五蘊의 인연화합으로 보는 경우가 그 대표적 일례다"(윤종갑,「불교의 연기론적 생명관과 복잡계 이론」,『동아시아불교문화』제6집, 동아시아불교문화학회, 2010, 282쪽 참고)

제1부 불교사상과 생태의식 103

識)의 첫 번째인 색온(色蘊)은 나의 몸을 일컫는 말이다. 색(色)은 우리 몸을 구성하는 지수화풍(四大)의 네 가지 속성으로 되어 있다.

「봄」에서 등장하는 '복사꽃'은 식물의 줄기에서 피어 오르는 꽃의 성질에 비추어, 사대 중 화대(火大)에 해당한다고 볼 수 있다. 화대는 따뜻함의 본질로서 만물을 타오르게 하거나 무르익게 하는 만물의 구성 요소이다.95)102) 더구나 복사꽃은 온 세상을 꽁꽁 얼게 하는 겨울을 지나 만물이 되살아나는 봄의 기운을 담고 피어나는 꽃이다. 이러한 화대의 기운은 "뱀이 눈뜨고"라는 소생의 이미지를 이끌어내게 된다. 이어서 등장하는 "초록제비 무쳐오는 하늬바람"은 풍대를 가리킨다. 이 풍대는 작품속에서 대지를 중심으로 무르익었던 화대의 기운을 상승·확장시키는 역할을 하고 있다. 앞에서 화대의 기능이 대지(地大)를 기반으로 한 것이었다면, 여기에서는 하늬바람(風大)을 만나 "혼령있는 하늘"까지 퍼져나가고 있기 때문이다. 그러므로 이 하늬바람은 만물을 생장시키는 풍대로서 "초록제비 무쳐오는" 생명력을 드러내게 된다. 지대를 기반으로 한 화대와 풍대의 인연은 뒤이어 "피가 잘 도라"라는 수대와의 인연화합으로 이어진다. '피'의 이미지(수대)는 이미 그 속에 불(화대)을 머금고 있기도 하다. 이 짧은 시 속에 만물의 구성 요소 사대가 인연화합을 이루고 있다.

---

95) 불교에서는 만물의 구성 요소 네 가지(지·수·화·풍)를 사대라 한다. 단단함(堅)을 본질로 하는 지대(地大)는 만물을 떠받치고, 축축함(濕)을 본질로 하는 수대(水大)는 만물을 포용하며, 따뜻함(煖)을 본질로 하는 화대(火大)는 만물을 타오르게 하거나 무르익게 하고, 움직임(動)을 본질로 하는 풍대(風大)는 만물을 생장시킨다.(김종욱, 『불교생태철학』, 동국대학교출판부, 2006, 10쪽 참고)

그런데 이 작품은 단지 사대의 인연화합을 보여주는 데 그치지 않는다. 경론에 따르면, 인간의 몸은 네 가지 요소(四大)의 화합에 의해 형성되지만 그것들 중 어느 하나라도 부족하거나 조화를 잃으면 고통을 일으키게 된다.96) 이러한 맥락에서 볼 때 "아무病도없으면 가시내야"라는 화자의 언술은, 전술한 사대의 요소들이 모자람 없이 조화를 이룬 몸(色)의 상태를 가리키는 것이라고 할 수 있다. 이렇게 화자는 조화로운 색온의 상태에 대해 "아무病도없으면"이라고 확인한 뒤, "슬픈일좀 있어야겠다"라고 첨언하고 있다. 작품 속에 그려진 것처럼 사대의 조화로운 인연화합은 아무 병도 없이 건강한 색온의 상태를 이루게 한다. 그러나 색온은 존재를 구성하는 오온 중 첫 단계에 불과한 것이다. 화자는 색온 너머 "슬픈일"로 표상되는 수온의 필요성을 언급함으로써, 색온 외에도 수·상·행·식의 인연화합이 중첩되어가는 이치를 "슬픈일좀 있어야겠다" 너머의 말줄임표에 풀어놓고 있다. 화자는 작품을 통하여 세상의 존재들이란 여러 요소들의 인연화합으로 이루어진 것이며, 복사 꽃과 눈 뜨는 뱀과 "초록제비 무처오는 하늬바람"과 따뜻한 피가 흩어지면 '봄' 역시 흩어져버리고 마는 것임을 우리에게 일러준다. '봄'은 그것을 구성하고 있는 요소들의 화합에 의해 규정된 것일 뿐, 정작 그 실체는 존재하지 않기 때문이다.

「단편」에서는 '바람'의 풍대가 먼저 등장한다. 이 '바람'은 "바람뿐이드라"라는 화자의 토로에도 불구하고, 이내 '밤·서리·나'와 연쇄적인 관련선상에 놓이게 된다. 다시 말해, '바람(풍대)'은

---

96) 고영섭, 앞의 책, 27-28쪽 참고.

'밤'과 '서리'와 '나'와 더불어 동등한 자격을 가진 세상의 구성 요소로서 연기적 상호 관계를 맺고 있다. 2행, "거러가자, 거러가 보자"라는 행위 속에는 대지를 기반으로 한 지대의 이미지가 내포되어 있다. 또한 '내 피(血)'는 수대의 이미지를 보여준다. 이 수대는 앞서 드러난 풍대·지대의 요소들과 화합하면서 '능금'이라는 화대의 이미지로 연결되고 있다. 그런데 화대의 이미지로 인연화합한 사대 요소들은 '익은 능금'의 모습으로 머물지 않고, "능금같이 익어서는 떨어지"고 만다.

이와 같이 바람과 밤과 서리와 나의 인연은 사대의 화합과 맞물리면서 익은 능금의 이미지로 표상되어 드러난다. 이 잘 익은 능금은 독자적인 실체성을 띤 존재라고 보기 어렵다. 능금이라는 존재는 사대의 인연화합의 결과로서 드러난 현상일 따름이다. 이것은 고정적인 실체가 없을 뿐만 아니라 항존적 불변의 존재도 아니다. 그러므로 능금같이 익어서 떨어지는 날(2행)은 "아름다운 날(3행)"이다. 익어서 떨어지는 것은 자연스러운 순환의 이치이다. 이것은 조화로운 자연의 이치를 보여준다는 점에서 아름다운 것이다. 익어 떨어짐으로써 한때의 인연화합은 자연으로 돌아가 모두 흩어지게 된다. 인연 화합에 의해 주어진 모든 존재들은 연속적인 과정의 단면에 불과하다는 직관이 '단편'이라는 제목에 함축되어 있는 셈이다. 다음 작품들은 윤회를 통한 존재의 순환적 이미지를 그려내고 있다.

   내 너를 찾어왔다…奧那. 너참 내앞에 많이있구나 내가 혼자서
   鐘路를 거러가면 사방에서 네가 웃고오는구나. 새벽닭이 울 때
   마닥 보고싶었다… 내 부르는소리 귓가에 들리드냐. 奧那, 이것

이 몇萬時間만이냐. 그날 꽃喪阜 山넘어서 간다음 내눈동자속에
는 빈하눌만 남드니, 매만저볼 머릿카락 하나 머릿카락 하나 없
드니, 비만 자꾸오고… 燭불밖에 부흥이 우는 돌門을열고가면
江물은 또 몇천린지, 한번가선 소식없든 그 어려운 住所에서 너
무슨 무지개로 네려왔느냐. 鐘路네거리에 뿌우여니 흐터저서, 뭐
라고 조잘대며 햇볓에 오는애들. 그중에도 열아홉쯤 스무살쯤
되는애들. 그들의눈망울속에, 핏대에, 가슴속에 드르앉어 臾那!
臾那! 臾那! 너 인제 모두다 내앞에 오는구나.

— 「부활(復活)」 전문

    불교에서 생명이란 업(業)들 간의 연속적인 과정으로 파악한
다. 이런 맥락에서 윤회를 사유(四有)에 의해 설명하기도 하는
데, 사유화합설(四有和合說)97)에 의하면 생명은 생유(生有)·사유
(死有)·본유(本有)·중유(中有)의 사유(四有)에 의해 단절 없이
이어진다고 한다. 위 작품은 이와 같은 윤회의 이미지를 그려내
고 있다. 화자가 애타게 부르는 '유나(臾那)'라는 이름조차 짧은
본유의 생명을 암시하는 단어라고 할 수 있다.98) 인간 생명은
각자 짊어진 업에 따라 생유·사유·본유·중유를 떠도는 과정의 일
부일 따름이다. 한때 분명히 존재했지만 지금은 존재하지 않는
이들, 그들은 모두 화자가 인식하는 '유나'인 것이다.
    그런데 「부활」은 몇 단계의 의미 구조를 형성하고 있다. 작품
속에 드러난 구조 단계에 따라 의미 마디들을 분류하여 재구성

---

97) 생유(生有)는 생명체가 부모의 태내에 들어가는 순간을 뜻하고, 사유(死有)는 사
망하는 순간의 생명체를 뜻하며, 본유(本有)는 출생하여 사망 전까지의 생명체를
뜻하고, 중유(중유)는 사망 이후부터 다음 세상의 생을 받기 이전의 중간 생명체
를 뜻한다.(윤종갑, 앞의 논문, 279-280쪽 참고)
98) '臾', '那'는 각각 '잠깐', '짧은 시간'이라는 뜻을 지니고 있다.

하면 다음과 같다.

1단계 ① 내 너를 찾어왔다
　　　② 내눈동자속에는 빈하눌만 남드니, 매만저볼 머릿카락 하나
　　　　 머릿카락 하나 없드니
　　　③ 내가 혼자서 鐘路를 거러가면
　　　④ 새벽닭이 울때마닥 보고싶었다
　　　⑤ 내 부르는 소리 귓가에 들리드냐
2단계 ⑥ 그날 꽃喪阜 山넘어서 간다음
　　　⑦ 燭불밖에 부흥이 우는 돌門을열고가면
3단계 ⑧ 江물은 몇천린지
　　　⑨ 한번가선 소식없든 그 어려운 住所에서
4단계 ⑩ 뭐라고 조잘대며 햇볕에 오는애들 그중에도 열아홉쯤 스무살
　　　　 쯤 되는애들 그들의눈망울 속에, 핏대에, 가슴속에 드러앉어
　　　⑪ 臾那! 臾那! 臾那! 너 인제 모두다 내앞에 오는구나

1단계는 이별한 화자의 심리상태를 그려내고 있다. 이별이라는 현실을 받아들이는 화자의 인식이 ②에서 드러난다. 그것은 '내눈동자속의 빈하눌'로서 표현되는 부재이며, '매만저볼 머릿카락 하나 없음'으로 표현되는 육체성의 소실이다. '매만저볼 머릿카락'은 이별한 이의 몸을 가리킨다. "몸은 감각들의 상호작용을 통해 우리를 세상에 조율시킨다."[99] '편입된 몸'[100]107)인 손으로써 근접성의 상호작용을 할 수 없는 상태, 이것이 화자가 체험하는 유나의 부재이며 이별이다. 이별을 인식한 뒤 ③과 같은 행

---

99) 정화열, 『몸의 정치』, 민음사, 1999, 244쪽.
100) "손은 단순한 몸의 연장이 아니라 편입된 몸이다. 손은 체험된 몸이다"(위의 책, 255-256쪽)

위, ④·⑤의 감정적 토로가 뒤따르게 된다. 따라서 1단계의 의미 마디들은 화자 자신 본유의 현실적인 감각과 의식작용이라고 할 수 있다.

2단계는 유나의 죽음 즉 사유(死有)를 형상화하고 있다. ⑥의 '꽃喪阜'가 유나의 꽃상여를 의미한다는 사실은 쉽게 짐작된다. 또한 ⑦의 "부흥이 우는 돌門" 부엉이의 초월적 특성101)에 비추어 지상에 존재하지 않는 문, 저승문을 떠올리게 된다. 즉, 2단계의 의미 마디들은 화자가 유나의 죽음을 통해 인식한 사유(死有)를 드러내는 것이다.

3단계는 중유의 과정이다. 사망 이후부터 다음 세상의 생을 받기 이전까지 중유의 세계는 "몇천린지" 도무지 헤아릴 수 없을 만치 멀고 길 것이다. 그러기에 화자는 그곳을 가리켜 아무도 알 수 없는 "어려운 住所"라고 토로한다.

4단계는 생유를 표현한다고 볼 수 있다. 생명체가 부모의 태내에 들어가서 생명을 얻는 순간을 생유라고 한다. 화자는 ⑩의 의미 마디처럼, "조잘대며 오는 열아홉쯤 스무살쯤 되는 애들"을 통해 부재하는 유나를 떠올린다. 단순한 환각이 아니라, 눈앞의 소녀들의 "눈망울속에, 핏대에, 가슴속에" 들어 있는 생생한 존재감을 인식하고 있는 것이다. 실제 생유의 존재를 눈으로 확인하기란 쉬운 일이 아니다. 대신에 화자는 생생하게 오버랩되는 유나와 소녀애들의 환영을 통하여, 소녀애들을 살아 있는 유나로 인식하기에 이른다. 이로 인해 유나는 생유의 존재가 되어 '부활'하는 것이다. ⑪의 "俞那! 俞那! 俞那!"에 반복적으로 실린 어조

---

101) 아지자 외, 장영수 옮김, 『문학의 상징·주제 사전』, 청하, 1997, 271쪽 참고.

는, "내앞에 오는" 유나를 확인 하는 화자의 격정적 심리에서 비롯된 것이다.

이와 같이, 「부활」의 의미 구조는 사유화합설의 본유·사유·중유·생유의 단계를 형성하고 있다. 이것은 끝없는 순환을 이어나가는 윤회의 과정과 일치하는 것이다. 생명은 무수한 조건들의 연쇄적 상호작용 속에서 업인에 따라 단절 없이 이어져나갈 뿐, "사유의 한 단계 또는 특정한 사유의 한 순간을 잘라내어 그것만을 생명의 실체라고 말할 수 없다."102) 이 작품에서 한 가지 눈여겨 볼만한 점은 사유의 업인(業因)에 대한 단서를 찾을 수 없다는 사실이다. 이것은 끝없는 순환 과정을 강조하기 위한 장치라고 볼 수 있다. 업인에 의한 사유의 순환과정이 윤회라고 할 때, 업인이 제거됨으로써 윤회는 사유의 순환 과정 자체로 초점이 옮겨지게 된다. 따라서 이유 없이 순환 과정 속에 들어 있는 그 존재의 비실체성 이란 한층 더 강조될 수밖에 없다. 존재의 비실체성에 대한 화자의 인식은 다음 작품에서 비유적으로 잘 그려지고 있다.

저는 시방 꼭 텅븨인 항아리같기도하고, 또 텅븨인 들녁같기도 하옵니다. 하눌이여 한동안 더 모진狂風을 제안에 두시던지, 날르는 몇 마리의 나븨를 두시던지, 반쯤 물이 잠긴 도가니와 같이 하시던지 마음대로 하소서. 시방 제 속은 많은 꽃과 향기들이 담겼다가 븨여진 항아리와 같습니다
— 「기도(祈禱)」壹 전문

---

102) 윤종갑, 앞의 논문, 280쪽 참고.

화자는 스스로를 "텅비인 항아리"와 "텅비인 들녘"에 빗대고 있다. 화자 자신이 고정된 실체성을 담고 있는 존재가 아니라, 인연화합과 업인의 결과로서 형성된 순환적 존재일 따름이라는 인식이 들어 있는 것이다. 그러므로 자신의 "텅비인" 공성(空性)을 자각하고, 한때 항아리와 들녘에 담겨있던 수많은 꽃들과 향기 또한 자신의 실체일 수 없다는 점을 밝히고 있다.

살펴본 것처럼 시인은 작품 속에서 순환적 존재의 비실체성을 그려내고 있다. 세상 모든 존재들이 공성으로서 고정된 실체성을 가지고 있지 않다는 자각은, 자성(실체성)을 전제함으로써 일어나는 분별심을 버리게 한다. 너와 나를 가르고 분별하는 자성적 분별심이 인간과 자연을 분리하고 인간중심주의에 대한 집착을 가져왔다면, 분별심의 제거는 무엇보다 선행되어야 할 생태적 과제인 셈이다. 이를 위한 근본적인 출발은 존재의 비실체성을 이해하는 데서 시작되어야 한다. 비실체성의 자각은 인간 중심의 사고에서 벗어나 삼라만상에 대한 탈중심의 자세로 나아가는 근거가 되기 때문이다.

2. 만물의 상호의존적 관계성

불교에서는 연기의 원리에 입각해서 세계를 바라본다. 연기론은 생태철학의 시스템적 사고[103]와 상통하는 것으로서, 연기론

---

[103] 시스템적 사고는 어떤 현상을 보다 큰 전체라는 맥락 속에서 이해하는 것을 가리키게 되었다. 시스템적 사고의 특성들은 모두 상호의존적인 것이며 여기에서 자연생태계는 서로 연결된 관계들의 그물망으로 간주된다.(프리초프 카프라, 김용정·김동광 옮김, 『생명의 그물』, 범양사, 2004, 46-76쪽 참고)

에 따르면 나의 존재성이란 연(緣)이라는 조건에 의해 규정되므로 나는 타자와의 관계 속에서만 존재할 수 있는 것이다. 이와 같은 상호의존적 관계론은 존재들 간 상호작용을 통한 존재의 변화 가능성도 내포하고 있다. 이 장에서는 연기적 관점에서 우주 만물의 상호의존적 관계성에 대해 짚어보고자 한다.

    눈 속에 무친
    대추 씨가
    '그립다' 하니,
    단단하게
    나즉히
    '그립다' 하니
    기러기들
    높이 높이 날아올라서
    이마로
    하늘을 걸어가면서
    끼룩 끼룩 끼룩 끼룩
    끼룩거리고,
    영창 안
    난초 잎도
    허어이
    허어이
    그 알맞게 굽은 잎에
    그 기별 받아 갖고,
    바다의
    참 물은
    山골물 보고파서
    山峽의 어르짱

넘어 넘어 밀린다.
―「겨울의 정(情)」전문

우주만물이 수많은 원인이나 조건에 의해 상호의존적으로 발생한다는 것은 연기의 원리이다. 모든 존재는 서로가 서로에게 원인이 되거나 조건이 되어 존재하게 되는 것이다. 흔히 "이것이 있기 때문에 저것이 있다"라고 설명되는 연기의 발생 원리는 이것이 원인이 되어서 그 결과로서 저것이 있게 된다는 "논리적 귀결로서의 계기성(繼起性)"104)만을 의미하는 게 아니라, 이것과 저것이 동시에 서로를 존재하게 하는 필수적인 조건으로서 '동시성(同時性)'의 측면도 갖고 있다는 것이다. 연기법을 상의성(相依性)의 법칙이라고도 말할 수 있는 이유가 여기에 있다.

위 작품에서 이러한 상의성이 잘 드러난다. 총 4연으로 이루어진 이 작품은 각각의 연들이 서로가 서로에게 원인이 되어서 영향을 주고받는 관계에 놓여 있다. 1연에 등장하는 '대추씨'의 인연생기로 인해 2연의 '기러기'와 3연의 "난초 잎", 4연의 "바다의 참 물"이 연쇄적인 작용을 일으키고 있는 것이다. 즉, 1연에서 대추씨가 '그립다' 함으로써 2연의 기러기들이 날아올라서 끼룩거리고 3연의 난초잎도 그 기별을 받으며 4연의 바다 참물은 산협 넘어 밀려나가는 행위의 연쇄적인 연결이다. 일견 이 행위들은 각각 논리적인 귀결의 인과관계를 형성하고 있는 듯 보인다. 그러나 가만히 들여다보면 그것은 단순히 계기성의 인과라기보다는, 인연생기로 인해 벌어지는 여러 사건들의 동시성을 함께

---

104) 김미숙,「연기설에서의 시간과 인과의 문제」,『불교학보』제39집, 동국대 불교문화연구원, 2002, 9쪽.

띠고 있다. 따라서 이 연기에 있어서 "어떤 한 지분에서 시작되었다는 기체(基體)로서의 시체(始體)는 인정될 수 없다"105) 비록 작품에서 형상화된 연기의 맨 앞에 대추씨가 놓여 있다고 해도, 그것이 곧 '대추씨→기러기→난초잎→바닷물'로 귀결되는 연기의 시발점을 의미하는 것은 아니다. 이 여러 존재들은 계기성과 동시성을 띠면서 서로가 서로를 존재하게 하는 필수적인 조건이 되고 있다.

  작품에 드러나는 존재들의 행위를 통해서도 그것을 짐작할 수 있다. 이 작품의 인연생기는 대추씨가 '그립다'고 하는 데서 비롯된다. 그런데 이 대추씨는 머나먼 기러기를 향해 소리 높여 외치지는 않는다. 오히려 눈 속에 묻힌 상태에서도 자신의 감정을 '나즉히' 표명하고 있을 따름이다. 즉, 대추씨의 역할은 기러기의 행위를 유발시키기 위한 '직접적 원인(因)'이라고 보기 어렵다. 그것은 동시성의 간접적인 원인(緣)이며 서로가 서로를 존재하게 하는 상호적 조건으로서의 역할이라고 할 수 있다.

    영산홍 꽃 잎에는
    山이 어리고
    산자락에 낮잠 든
    슬픈 小室宅
    소실댁 툇마루에
    놓인 놋요강
    山 넘어 바다는
    보름 살이 때

---

105) 김미숙, 앞의 논문, 8쪽

소금 발이 쓰려서
우는 갈매기
　　　　　　　—「영산홍(映山紅)」전문

주춧돌이 하나 녹아서
환장한 구름이 되어서
동구 밖으로 걸어 나가고 있었지.
칠월이어서 보름남아 굶어서
백일홍이 피어서
밥상 받은 아이같이 너무 좋아서
비석 옆에 잠시 서서 웃고 있었지.
다듬잇돌도
또 하나 녹아서
동구로 떠나 오는 구름이 되어서······
　　　　　　—「백일홍(百日紅) 필 무렵」전문

　「영산홍」의 특징은 작품 속에 부각될만한 주체가 드러나지 않는다는 점이다. 어떤 행위를 주도적으로 수행하는 주체의 모습이 드러나지 않는다는 것은, 작품 속 대상들이 '중심과 주변'으로 대변되는 주객이분법적 체계를 초극했다는 의미이기도 하다. 이것을 연기의 관점에서 본다면 정보와 의보의 관계로 해석할 수 있다. 우리가 살아가는 세상은 정보(인간, 신체)와 의보(자연, 환경)의 연기적인 관계 속에 놓여 있기 때문이다. 「영산홍」 1연의 영산홍 꽃잎은 어떤 행위의 의도 없이 그저 꽃잎을 펼치고 있다. 하지만 꽃잎에 산이 어림으로써 영산홍 꽃잎은 산을 내포하게 된다. 이러한 풍경 속에서 어느 누구도 정보의 주도적 역할을 하고 있다고는 말하기 어렵다. 그들은 서로가 서로를 수용하는(相

제1부 불교사상과 생태의식 115

入) 상호 영향관계에 놓여 있을 따름이다. 그런데 2연의 산자락에는 "슬픈 小室宅"이 잠들어 있다. 꽃잎에 어린 산으로부터 산자락에 잠든 슬픈 소실댁으로의 의미 비약은, 아무런 행위 의도가 없는 '산(풍경)'으로부터 '감정을 매개·교류 하는 산'으로의 능동적 변화를 의미한다. 소실댁과 산이 수동적으로 서로를 수용하는 단계에서 벗어나 자연스러운 감정 교류를 하고 있는 것이다. 이것이 3연에 이르 "툇마루에 놓인 놋요강"이라는 객관적 상관물을 통해 발현된다. 툇마루의 놋요강은 소실댁에게 내재된 슬픔의 실체를 짐작게 한다. 소외된 채 덩그러니 툇마루에 버려진 놋요강에서 소실댁의 처지가 오버랩 되어 있다. 이 감정의 상호작용은 4연에 이르러 더욱 복잡한 양상을 드러낸다. '영산홍 꽃잎→산→슬픈 소실댁→툇마루의 놋요강'으로 이어져온 상호 감정 교류가 난데없이 "산 넘어 바다"로까지 연결되고 있다. 더구나 이 바다는 "보름살이 때"이다. 가득 차올랐던 바닷물이 빠져나간 뒤 펼쳐진 보름살이 때 풍경이 4연이라면, 5연에서는 그 적막한 풍경 속에서 "소금 발이 쓰려서 우는 갈매기"가 등장한다. 물이 빠진 바닷가에서 흘러가버린 바닷물에 여전히 발 담그고 있는 갈매기의 정서는 쓰리기 마련이다. 마지막 연의 우는 갈매기는 돌연히 드러난 바다 풍경과 더불어 낯선 존재이지만, 그 정서적 상호작용으로 인해 2연의 소실댁과 연결되고 있다. 영산홍 꽃잎으로부터 비롯된 연기적 인과가 마지막 연의 갈매기에 이르기 까지 상호 영향관계를 형성하고 있는 것이다.

이 작품에서 한 가지 더 눈여겨 볼 것은 연기적 관계에 놓인 정보와 의보의 역할이다. "우리의 생태 이해의 가장 큰 문제는 모두 인간 즉 정보(正報) 중심의 담론"106)이라는 데 있다. 반면 「영산홍」의 경우 정보로서 인간의 주도적 역할에 치중하기보다는 정보와 다를 것 없는 의보들의 역할을 그려냄으로써, 업식의 주도적 역할이 정보에게만 주어진 것이 아니라는 통찰을 보여준다. 이러한 인식은 한 발 나아가, 흔히 인간으로 규정되는 '정보'와 자연으로 규정되는 '의보'의 소극적 해석에 대해서도 이의를 제공한다. 즉 '업식의 주체인 정보'가 인간에게만 국한된 것이 아니며 '업식의 바탕이 되는 의보' 역시 자연환경에 국한되지 않는다는 것이다. 정보와 의보의 존재들은 서로 역할의 교환과 상호작용을 통하여 연기의 관계망을 구성해나가게 된다. 따라서 정보와 의보는 불이(依正不二)이다.

「백일홍 필 무렵」에서도 이러한 인식이 드러난다. 이 작품에 등장하는 '주춧돌', '구름', '백일홍', '아이', '비석', '다듬잇돌' 등, 이들 역시 의존적인 상호작용을 하고 있다. 주춧돌이 녹아서 구름이 되고 백일홍은 피어서 아이 같이 웃으며 다듬잇돌도 녹아서 구름이 되는 연쇄적 순환 고리 속에서, 이 연기의 주도적 역할을 하고 있다고 여길만한 '정보'를 가려내는 일은 간단치 않다. 각각의 역할에 따라 그들을 정보와 의보로 분리할 수는 없다. 또한 그들은 고정된 역할에 얽매임 없이 원인과 결과로서 끊임없이 영향을 주고받는 존재들이므로 그중 어느 하나를 연기의 시체(始體)라고 잘라 말하기는 어렵다. 이러한 표현들을 통해 화자는 정보와 의보의 역할이 고정적이지 않음을 강조하고 있다. 여기에는 정보 중심의 편견을 털어내고 연기법계 속 존재들의 불

---

106) 고영섭, 앞의 책, 61쪽.

이를 구현하려는 의도도 들어 있다고 볼 수 있다.

> 국화 향기 속에는 고향이 깔리네.
> 아내여 노자 없어 우린 못 가고
> 아들하고 딸한테 미뤄 당부한
> 고향의 옛 산천이 깔려 보이네.
> 국화 향기 속에는 열두 발 상무.
> 한국의 멋쟁이 농부라야만
> 국으로 쑥으로 공짜로라도
> 하늘에 그만큼한 쨍구머리 춤일세.
> 국화 향기 속에는 미어진 창호지.
> 그 사이 스며드는 서리 찬 바람.
> 약도 없이 앓으시는 우리 어머님
> 약 없이도 나을 거라 누워 계시네.
> ―「국화향기(菊花香氣)」 전문

연기적 상호작용에 의해 존재하는 삼라만상의 법계는 부분이 전체를 포함하고, 전체가 부분을 포함하는 중층적 구조를 이루고 있다. 즉, "미세한 먼지 하나에서 거대한 우주까지 모든 존재가 시공간적으로 서로 침투하여 상호작용하는 전일론적인 체계라는 것이다."[107] 이 우주 법계의 실상을 「국화향기」에서 살필 수 있다.

「국화향기」 1연의 국화 향기 속에는 고향이 들어 있다. 국화의 향기를 통해 시공간을 뛰어넘은 '고향의 옛 산천'이 상입되고 있는 것이다. 2연의 국화 향기 속에는 고향농촌의 농악놀이 정경이 펼쳐진다. 열두 발 상무 달린패랭이를 돌리는 농민들의 흥겨운

---

107) 윤종갑, 앞의 논문, 290쪽.

춤사위가 뒤따라 나온다. 3연에서는 국화 향기 속에 "미어진 창호지"와 "서리찬 바람", "약도 없이 앓으시는 우리 어머님"이 오버랩된다. 1연의 고향 산천 이미지에서 비롯된 삼라만상의 연기적 상입은 흥겨운 고향 정경을 지나 기억 저편의 앓고 계시던 그리운 어머니에게까지 확장된다. 작품에 등장하는 존재들은 국화 향기를 매개로 한 여러 인연에 따라 서로에게 침투하고 반영되어(相入) 상호 의존적으로 성립하고 있다. 그러므로 삼라만상의 모든 존재들이 겉으로 보기에는 각각 별개로서 존재하는 듯하지만 그 본체는 하나(相卽)라는 인식이 이 작품에서 형상화된다. 이러한 모습은 '인드라그물' 이미지를 통해서도 설명될 수 있다. 화엄사상에 의하면 우주 법계는 거대한 인드라의 구슬 그물로 둘러싸여서 중층적인 관계성을 맺고 있다. 그물의 결절점에 매달린 존재들이 서로를 비추고 반영함으로써 법계 연기의 모든 존재들은 공간적으로 상입할 뿐만 아니라 시간적으로도 서로 융섭함으로써 티끌 하나 속에 무한한 시공이 깃들게 된다(一微塵中含十方).

살펴본 바와 같이 우주법계를 이루는 연기의 원리에 따라 서정주 시에 드러난 존재의 본질은 상호의존적 관계성을 띤다. 이 관계성은 작품 속에서 사물들이 서로를 존재하게 하는 상호적 조건으로 드러나며, 연기 관계에 있어서는 정보 중심이 아닌 정보와 의보(依報)의 의존적 상호작용으로 구현되고 있다.

또한 시인은 상즉상입(相卽相入)하는 연기의 실상을 통해 개체 존재의 독자성을 부정하고 '전일론적 체계 속의 관계성'을 강조하고 있다. 이로 인해 '개체와 개체의 관계' 대신 '개체에서 전체의 관계로' 나아가는 상호 의존적인 관계성의 의의를 이끌어낸다. 우리 모두가 나와 타자, 주체와 객체를 분리하는 이분법적 태도에서 벗어나 "보다 큰 전체라는 맥락에서 대상을 바라보는 시스템적 시각"108)을 견지해야 한다는 사실을 역설하고 있는 것이다.

3. 탈개체적 자아의 동체자비

근대의 자아 개념이 인간과 자연을 분리함으로써 환경파괴와 생태적 위기를 초래했다는 것은 주지의 사실이다. 이에 대해 심층생태학에서는 생태적 자아(ecological self) 개념을 수립함으로써, 자연과 대립된 개체적 자아에서 벗어나 탈개체적 자아(脫個體的 自我)를 추구하였다.

본고에서는 '생태적 자아'와 '보살' 개념이 모두 개체적 자아(小我)에서 벗어나 탈개체적 자아(大我)를 지향한다는 점에서 유사한 개념이라 전제하고 논의를 이어갈 것이다. 자연과 하나임을 인식한 생태적 자아가 더 큰 전체의 일부로서 자아를 확장시켜 나가는 것을 "대자아 실현(Self-realization)"109)이라고 한다. 자연히 대자아 실현은 "온 세상을 한 몸으로 여기는 위대한 자비"110) 즉 '동체자비(同體慈悲)' 개념과 같은 맥락에 놓이게 된다.

---

108) 프리초프 카프라, 앞의 책, 49쪽.
109) 한면희, 『환경윤리』, 철학과현실사, 2006, 164-165쪽 참고.
110) 윤영해, 「포스트모더니티와 생태불교학」, 『대동철학』 제37집, 대동철학회, 2006, 185쪽.

> 달이 좋으니 나와 보라고 하여
> 아내한테 이끌리어 나가서 보니
> 두 마리에 동전 한 닢짜리 새의 무리를
> 두 다리 잘린 채 저리도 잘 나는
> 연습은 언제부터 그리 잘 된 것인가.
> 인제는 李朝白磁의 무늬의 새보다도
> 더 유창히 달의 한켠을 썩 잘 날으고,
> 달의 다른 한켠엔
> 모진 비바람에 쓰러져 누운
> 크나큰 느티의 枯木나무 한 그루.
> 또 사실은 나도 아내도 다리 없는 새로서
> 인제 보니 그 달의 둘레를
> 아주 멋들어지게 썩 잘 날으고 있었다.
> ─「서경(敍景)」전문

삼라만상은 연기적 상호 관계에 놓여 있다. 우주법계의 모든 존재들은 연기 그물 속에서 상호작용에 의해 존재할 뿐만 아니라 섭동을 통한 변화가능성도 내포하고 있다. 그러므로 각각 개별적인 존재가 아니라 그들 모두 나와 같은 뿌리로 연결되어 있다는 (物我同根) 연기 실상에 대한 이해는 동체자비의 출발점이 된다.

「서경」에서 화자는 달에 비친 새들을 바라보고 있다. 4~5행 "다리 잘린 채 저리도 잘 나는 연습은 언제부터 그리 잘 된 것인가"라거나, 6~7행 "인제는 李朝白磁의 무늬의 새보다도 더 유창히 달의 한켠을 썩 잘 날으고"라는 감탄은, 잘린 다리보다 하늘을 잘 나는 모습에 초점이 맞춰져 있다. 하지만 고양된 태도로 새들을 바라보던 화자는 9행에 이르러 쓰러진 고목나무로 인해 감정적 변화를 일으킨다. 쓰러진 고목나무에서 "모진 비바람"을 읽어내는 화자의 감정은 고목나무에 깊이 이입되어 있다. 고목나무를 괴롭혀온 모진 비바람의 세월을 인지하였을 뿐만 아니라, 끝내 그것을 이기지 못하고 쓰러진 고목나무에게 연민을 느끼기 시작한 것이다. 연민을 일으킨 감정이입은 급기야 쓰러진 고목나무의 처지를 화자 자신의 것으로 인식하는 데까지 나아간다. 11~13행에서 화자가 달라진 연민의 시선으로 바라보는 다리 없는 새, 그 새들은 이제 객체화된 대상이 아니다. "사실은 나도 아내도 다리 없는 새로서"라는 동체 인식이 그것을 뒷받침한다. 대상을 자기 자신으로 인식하고 분리될 수 없는 한몸의 연대를 느낀다면, 그 대상에게서 벌어지는 사건과 감정 역시 자신에게 똑같이 영향을 미칠 수밖에 없다. 동일화를 거치면서 대상의 아픔을 자신의 것으로 직시하게 되고 그 상처를 이해하는 한몸의 연대를 경험 하는 일, 이것이 이 작품에 형상화된 자비이다. 이러한 동체자비는 다음 작품들에서 더욱 구체화된다.

바다는
얼지도 늙지도 않는
울 너머 누님 손처럼
오늘도 또 뻗쳐 들어와서
동지 보리 자라는
포구 나룻목.
두 달 뒤의 종달새
석 달 뒤의 진달래 불러
보조석공 아이는
돌막을 빻고
배 팔아 도야지를 기르던 사공

나그네의 성화에 또 불려 나와
쇠코잠방이로
설날 나그네를 업어 건넨다.

십 원이 있느냐고
인제는 더 묻지도 않고
나그네 빼때기에
등줄기 뜨시하여
이 시린 물 또 한번 업어 건넨다.
—「나룻목의 설날」 전문

내 거짓말 王宮의
아홉 겹 담장 안에
김치 속 속배기의
미나리처럼 들어 있는 나를

놋낱같은 봄 햇볕 쏟아져 나려
六韜 三略으로
그 담장 반남아 헐어,

내 옛날의 막걸리 친구였던
바람이며 구름
仙女 치마 훔친 뻐꾸기도 불러,
내 오늘은
그 헐린 데를 메꾸고 섰나니……
—「봄볕」 전문

  자비심을 실천하는 자를 가리켜 보살(菩薩)이라 한다. 전술한 바와 같이 '보살'은 개체적 존재의 아상(我相)에서 벗어나 탈개체적 자아(大我)를 지향한다. 삼라만상을 한 몸으로 인식하는 보살은 모든 존재들에게 한없이 자비로운 마음을 품게 된다. 따라서 보살은 자신의 희생을 무릅쓰고 중생을 돕는 이타행을 실천해나간다.

「나룻목의 설날」에는 이러한 이타적 자비행이 드러난다. 1연에서 화자는 바다를 "울 너머 누님 손"에 빗대고 있다. 그 손은 "얼지도 늙지도 않는" 따뜻하고 온화한 추억 속의 누님을 가리킨다. 바다가 누님의 이미지로 형상화됨으로써 2연의 '동지 보리'를 뒷받침하게 된다.

동지 한파 속 바다 바람이 매섭게 불어오는 포구 나룻목은 보리가 성장하는 데 여간 힘든 환경이 아니다. 그러나 화자는 포구의 바다를 "누님 손"이라고 인식하고 있다. 그 힘든 환경 속에서도 보리가 잘 자라는 이유는 누님의 온화한 손길이 포구 나룻목에 전해지기 때문이라고 여기는 것이다. '누님'이라는 일체동근 인식이 바다가 행하는 자비행의 근거가 되고 있다.

4~5연에 등장하는 사공의 모습은 보다 능동적이다. 그는 한때 사공이었지만, 지금은 배를 팔아버리고 돼지를 기르고 있다. 그런 그에게 나그네들이 성화를 부린다. 이 상황이 화날 법도 하지만, 사공은 쇠코잠방이 차림새로 나그네들을 업어서 나룻목을 건네준다. 십 원이 있느냐고 묻지도 않고 나그네들을 건네주는 사공의 마음에서 자신의 괴로움을 무릅쓰고 남의 평안함과 즐거움을 추구하는 보살의 자비심을 느낄 수 있다. 이것은 나그네를 남이 아닌 자기 자신으로 여기는 통찰이 있기에 가능한 일이다. 그러므로 그 행위는 단순한 자기희생이 아니라 동체자비에서 비롯

된 사무량심(四無量心)의 표현이라고 볼 수 있다. 사무량심이 사공의 등줄기를 통해 나그네에게 전해지면서 '나그네 배때기에 등줄기 뜨시하여'라는 자비심의 전이가 이루어지고 있는 것이다. 이렇게 드러난 자비행은 「봄볕」에서 온 세상이 하나 되는 동체자비로 구현된다. 「봄볕」 1연에 그려진 갇힌 공간 속의 수동적 화자는 개체적 자아(小我)를 상징한다. 그러나 화자는 3연에 이르러 개체적 자아를 버리고 자연의 일부가 됨으로써 탈개체적 자아(大我)의 실현을 보여준다. 이러한 내용 전개를 '보살의 동체자비'라는 맥락에서 다시 살펴볼 수 있다. 1연, "아홉 겹 담장 안에 김치속 속배기의 미나리처럼" 들어 있는 화자는 아상에 사로잡힌 채 미망에 빠져 있는 개체적 자아의 모습을 표현한 것이다. 2연에서 화자는 담장을 헐어버릴 만큼 쏟아지는 햇볕에 크게 감응을 일으킨다.

그런데 이때, '담장을 반남아 헐어'라는 의미를 곰곰이 짚어볼 필요가 있다. 여기서 담장을 허는 행위 주체는 구체적으로 명시되어 있지않다. 따라서 이 행위 주체에 대해서는 다양하게 해석할 여지가 있다. 그것을 화자의 행위로 볼 수도 있지만 쏟아지는 봄 햇볕의 행위로 해석할 수도 있다. 하지만 더욱 합리적인 해석은 화자와 봄 햇볕이 상호감응을 통해 일체화된 상태라고 보는 것이다. 화자는 쏟아지는 햇볕을 자신의 몸으로 인지하고 있다. 이로 인해 "봄 햇볕 쏟아져 나려"와 "그 담장 반 남아 헐어"는 서로 중의적인 의미 호응을 일으키게 된다. 햇볕과 일체화된 화자는 3연에 이르러 바람과 구름, 뻐꾸기와도 연대된 자신을 직시한다. 화자는 자아의 틀에서 벗어나 나와 남이 하나라는 자각을 통해 전체성에 대한 깨달음으로 나아간다. 이와 같은 진리의 통찰을 통해 화자는 자기중심적 세계에서 벗어나 대자아를 실현하게 된다. 화자 스스로가 '햇볕'으로 표상되는 반야를 체득한 보살로서 스스럼없이 "헐린 데를 메꾸"고 대자연과 하나되는 자아의 확장을 통해 삼라만상과 하나된 동체자비의 모습을 보여주는 것이다.

이 작품에 드러난 탈개체적 화자의 행위는 남을 자기로 여김으로써 자신의 희생을 무릅쓰고 남의 편안함과 즐거움을 추구하는 보살의 모습을 대변하고 있다. 이 동체자비의 이타행은 자리이타(自利利他)를 기반으로 하고 있어서 중요한 의미를 지닌다. 보살 또는 보살적 인간의 이타행은 자신에게 무조건적 희생만을 강요하는 것이 아니라 "자기 이익의 추구가 자비와 열반으로 나가는 통로가 될 수 있을 것"[111]이라는 다른 한편의 가능성 또한 제시한다. 이타행은 자연스럽게 자기희생을 수반하지만, 결국 삼라만상 속의 더 큰 자신을 찾아가는 대자아 실현이자 동체자비의 길로 이어진다. 서정주 시에 형상화된 탈개체적 자아의 동체자비는 자리이타적 생태 윤리의 근거를 제공한다는 점에서도 큰 의의가 있다.

---

[111] 방영준,「자비실천의 윤리교육적 접근」,『불교평론』통권51호, 만해 사상실천선양회, 2012, 266쪽.

이성선 『山詩』의 세계 인식

자연친화적 세계를 형상화하였던 이성선의 작품속에는 불교적 색채가 깃들어 있다. 이런 사실은 그의 시에 '부처', '스님', '절', '목탁', '염불', '화엄', '면벽', '연꽃' 등 불교 관련 소재들이 자주 등장하는 것을 통해서도 쉽게 짐작할 수 있다. 최동호는 그의 시를 가리켜 '노장적 색채가 가미된 불교적 세계'[112]라고 규정하였으며, 김인섭 역시 이성선 시인의 시작활동의 사상적 기반은 불교적 사유에 있다고 진단하고 있다.[113] 본고는 이성선의 작품 속에 배태되어 있는 불교와 생태학의 접점지대에 서서 그의 시세계에 드러난 세계 인식의 생태적 의미를 짚어가려 한다.

1. 자연 교감과 탈중심의 불이(不二)

이성선은 그의 30여 년에 이르는 작품 활동을 하면서 일관되게 자연을 노래하였다. 그것은 시인에게 '본래의 나'이며 자신과 분리된 어떤 것이 아니라 어머니와 같은 '근원적 고향'이었다.[114] 그러므로 그에게 있어서 자연은 별개로 존재하는 타자화

---

112) 최동호,「한국적 전통과 현대 불교시의 전개」,『한민족어문학』40, 한민족어문학회, 2002, 357쪽.
113) 김인섭,「이성선 시의 불교적 상상력」,『우리문학연구』16, 우리문학회, 2003, 304쪽.
114) 이성선,「시·우주·삶이 하나로 가는 길」,『시와시학』, 시와시학사, 1994. 여름, 188쪽.

된 대상이 아니었다. 이러한 사유는 근대 과학문명에서 비롯된 인간중심의 사고체계에 대치되는 것으로서 이성선 시의 근본적인 특성을 담지하고 있다. 근대 문명은 이성적 주체인 인간과 이에 대응하는 물질적 객체인 자연의 이분법적 체계 위에 형성되었다. 이 과정에서 자연은 기계론적 합리주의에 의해 물질적 대상으로 전락한 채 고유의 내재적 가치를 지닌 주체가 아닌, 도구적 이성의 인간에 의해 이용될 수 있는 대상으로 객체화된다.

그러나 부처는 인간과 자연의 몸이 둘이 아니라고 설한다. 불교의 자연관에 의하면 자연에서 비롯된 인간의 몸이 결국 자연으로 되돌아가듯 신체와 국토는 연기적 관계 속에 있다고 한다. 이렇게 모든 것이 연기법에 의하여 이루어지는 곳에서는 각 구성원이 상호의존하여 자기만의 존재(自性)를 고수하지 않으므로, 주관과 객관, 인간과 자연, 부분과 전체가 둘로 분열되어 충돌을 일으키지 않는다는 것이다.115) 다음 작품에서 자연 대상들 간의 교감을 통해 드러나는 불이(不二)의 사유를 살펴보자.

    산에 와서 문답법을
    버리다
    나무를 가만히
    바라보는 것
    구름을 조용히 쳐다보는 것
                 — 「문답법을 버리다」에서

    산 속에서 만난 샘물

---

115) 김종욱, 『불교생태철학』, 동국대학교출판부, 2006, 115-116쪽 참고.

신(神)의
눈동자

그는
나에게 아무 말도 안 했지만

나는 몸으로 이상한 소리를
듣고 돌아왔다

― 「눈동자」 전문

「문답법을 버리다」에서 화자는 '나무·구름'과 교감을 나누고 있다. 그런데 그 방법이 언어를 통해 서로의 의사를 확인하고 마음을 나누는 일반적인 소통과는 거리가 있다. 화자는 그저 나무를 가만히 바라보고 구름을 조용히 쳐다보는 것만으로 그들과 소통을 하고 있다. 언어를 매개로 한 소통이 아니라 단지 '바라보고 쳐다보는 것'만으로도 충분히 서로를 이해하게 되는 것, 그것이 바로 화자가 나무나 구름과 나누는 '교감'이다. 이런 이유에서 그는 '산에 와서 문답법을 버린다'라고 스스럼없이 밝히고 있다. 화자는 산에서 '문답법'으로 표현된 인간중심의 사유와 소통 방식을 떨치고 담담히 자연을 바라봄으로써 그들과 교감을 나눈다. 화자에게 산은 자연이 함축된 상징적 공간이자 화자의 내면을 들여다보게 하는 근원적 성소인 셈이다.

「눈동자」에서도 화자는 산 속에서 만난 샘물과 교감을 나누고 있다. 그런데 교감을 나누기 전, 화자는 샘물에게서 '신(神)의 눈동자'를 발견한다. 근대 이후 대두된 합리적 이성으로 인해 인간은 신적 절대가치로부터 벗어날 수 있었지만, 대신에 인간중심적

이분법에 갇히게 된다. 이렇게 '탈주술화'116)된 사회에서는 자연이 인간의 도구적 이성에 따라 객체화되어 존재할 뿐이다. 이와 달리 이 작품의 화자는 '샘물'을 물질적인 대상으로 환원해 바라보지 않는다. 그것은 단순히 수소와 산소의 화학적 결합 물질이 아니라 화자의 눈을 마주보는 '눈동자'를 지닌 존재이다. 이 눈동자는 샘물이 더 이상 '물질'이 아닌 교감의 대상으로 전환됨을 짐작게 한다. 주술적 세계로의 회귀, 이성이 지배하는 인간중심적 사고를 벗어난 화자의 탈중심적 자세를 보여주는 대목이기도 하다. 한 발 나아가 화자는 샘물을 향해 '그'라는 인칭대명사로써 지칭하고 있다.

위의 두 작품에서 드러난 것은 화자와 자연 간 교감의 방식과 모습이다. 그런데 곰곰 살펴보면 그 과정에 여전히 화자의 '자기의식'이 자리 잡고 있음을 알 수 있다. 존재하는 각각의 개체들은 이러한 자기의식을 가짐으로써 비로소 그 주체성이 성립된다. '자기의식'은 가름의 의식이며 나와 나 아닌 것의 구분을 담고 있다.117) 「문답법을 버리다」에서 화자가 교감하는 방식은 나무를 바라보고 구름을 쳐다보는 것이다. 바라보고 쳐다본다는 것은 자연 대상을 객체로서 인식한다는 의미이며, 그것들과 구별되는 자기의식을 갖고 있다는 의미이다. 그러나 불교는 이와 같이 주객을 이원화하는 세계관으로부터 깨어날 것을 촉구한다.

---

116) 막스 베버(Marx Weber)는 절대신의 지배에서 벗어나 근대 과학문명의 합리적 이성이 대두되는 문화적 변화를 가리켜 세계의 '탈마법화' 또는 '탈주술화'라고 부른다. (Daniel Bell, 서규환 옮김, 『정보화 사회와 문화의 미래』, 디자인하우스, 1993, 297쪽)
117) 이정우, 『주체란 무엇인가』, 그린비, 2009, 17쪽.

이원화된 자기의식으로부터 벗어나는 과정을 「눈동자」에서 찾을 수 있다. 1연, 화자가 산 속에서 만난 것은 '샘물'이라는 대상이었다. 그러나 이 객체화된 대상은 2연에서 화자와 똑같이 눈동자를 가진 존재가 되어 교감을 나눈다. 샘물이 화자의 갈증을 해결해줄 물질적 역할 대신 나와 다를 것 없는 존재로서 자리매김하게 되는 것이다. 하지만 마지막 4연에 이르면 화자의 인식의 변화가 생겨난다. '몸으로 이상한 소리를 듣는'다는 것은 곧 자신과 한몸이 된 샘물의 존재를 직시한다는 의미다. 그것은 몸의 구성성분으로써 물질화된 대상이 아니라 자신의 일부, 바로 자기자신이 된 불이의 존재이다. 이러한 정황은 다음의 작품들에서 더 구체화된다.

> 반은 지상에 보이고 반은 천상에 보인다
> 반은 내가 보고 반은 네가 본다
> 둘이서 완성하는
> 하늘의
> 마음 꽃 한 송이
> ─「반달」 전문

> 당신을 껴안고 누운 밤은
> 잠이 오지 않았습니다.
>
> 돌 하나 품어도
> 사리가 되었습니다
> ─「산달(山月)」 전문

> 먼산이 내려와 고요히 누운 연못 위로

개구리 한 마리 헤엄쳐
　　　간다

　　　세상을 물으러 찾아가고 있다

　　　탁발승 하나
　　　　　　　　　　　　　　―「길」 전문

　나와 나 아닌 것을 구분 짓는 자기의식이란 근대의 자아개념과 무관치 않다. 근대의 자아개념은 모든 사물과 자연으로부터 분립되고 차별화된 항존적 자아이다.118) 현재 우리에게 들이닥친 환경 파괴와 생태 위기의 원인 중 하나가 잘못된 자아개념의 확립에서 기인한다는 것은 잘 알려진 사실이다. 실체적 자아를 주체로 상정함으로써 인간에게서 자연을 분리하고 지배할 수 있는 근거가 되었던 셈이다.
　이와 달리 불교의 무아사상은 실체적 자아의 존재를 부정한다. 제법의 이치에 따르면 모든 존재는 인연화합에 의해 생겨나므로 본래 실체가 없고, 실체가 없으므로 그것은 무자성(無自性)이다. 「반달」의 화자 역시 실체적 자아가 아니다. 1연 첫행에서 화자의 실체를 짐작하기란 쉽지 않다. 지상과 천상으로 시선이 향하는 주체로서의 화자에 대한 단서는 어디에서도 찾을 수 없다. 이렇게 첫행 속에 화자를 숨겨놓은 시인의 의도를 짚어볼 필요가 있다. 시인은 첫행의 주어를 생략함으로써 화자의 비실체성을 암시하고 있다. 이와 같은 맥락은 1연 2행에서도 읽을 수 있다. 2행

---

118) 윤영해, 「자아 개념의 해체와 불교의 생태윤리」, 『환경철학』6, 환경철학학회, 2007, 199쪽.

에서는 가려졌던 화자의 실체가 '나'로써 지칭되어 드러난다. 하지만 무언가를 바라보는 주체로서 화자 '나'의 행위는 모호하기 그지없다. '반은 지상에 보이고 반은 천상에 보이'는 대상의 실체가 모호할 뿐 아니라, 행위 주체의 측면에서 볼 때 '반은 내가 보고, 반은 네가 보는' 행위 또한 모호하여서 판단하기 어렵다. 불확실한 대상을 향하고 있는 모호한 행위가 독자로 하여금 화자의 실체성에 대한 의혹을 더욱 짙게 만들고 있는 것이다.

그런데 이와 같은 화자의 비실체성이 존재의 '자아 부정'이나 '무자성의 이해'에만 머무르는 것은 아니다. 화자의 비실체성에서 비롯된 무자성에 대한 이해는 한 발 나아가 모든 존재 간 불이(不二)에 대한 자각으로 인식의 지평을 넓혀가게 된다. 「반달」 1연에서 화자는 하늘에 뜬 '반달'을 통해 일반론적인 인식의 경계를 지우고 있다. 1연 첫행의 '천상에 보이는 반'은 반달의 이미지를 떠올리게 한다. 그러나 그 나머지 '지상에 보이는 반'에 대해서는 중의적 해석이 가능하다. 그것은 지상에 비친 달그림자이거나, 달을 바라보는 화자의 비유일 수도 있다. 이어지는 2행의 '나'와 '너'는 자연스럽게 화자와 달을 떠올리게 한다. 이때 '반은 내가 보고 반은 네가 본다'라는 문맥에서 드러난 자타상환(自他相換)의 의미를 눈여겨볼 필요가 있다. 1연에 등장하는 '주체'와 '주체의 행위'는 고정되지 않은 채 서로 자리바꿈을 하고 있다. '지상에 보이고 천상에도 보이는 반'이 무엇인지 명료하지 않은 것은 물론, 그것을 바라보는 '나'와 '너' 역시 구분되는 존재가 아니다. 자연히 '나'와 '너'의 행위나 역할은 바꿔도 무방한 것이다. 이로 인해 「반달」 2연에 이르면 이들은 '둘이서 완성하는/ 하늘의/ 마음 꽃 한 송이'로 피어나게 된다. 처음에 그들은 '나와 너', '화자와 반달' 같이 분립된 개체였다. 하지만 자타상환을 통해 인식의 벽을 허물고 '마음 꽃 한 송이'로 태어날 수 있었던 것이다. 비록 '둘이서 완성한' 꽃이지만, 서로를 분리하던 편견이 사라지는 순간 그것은 자타불이(自他不二)의 혜안에서 피워 올린 '마음 꽃 한송이'가 된다.

「산달(山月)」에서도 화자는 '달'과의 교감을 그려내고 있다. 「반달」에서 화자가 '달'과의 거리를 상정하고 서로 자리바꿈하는 자타상환을 통해 하나로 나아갔다면, 「산달(山月)」에서는 달에게 '당신'이라는 존재감을 부여함으로써 한층 가까워진 관계망을 형성해나간다. 그런데 이때의 '당신'은 화자와 분리된 존재로서 객체 이상의 의미를 지닌다. '당신'은 화자와 다른 개별성을 띤 존재이지만, 화자와 '껴안고 누울'만큼 아주 친밀한 관계이기도 하다. 다시 말해, 「산달(山月)」에서 표현된 '당신'은 화자와 분리된 대상이면서 동시에 화자자신과 결합되는 불가분의 관계에 놓여 있다. 그러한 '당신'을 껴안고 누운 밤에는 잠이 오지 않고(1연), 돌 하나를 품어도 사리가 된다(2연). 1연과 2연을 연결해 보면, '당신을 껴안고' 눕는 행위가 의미 없이 나뒹구는 돌 하나조차 '사리가 되는' 결과로 이어지는 셈이다.

일련의 맥락을 통해 이 작품이 不二에 대한 지혜를 담고 있다는 사실을 알 수 있다. '불이'론은 어떠한 이항을 전제로 하지만 그 전제에 매이지 않는 담론이다. 따라서 이항에 서 있는 각각의 존재들은 개체성을 가지면서도 상호관련성 속에서만 존재하므로 무아(無我)이다. 이 작품 속에서 드러난 시인의 의도 역시 '화자'

와 '당신(달)'의 개체성을 강조하는 것과는 거리가 있다. 오히려 개체성을 가진 자연물들이 상호관계성을 통해서 존재한다는 것, 유기적 상호관계 속에서 존재하는 자아와 타자는 不二라는 것이다. 즉 "하나의 사물 안에 개체성과 관계성이 동시에 들어 있다."라는119) 자각이야말로 이 작품의 주요 메시지이다. 그러므로 개체성을 지닌 '화자'와 '달(山月)'은 서로 관계를 맺으며 존재한다. 그 관계맺음 속에서 일견 '화자'가 주체인 듯하지만, '달'의 입장에서 바라본 화자는 타자가 된다. 서로의 관계성을 이해하는 과정을 거친 뒤 그들은 한몸으로서 지혜의 정수, '사리'를 얻는다.

이렇게 얻어낸 혜안으로 바라본 세상이 「길」에서 구현된다. 1연 1행을 보자. '먼산이 내려와 고요히 누운 연못'에서 '먼산'과 '연못'은 서로 자연스럽게 자리바꿈 하면서 불이의 존재로 형상화되고 있다. 먼 산으로부터 연못까지 이어진 풍경의 능선은, 먼 산이 길게 누워 있는 모습으로 또는 연못이 먼 산을 잇고 있는 모습으로 보일 수도 있다. 먼 산과 연못의 개체성을 구별하기 위해 그 풍경을 싹둑 잘라서 '먼산'과 '연못'을 분리하는 것은 무의미한 일이다. 이미 그들은 '먼 산과 연못이 있는 풍경'으로 함께 존재하고 있기 때문이다. 이러한 불이의 자각은 '헤엄쳐가는 개구리 한 마리'와 '세상을 물으러 가는 탁발승'의 변환을 통해 더욱 선명히 드러난다. 결국 이 작품의 메시지는 '개구리 한 마리의 몸짓'이 '탁발승의 구도 행위'와 다르지 않다는 직관으로까지 이어지고 있다.

살펴본 바와 같이 이성선의 작품 속에는 자연교감에서 비롯된

---

119) 권상우, 「화엄사상의 탈현대적 사유」, 『철학논총』46, 새한철학회, 2006, 16쪽.

불이(不二)의 사유가 드러나고 있다. 근대문명의 이원화된 세계관은 인간의 도구적 이성에 의해 자연을 객체화하는 데 기여하였다. 그러나 이러한 인간 중심의 사유로 인해 우리는 환경 파괴와 생태 위기의 현실에 맞닥뜨리게 되었다. 이와 달리 이성선은 인간중심의 사고에서 벗어나 자연을 불이의 대상으로 인식하고 작품 속에 형상화하고 있다. 우선 그는 존재의 실체성을 부인하고 실체적 자아의 존재에 대해 의문을 제기하고 있다. 따라서 그의 작품에 등장하는 존재들은 고정적이지 않으며, 주체와 타자가 분리되지 않은 채 서로의 자타상환을 통해 자연스럽게 행위나 역할을 자리바꿈한다. 인간과 자연이 바람직한 관계를 이어가기 위해서는, '서로 다르지 않음(不二)'을 인식하는 탈중심적 자세에서 출발해야 한다는 것을 잘 알고 있기 때문이다.

2. 만물의 내재적 가치와 존엄성

앞에서 살펴본 바와 같이, 불이의 모든 존재들은 서로 관계 맺음을 통하여 자연계 구성원으로 자리잡고 있다. 그들은 이성선의 작품 속에서 자신의 내재적 가치를 바탕으로 하여 구성원으로서 동등한 자격과 원활한 관계를 보여주게 된다. 여기서 "내재적 가치란 인간들이 부여한 가치와는 별개로 자연 대상들은 각기 자기 나름의 가치를 가진다는 것을 의미한다."[120] 그것은 자연물들을 자원으로 인식하고 그 유용성을 가치 척도로 삼는 근대의 도구적 가치 개념에 대치되는 것이다.

---

120) J.R.데자르뎅, 김명식 옮김, 『환경윤리』, 자작나무, 1999, 219쪽.

이성선의 작품에는 '유정과 무정', '정보와 의보' 사이에 활유 중심의 비유들이 빈번하게 드러난다. 이 장에서는 그 점에 주목하여 비유적 측면에서 만물의 내재적 가치와 존엄성에 대해 살펴보고자 한다. 자연의 내재적 가치는 불성론과의 연관선상에서 이미 논의된 적 있다.121) 우주 만물의 내재적 가치는 불교사상의 관점에서 '불성' 개념으로 그 존재 의미를 설명할 수 있다는 것이다. 이 논의는 전술한 불성론을 바탕으로 하여 범생명론적 입장을 견지해 나갈 것이다. 이때의 범생명론은 '인격적 실체로 보는 물활주의'122)129)와 같이 소극적이고 국한된 개념이 아니라, '존재 전반'으로 확장된 개념임을 밝혀둔다.

큰 산이 한 마리
나비 되어

짙은 안개 속을
헤맨다
　　　　　　　　―「산이 나비로 변해」 전문

불교에서 일컫는 중생(衆生; 목숨 가진 것)이란 '부처가 될 바탕' 즉 불성을 지닌 존재를 가리킨다. 이때 '불성의 유무'는 경론의 오랜 화두가 되어왔다. 초기의 경론에서는 생명현상이 있다고

---

121) 선의 불성론과 내재적 가치에 대한 선행연구는 서재영의 논의를 참고할 수 있다.(서재영,「禪의 佛性觀과 생명의 내재적 가치」,『불교학보』41, 동국대불교문화연구원, 2004.12.)
122) 박이문,「전통사상과 생명관」, 경기대학교 소성학술연구원,『전통사상과 생명』, 국학자료원, 2003, 21쪽.

해서 반드시 정신작용까지 있다고 보지는 않았다. 그러나 화엄경에 이르면 생명현상과 정신작용이 있는 유정은 물론, 생명현상만 있는 식물뿐만 아니라 생명현상이 없는 무정물까지도 부처의 성품인 불성이 있어 성불한다고 설한다.

위 작품에서 제일 먼저 눈에 띄는 것은 '큰 산'의 비유이다. '큰 산이 한 마리/ 나비 되어'라는 표현 속의 두 대상은 쉽게 유사점을 떠올리기 어려울 만치 그 외형과 속성 등에서 큰 차이를 지닌 존재들이다. 그럼에도 불구하고 '큰 산'과 '나비'는 서로 비유의 대상이 되고 있다. 비유의 근본정신이 비교 되는 두 대상 사이의 동일성 발견에 있다고 할 때, 이렇게 유사성과 거리가 먼 두 대상 간의 비유는 중요한 시사점을 제시한다. 즉, 시인이 '큰 산'이라는 무정물을 '나비'라는 유정물에 비유할 수 있었던것은, 무정물에도 유정물과 동일한 불성이 있다는 화엄적 동일성 원리로부터 비롯된 결과라 볼 수 있다. 그들은 불성을 가졌다는 점에서 존엄하며 서로 동일한 자격을 지닌 존재가 된다. 동일법성의 존재들로서 이들은 서로의 비유 대상이 되고 있는 것이다.

연기적 측면에서 드러나는 이들의 상호적 역할 관계 역시 흥미롭다. 삼라만상은 모두 연기적으로 존재한다. 따라서 불교에서는 의정불이(依正不二) 사상을 통하여 유정들의 몸(정보, 情報)과 유정들이 살아가는 국토·환경(의보, 依報)이 不二라고 설하고 있다. 이 연기적 관계망 속에서 대개의 경우 업식의 주체인 정보는 유정물들이, 업식을 담는 그릇으로서 의보에는 그 유정물(정보)을 둘러싼 국토·환경 등이 해당되는 예가 일반적이다. 하지만 이 작품에 드러나는 정보는 '큰 산'이라는 무정물이다. 이 무정물이 주체로서 나비와 상호 투영한 뒤 '짙은 안개'의 의보 속을 헤매고 있다. 시인은 무정물도 정보가 될 수 있다는 문맥적 의미를 통하여 '정보'와 '의보'의 대상이 고정적이지 않으며, 그 역할과 관계도 상호의존적이라는 연기관(緣起觀)을 보여주고 있다. 무정물의 활유는 다음 작품들에서도 드러난다.

산을 들어서는 문턱에
낙엽 두어 장 떨어져 웅크리고 있다

자세히 들여다보니
아침 햇살 잘 받은
향성사香城寺 극락보전 문짝이
등을 돌리고
여기 와 떨어져 있구나

— 「향성사 문짝」에서

풀잎은 장엄하다

그 뒤에 일몰이 섰다

누군가 죽고
산맥이 엎드리고

밤이 돌아와 곁에
짐승처럼 눕다

— 「장엄한 배경」 전문

「향성사 문짝」은 무정물들이 유정물로 변신하는 과정을 보여준다. 1연에서 화자의 눈에 띈 '낙엽 두어 장'은 두말 할 것 없이 무정물이다. 자신의 수명을 다하고 나무 몸통으로부터 떨어져 나왔다는 점에서 이미 유기체로서의 역할을 마친 존재이기도 하다. 그러나 이 낙엽 두어 장은 유정물처럼 웅크리고 있다. 2연의 '향성사 극락보전 문짝' 또한 무정물이지만 감정을 가진 유정물인양 등을 돌리고 있다. 이와 같은 활유법을 통하여, 시인은 발밑에 나뒹구는 낙엽들조차 함부로 밟지 않고 되레 그들에게서 생명체의 의미를 읽어내고 있다. 이것은 곧, 무정물에도 불성이 있다는 불교적 함의라고 볼 수 있다. 그러기에 1연 '낙엽 두어 장'은 2연에 와서 '향성사 극락보전 문짝'으로 다시 한 번 변신하는 것이다. 그들에게 '아침 햇살'처럼 충만하게 깃든 불성이야말로 낙엽과 문짝의 동일법성이기 때문이다.

「장엄한 배경」에서 드러나는 특징은 무정물뿐만 아니라 추상적 존재들까지도 살아 있는 생명체로 표현되고 있다는 점이다. 이와 같이 활유의 대상이 되고 있는 것은 '일몰', '산맥', '밤' 등이다. 이들 중 '산맥'은 무정물이지만 '일몰'과 '밤'은 추상적 존재이므로, 일견 그 존재들 사이에는 서로 구별되는 차이점이 있는 듯 보인다. 하지만 찬찬히 들여다보면 그들은 모두 '풀잎'이라는 정보(情報)에 대응하는 의보(依報)로서의 공통점을 지니고 있다. 의보의 추상적 존재들까지도 활유화될 수 있는 것은 의정불이 사상의 동일시 원리에서 비롯된 결과이다. "의정불이 사상은 대지와 자연 속의 모든 존재들이 인간과 동일한 법성을 지닌 존재라는 인식을 낳게"[123]했기 때문이다. 궁극적으로 의보로서 추상적 존재들의 활유 원리는, 무정에도 불성이 있다는 활유의 동일

---

123) 서재영,『선의 생태철학』, 동국대출판부, 2007, 30쪽.

성 원리와 상통하는 것이다. 자연히 이 작품 속에서 정보와 의보는 전혀 다른 속성을 지닌 차별적이고 분리된 대상들이 아니다. 그들은 연기적 세계의 일부로서 상호의존적인 관계에 놓여 있다. 작품에 드러난 연기(緣起)를 이해하려면 우선 1연의 풀잎을 주목할 필요가 있다. 1연은 1행으로 처리되어 있어서 풀잎의 존재가 더욱 고립되어 보인다. 풀잎은 정보로서 업식의 주체에 걸맞은 행위도 보여주지 않는다. 그것은 그저 풍경 속의 한 점처럼 놓여 있을 뿐이다. 그러나 그 '행위 없음'은 2연과 3연, 4연에 드러나는 '일몰', '산맥', '밤' 등의 의보와 어우러지면서 중요한 원인(因)이 된다. 다시 말해, 풀잎이 자신의 생명성을 바탕으로 하여, '일몰'과 엎드린 듯 펼쳐진 '산맥' 그리고 서서히 다가오는 '밤', '누군가의 죽음(3연)' 너머 새로운 탄생(果)을 암시하는 법계 순환구조 속에 놓이게 되는 것이다. 따라서 이 풍경은 단순한 어둠이 아니라 제목처럼 '장엄한 배경'인 셈이다.

> 흙길을 가다가 본다
> 발자국이 남아 있다
>
> 들여다보니 놀랍구나
> 사라진 얼굴이 그 속에
> 숨어 있다
>
> ──「쇠별꽃」에서
>
> 지렁이가 해 뜨는 지평을 먹으며 기어간다
>
> 내 눈이 그 뒤를 따라가다가
> 갑자기 땅의 향기에 놓쳐버린
>
> ──「향기」 전문

위 작품들의 경우, 앞서 살펴본 활유와는 조금 다른 양상이 드러난다. 여기에 드러나는 활유는 보다 구체적으로 대상에게 인격을 부여하는 의인법의 형식을 띠기 때문이다.

「쇠별꽃」에서 화자는 흙길 속의 발자국을 통해 '잃어버린 사람'을 떠올린다. 잃어버린 사람의 얼굴이 꽃에 오버랩되면서, 화자가 '쇠별꽃'이라는 무정물을124) 그 사람으로 인식하고 있는 것이다. 이러한 사정은 「향기」에도 드러난다. 화자가 대상에게서 자신과 동일한 불성을 발견하고 있다는 점에서 「향기」는 「쇠별꽃」과 유사한 면을 갖고 있다. 그런데 두 작품의 의인화는 서로 다른 점도 노정하고 있다. 「쇠별꽃」의 경우, 화자가 쇠별꽃을 바라보며 그 속에 내재된 불성을 이해하는 관찰자적 입장을 견지하고 있다면, 「향기」에서는 화자 스스로 지렁이와 하나가 되고 있다. 「향기」 2연을 보자. '내 눈이 그 뒤를 따라가다가/ 갑자기 땅의 향기에 놓쳐버린'다는 것은, 지렁이를 관찰하던 화자가 어느덧 땅의 향기에 취해 관찰 대상을 놓쳐버렸다는 의미이다. 이미 관찰자적 관점에서 벗어나 스스로 지렁이에 동화된 자신을 인식하게 되었으므로 벌어진 일이다. 이렇게 시인은 의인화를 통해서도 유정과 무정의 자연 대상들에게 내재된 동일법성을 보여주고 있다.125) 유의할 점은, 앞에서 살펴본 활유의 사례들에서

---

124) 쇠별꽃(식물)이 무정물이라는 해석에 대해서는 이견이 다수 있을 수 있다. 본고는 '정신 작용 여부'의 기준에 따라 유정과 무정을 구분하고, 식물을 무정으로 분류하는 불교 초기 경론의 해석에 따르고 있다. 그러나 그와 똑같은 기준을 적용하더라도, 식물 역시 정신활동을 한다는 사실이 과학적 근거들을 통해 논의되고 있는 지금, 여전히 식물을 무정물로 분류하기란 어렵기 때문이다.
125) 의인화가 '인간중심주의의 과도한 표출'이라는 기존의 주장은 불교생태학적 관점에서 볼 때 다음 이유들로 인해 재고되어야 한다. 첫째, 비유의 비교 대상이 되는 '무정·유정, 정보·의보'는 고정적인 존재가 아니라 연기관계 속에서 끊임없이

언급된 '유정과 무정', '정보와 의보' 등의 이항 구도가 자칫 오해를 불러일으킬 수도 있다는 우려126)이다. 이에 대해 불교적 해석을 덧붙일 필요가 있다. 이성선의 작품에서 드러나듯이 '유정과 무정', '정보와 의보'는 분리된 존재가 아니다. 이들은 연기법계의 관계망 속에서 서로 영향을 주고받는 불이의 존재들이다. 그러므로 작품 속에서 활유의 대상이 된 무정물들은, 화엄사상에서 설하는 불성론과 의정불이 사상의 동일시 원리에 따라 동일 법성의 존재로서 유정과 동일한 자격과 존엄성을 지닌 존재가 된다.

정보와 의보 역시 다른 속성을 지닌 차별적이고 분리된 대상들이 아니다. 의보의 무정물과 추상적 존재들까지도 활유의 대상이 될 수 있는 것은, 의정불이 사상의 동일시에서 비롯된 결과이다. 의정불이 사상이 동일법성 원리를 추상적 존재로까지 확장시키는 근거가 되고 있는 것이다. 시인은 작품을 통하여 '정보'와 '의보'의 대상이 고정적이지 않으며, 그 역할과 관계도 상호의존적이라는 불이의 연기관(緣起觀)을 형상화하고 있다.

영향을 주고받는 不二의 존재들이다. 자연히 이들에 대한 관점은 '탈중심주의'일 수밖에 없다. 둘째, 인간으로서 갖는 '인간의 관점' 자체는 가치 개념과 무관하다. 따라서 '인간중심적'이라는 개념 해석에 대한 지나친 제약은, 자연생태계에서 수행해야 할 인간의 생태적 역할을 위해서도 지양하는 편이 바람직할 것이다. ("인간의 것으로 인간 이외의 것들을 모두 설명하고자 하는 방식을 의인화라고 한다. 이것은 인간의 행동을 설명하는 방식으로 물리현상과 생명현상까지도 설명하고자 하는 방식으로서, 인간중심 주의의 과도한 표출이다"(자크 모노, 김용준 옮김, 『우연과 필연』, 삼성출판사, 1990, 296쪽))

126) "자연과 인간, 사대와 사고, 신체와 국토 등의 '불이'론은 어떠한 이항을 전제로 하되 그 전제에 매이지 않는다는 담론이다. 즉이항은 불이를 말하기 위한 방편인 것이며, 모든 이항은 상호동일성(相卽)과 상호투영성(相入) 속에서 존재할 뿐인 것이다." (고영섭, 『불교생태학』, 불교춘추사, 2008, 64쪽.)

3. 연기적 존재의 관계성

자연생태계는 모든 존재와 존재, 존재와 존재를 둘러싼 환경 사이의 유기적이고 조직적인 체계를 이루고 있다. 근대문명의 세계관 속에서 인간과 자연은 각각 독립된 실체로서 분립한다고 여겨졌다. 이 이원론적 세계관에서 전일론적 세계관(holistic worldview)127)으로의 전환은 세계관의 큰 변화를 가져왔다. 전일론적 패러다임은 개별 요소들 간에 유기적인 관계를 이루고, 그들 모두가 내면적으로 이어져 있다는 관점을 강조한다. 그런데 이러한 사유는 근본적으로 불교의 연기론과 상통한다. 연기법계의 자연 속에서는 "모든 존재자가 상의성(相依性)과 연생성(緣生性)과 공성(空性)을 법으로 하여 한생명의 큰 바다를 이루고 있다"128) 135)라고 설명되기 때문이다. 이 상호의존적 연기관은 앞에서 살펴본 바와 같이, 이성선의 작품들에서 지속적으로 형상화 되고 있다. 이 장에서는 법계 속 연기적 존재들의 관계성에 대해 살펴보고자 한다.

  높은 산상에 죽어 오래 섰던 나무
  산을 쩌렁 울리며 쓰러진다
  토왕성 저쪽에서
  이 소리를 들은 다람쥐

---

127) 카프라는 근대문명의 주객분리된 이원적 사고를 비판하면서 자연생태계의 구조원리는 근본적으로 상호의존성을 띤다는 견해를 밝혔다.(Fritjof Capra, 김동광 옮김, 『생명의 그물』, 범양사, 2004, 389~391쪽 참고)
128) 김종욱, 앞의 책, 148-149쪽.

고개를 번쩍 들고 바라본다
―「울림」 전문

　불교의 자연관에 의하면, 삼라만상은 공성(空性)으로서 고정적인 실체를 지니고 있지 않으므로 무수한 조건들과의 상호작용 속에 변화하며 소멸해간다. 즉, 모든 존재들은 개개의 실체적 자아(自性)를 가지고 존재하는 것이 아니라, 서로 영향을 주고받는 조건에 의해서 규정지어질 따름이다.

　위 작품은 존재들 간의 상호작용이 연쇄적인 인과성을 띠고 있어서 흥미롭다. 1연에는 높은 산 위의 죽은 나무가 드러난다. 이어서 이 나무는 '쩌렁 울리며 쓰러진다'. 1연의 '죽은 나무'라는 조건이 자연스럽게 2연의 '쓰러진다'는 결과로 이어지고 있다. 1, 2연은 인과성을 띤 연쇄작용인 셈이다. 그런데 3연에서는 죽은 나무와 관련 없는 다람쥐가 등장한다. 더구나 이 다람쥐는 '토왕성 저쪽'에 있는 존재이다. '토왕성 저쪽'이라는 거리감이란 단순히 물리적 거리만을 의미하는 것이 아니다. 그것은 서로 직접적 관련을 맺은 적 없는 '죽은 나무'와 '다람쥐' 사이의 심리적 거리까지 내포하는 것이다. 하지만 다람쥐는 그 먼 거리에도 불구하고 죽은 나무가 쓰러지는 소리를 듣고는 '고개를 번쩍 들고 바라보는' 반응을 한다.

　연기 원리의 관점에서 모든 존재는 존재를 성립시키는 여러 가지 원인이나 조건에 의해서 생겨나게 된다. 서로는 서로에게 원인이 되기도 하고 조건이 되기도 하면서 함께 존재하는 것이다. 그러므로 '조건의 변화'는 그 조건으로 인해 존재하던 것들을 변화시키는 직·간접적 요인이 된다. 이 작품에 드러나는 연기의 실상을 통해 그것을 확인할 수 있다. '죽은 나무가 쓰러진다'는 것은 직접적 인과이다. 그러나 나무가 쓰러진 데 대한 다람쥐의 반응은 간접적 인과성을 띤다. 구체적으로는 '높은 산에 나무가 오래 서 있던 조건'의 변화('쓰러짐')에 따른 것이며, 쓰러진 나무의 '울림'이라는 간접적 과정을 거쳐 이어진 결과이다. 무심하게 독립적인 개체로 제각기 놓여 있는 듯 보이는 삼라만상이 모두 그물처럼 얽힌 채 상호적 연기에 의해 존재하고 있는 것이다. 이러한 상호의존성의 그물 이미지가 다음 작품들에서 형상화되고 있다.

  하늘에 혜성이 지날 때
  집시처럼
  악곡 울리며 갈 때

  달 뜨는 산이
  물 속에 들다

  어찌할까
  저
  고요

  내 눈 안에도
  산이 걸렸는데
           — 「풍경」 전문

  땅바닥에 떨어진
  잎사귀를 주워들다가

그 밑에 작게
고인 물 속
산이 숨어 있는 모습
보았다

낙엽 속에
숨은 산

잎사귀 하나가
우주 전체를
가렸구나

— 「숨은 산」 전문

  연기적 삼라만상은 상호 관련을 맺으며 연결되어 있다. 화엄사상에서는 상호의존적 관계성을 인드라 그물의 비유로써 설명하는데, 이것은 주체와 주체, 이것과 저것이 서로 끝없이 중층적으로 겹쳐지는 연기구조를 의미한다.
  「풍경」에서는 여러 존재들이 병치되어 드러난다. '혜성-달-산-물-내 눈-산' 등으로 이어지는 연쇄 구조는 무관한 존재들이 얽힌 우연의 사슬 같지만, 그들은 인드라 그물에 매달린 구슬처럼 서로를 비추는 동시에 서로 비쳐지기도 한다. 1연, 하늘에서 혜성이 지나는 행위와 2연, 달 뜨는 산이 물 속에 드는 행위 역시 서로를 비추고 함축하는 상입(相入)의 관계에 놓인다. 하늘에 지나는 혜성이 산 위의 달에 투영되고, 투영된 달은 다시 물에 비쳐진다. 서로를 투영하고 내포하는 중층적인 연쇄 과정 속에서 달은 혜성을 포함하고 혜성을 포함한 물은 달을 내포하며, 혜성과 달을 포함하는 물은 또다른 인드라 구슬이 비추는 혜성을 담아내게 된다. 이 관점으로 본다면, 작품 속에서 이들이 병치되고 있는 것은 겉으로 드러난 현상일 뿐이다. 그들은 오히려 상입의 속성에 따라 인드라의 구슬처럼 서로를 비추면서 함축하고 있다. 이러한 모습이 '내 눈 안에 걸린 산'으로 다시 형상화된다. 나의 시선이 어디를 향하더라도 삼라만상은 상입을 통하여 모두 내 눈동자에 비춰져 담긴다는 것, 상즉상입(相卽相入)의 사유인 셈이다. 이러한 사유가 「숨은 산」에 잘 그려지고 있다.

「숨은 산」이라는 제목부터가 의미심장한 것은, '산'을 주체로 설정하였기 때문이다. 이 작품 속에는 주체와 타자가 어지럽게 뒤섞여 있다. 1연에서 땅바닥에 떨어진 잎사귀를 주워드는 주체는 화자이다. 하지만 2연에 이르면, '산을 바라보는 화자'와 '물속에 숨는 산', 두 행위의 주체가 동시에 등장한다. 그러나 이때의 '주체'는 자성을 가진 존재가 아니라 공성으로서 타자와 상호작용을 이어가는 연기적 존재이다. 공성이어서 자성을 고집하지 않으므로, 인드라의 구슬처럼 타자를 비추어 틈입할 뿐만 아니라 비쳐진 타자를 수용할 수 있다. 이 공성의 존재들은 타자와의 관계 속에서 주체가 되거나 주체의 영향으로 타자가 되기도 한다. 2연에서 타자이면서 주체로 등장하는 '산'은 3연에서 다시 주체가 된다. 서로 비추고 비쳐지면서 서로를 함축하는 이 모든 과정이 인드라의 구슬들의 상즉상입을 보여주는 것이다. 스스로의 아상을 버린 채 서로가 서로를 포함하고 포함되는 상즉상입의 끝없는 관계성이 마지막 연에 드러난다. 마침내 '잎사귀 하나가 우주 전체를 가리는 행위'는 작은 티끌 하나가 시방세계를 머금는다는 일미진중함시방(一微塵中含十方)의 궁극적인 상즉상입이라고 할 수 있다.

> 꽃잎 속에 감싸인 황금벌레가
> 몸 오그리고 예쁘게
> 잠들듯이
>
> 동짓날 서산 위에
> 삐죽삐죽 솟은 설악산 위에
> 꼬부려 누운
>
> 초승달
>
> 산이 한 송이 꽃이구나
>
> 지금 세상 전체가
>
> 아름다운 순간을 받드는
> 화엄의 손이구나
> ─「꽃 한 송이」 전문

 서로가 서로를 비추는 상즉상입의 무궁무진한 관계성이 「꽃 한 송이」를 통해 다시 형상화된다. 위의 시 1~3연에서 '꽃잎 속에 감싸인 황금벌레'는 '설악산에 꼬부려 누운 초승달'에 비유되고 있다. 이들은 비유 대상으로서 서로를 비추는 개별적 존재들이다. 연기적 관점에서 모든 존재는 그 자성에 의해 실체가 규정되는 것이 아니라 서로의 상호작용에 의해 규정되는 것이다. 꽃잎과 연관을 맺는 '황금벌레'와 설악산과 상호 투영하는 '초승달'은 상호작용의 측면에서 동일한 지점에 놓여 있다. 따라서 4연 '산이 한 송이 꽃이구나'라는 대목에 이르면, 꽃잎과 설악산의 불이(不二)에 따라 황금벌레와 초승달 역시 불이의 존재로서 자리매김하게 된다. 이들의 상호작용은 어느 한쪽이 다른 한쪽에 수용되는 일방적 인과와는 거리가 멀다. 이 상호작용은 중층적이고 복합적으로 진행되므로 그 결과 또한 창조적인 현상으로 드러난다. 일견 개별적인 존재처럼 보이는 황금벌레와 초승달은 중층적인 연기로 인해 서로를 포함하는 관계에 놓여 있다. 그들은 결국 서로의 인연생기로서 서로 의존적으로 존재하고 있다. 황금벌레가 머금은 우주와 초승달이 머금은 우주는 서로 걸림 없이 융섭하는 사사무애(事事無碍)의 경지를 보여주고 있다. 그러므로 시인은 '지금 세상 전체가 아름다운 순간을 받드는 화엄의 손'이라고 표현하는 것이다. 세상의 모든 존재와 현상들이 서로 자연스럽게 상즉상입하며 조화를 이루고 있다는 화엄사상의 발현이다.

이하석 시의 불교생태적 의미

　이하석은 '광물질'의 소재들에 주목하여 '광물질이 인간이나 자연과 맺고 있는 부정적 관계를 조직적으로 드러냄'129)으로써, '환경과 생태'라는 주제를 다루고 있는 많은 시인들 중에서도 차별화된 특징을 보여준다. 그는 일찍이 문명으로부터 생성되고 폐기된 부산물들을 통하여 물질문명과 생태 위기문제에 대해서도 지속적으로 관심을 기울여왔다.130) 이러한 행보는 70년대 이후 등장하기 시작한 생태주의적 경향의 작품들 속에서도 독창적 시세계를 구축하는 데 중요한 밑거름이 되었다.

　본고는 이하석의 제1시집 『투명한 속』과 제2시집 『김氏의 옆얼굴』을 대상으로 하여 그의 초기 시에 대한 논의를 진행한다. 위의 두 시집은 제3시집 이후의 시집들과는 다른 시세계를 견지하고 있다. 그의 초기 시들이 광물질 소재들을 통해 대체로 문명의 어두운 단면을 포착하는 데 주력하였다면, 그 이후의 작품집에서는 점차 다양해진 소재들을 통해 조화로운 자연의 모습을 드러낸다. 이런 점을 감안할 때 그의 초기 시들은 차이와 더불어 변화의 가능성도 내포한다고 볼 수 있다.

---

129) 김현, 「녹슴과 끌어당김」, 이하석, 『투명한 속』, 문학과지성사, 1980, 76쪽.
130) "70년대 말 나는 시를 만들기 위해 카메라를 들고 내가 사는 도시의 변두리를 헤맨 적이 있다 …略… 그때 내가 본 것은 우리가 쓰다-또는 쓰고-버린 것들이었다. 그것은 결코 부패되지 않을 것처럼 생뚱맞은 얼굴을 하고 나를 보는 듯했다 …略… 비닐, 휴지, 껌종이, 못, 깡통, 병, 타이어 조각들 …略… 우리 사회가 안간힘 하며 경험해 온 산업화의 심화가 남긴 황폐한 뒤꼍이었다"(이하석, 「버려진 것들의 열린 마음으로」, 『작가세계』제89호 2011. 5. 28쪽)

1. 무자성(無自性)의 3인칭 관찰자 시점

　서정시는 특수한 담화의 형태131)이다. 시인은 신중하게 화자를 선택함으로써 자신의 태도와 입장을 정하게 된다. 이때 시인이 선택한 화자에 의해 시점이 정해지는데, 화자의 선택은 시적 효과의 측면은 물론 시인의 가치관과 시적 의도까지도 포괄한다는 점에서 중요한 의미를 지닌다. 이하석 시에 있어서 눈에 띄는 특성은 그의 시들이 대부분 3인칭 관찰자 시점을 보여주고 있다는 사실이다. '자아와 세계의 동일성'132)을 기본 성격으로 삼는 서정시의 일반론에 비춰볼 때 그 특이성은 더욱 도드라진다. 대부분의 그의 작품에서 화자는 모습을 숨긴 채 관찰자적 태도를 견지하고 있다.

　그런데 존재하는 각각의 개체들은 자기의식을 가짐으로써 비로소 그 주체성이 성립된다. 자기의식이란 어떤 가름의 의식을 뜻하는데, 원칙적으로 생명체들은 모두 자기의식을 가진다고 할 수 있다.133) 이런 맥락에서 본다면 이하석 시의 3인칭 관찰자 시점은 '자기의식'을 배제하려는 시인의 의도를 담고 있다는 판단이 자연스러워진다. 이하석 시의 시점에 들어 있는 불교철학적 함의는 그의 시세계를 진단하는 데 기본적인 주요 단서가 될 것이다.

---

131) 김준오, 『시론』, 삼지원, 1991, 196쪽
132) 위의 책, 27쪽
133) 이정우, 『주체란 무엇인가』, 그린비, 2009, 17쪽.

헐은 집터, 앙상한 뼈대 드러난, 마른 손이 할퀸,
타임지로 바른 벽, 케네디 웃음에 겹쳐
팔말 담배갑 알 수 없는 힘에 일그러져 있다.
대낮 쥐새끼들 드나드는 문지방에 솟아나
삭은 못, 굽은 채로 비닐 조각 감은 몸
뒤틀고 있고.
　　　　　　　　　　　　—「검은 선」에서

옛 맑은 물은 수문을 빠져나갔고,
수문 녹슬어 닫힌 채 물들 어두운 깊이만으로
썩어간다. 이 도시가 버린 자식들의 얼굴들
한밤 때때로 수면에 떠오르고
고기의 넋은 진흙 속에 처박힌다.

민들레와 제비꽃의 물가는 허물어져
연탄재와 고철들과 비닐 조각들로 어지럽다.
능수버들 허리 꺾인 곳 몇 개의 술집들 철거되고,
술집들 더욱 변두리로 작부들 데리고 떠나가고,
저 물에 빌딩과 거대한 타이프라이터와 시장이 비쳐온다.
　　　　　　　　　　　　—「깊은 침묵」에서

　불교는 온 우주의 삼라만상이 상호의존적인 연기(緣起)에 의해 존재한다고 본다. 모든 것이 연기적 관계에서 비롯된 결과일 뿐, 개별적인 실체는 없다는 것이다. 이러한 비실체성의 불교적 사유는 모든 연기적 존재들이 그 자체의 독자적인 본성을 갖고 있지 않다는 전제를 던져줌으로써, 생태위기에 직면한 우리에게 근본적인 성찰을 요구한다.

근대 이후 물질문명의 인간중심적인 세계관은 이원론적인 사유체계를 근거로 하여 두 대립항 간의 위계질서를 조장하였다. 이로 인해 자연에 대해 행해진 인간의 수탈과 파괴 행위 역시 정당화될 수 있었다. 이 모든 '물질문명의 기저가 된 철학의 근간은 주체 중심의 철학'134)이다. 반면 불교생태학의 관점에서 바라보면 '나'라고 말할 수 있는 게 없으므로, 물질문명이 만들어낸 생태적 위기 상황들은 이러한 원리를 이해하지 못하는 데서 빚어진 결과라고 할 수 있다.

이하석은 환경 파괴와 생태 위기에 이르게 한 인간 욕망의 근원지인 실체성에 대해 의문을 제기하고, 이것이 허상일 뿐임을 지적한다. 그는 '자기의식'을 포기함으로써 실체성에 대한 근본적인 문제의식을 노정하고 있다. 이것은 작품 속에서 '자기의식을 가진 화자'를 배제하는 방법으로 구체화된다.

「검은 선」은 헐려나간 집터를 카메라로 들여다보듯이 그려내고 있는 작품이다. 시인은 제재에 대해 3인칭 시점으로 관찰자적 태도를 견지하고 있다. 그는 작품 속에서 헐은 집터와 앙상한 뼈대, 타임지로 바른 벽채와 문지방 등 폐허가 된 집을 사실적으로 묘사해나간다. 이 헐려나간 집터는 단순한 폐가가 아니라 '타임지로 바른 벽', '케네디 웃음', '팔말 담배갑', '삭은 못', '비닐 조각' 등의 제재들이 환기해내는 문명의 화려한 이면에 대비되어 역설적으로 더욱 음산하고 삭막한 느낌을 준다. 그런데 시인은 이러한 제재들을 묵묵히 들여다볼 뿐, 자신의 감정을 드러내지 않는다. 대상에 대한 사견을 드러내는 개념적 사유는 생각하는

---

134) 서재영, 『선의 생태철학』, 동국대출판부, 2007, 81쪽.

실체로서 나의 자기의식을 표출하는 행위다. 시인은 대상을 자기의식속으로 집어넣는 대신, 일체의 자아를 내려놓은 채 3인칭 화자의 시선을 사심 없이 따라가고 있다. 부처의 가르침에는 어디에도 자아가 없기 때문이다.

「깊은 침묵」 역시 3인칭 화자의 시선을 통해 풍경을 묘사하고 있다. 앞의 작품이 문명의 어두운 그늘을 형상화한 것이라면, 이 작품은 한 발짝 더 나아가 산업화 문명으로 인해 황폐해진 생태 위기의 현장을 보여준다. 한때 맑은 물이 흐르던 곳은 수문으로 닫히고 수문은 녹이 슬어 있다. 이 상징적인 모습은 파괴된 자연생태계의 원리를 극명하게 대변한다. 자연생태계는 순환의 원리를 바탕으로 하여 존재하고 있다. "생명은 이런 자연의 순환성에 순응하기 때문에 생겨나 변화할 수 있으며, 이처럼 저절로 그러하게 있는(自然) 것은 있는 그대로 내버려 두는 것(無爲)이 생명 발현의 길이 된다고 할 수 있다."[135] 그러나 산업화 문명은 저절로 그러하게 있는 것을 그대로 내버려 두지 않고 자연생태계의 순환 질서를 와해시킴으로써 '생명'을 위기 상황으로 몰아간다. 수문에 갇힌 물은 썩어가면서 고기들을 한밤 때때로 수면에 떠오르게 하는 죽음의 물이 되어버렸다. 고기들이 살 수 없는 물가에서는 민들레와 제비꽃이 허물어지고, 마침내 허름한 술집들마저 철거되어 작부들도 떠나버린다. 이와 같은 파괴적 연쇄 사슬의 고리들이 모두 생명을 살리는 자연의 순환질서가 깨진 데서 비롯된 것이다. 이 모든 과정이 고스란히 3인칭 화자의 건조한 시선에 의해 관찰된다. 이 장면들은 시인의 감정이 배제된 채 노

---

135) 김종욱, 앞의 책, 67쪽.

출됨에 따라 그 황폐함이 더욱 삭막하게 전달되는 부수적 효과도 거두고 있다.

한편 다음의 작품들은 문명사회 속에서 파편화되어 가는 인간의 모습을 보여주고 있어서 주목된다.

> 미스 김이 텔레비전을 켜면, 그는 신문지를
> 던져 버린다. 삼성라이온즈가 엠비시청룡을 뒤쫓고
> 사람들은 소주병을 목 안에 집어넣으면서 고함을 질러댄다.
> 그 외의 문제는 신문에서도 텔레비전에서도
> 문제될 것이 없다고 한다. 한국의 남쪽 바닷가,
> 그가 처음 순례하는 이 곳 바다 마을은 평화롭다.
> 라고 신문에 그렇게 나 있다. 바다 마을이기 때문에.
> 그러면 됐지, 더 돌아볼 게 뭐 있겠어. 이군은 삼성팀을
> 좀 더 잘 응원하기 위해 텔레비전 밑으로
> 자리를 옮겨 앉는다.
> ―「국토 순례」에서

> 새내 물 가에서 이별하고, 자갈밭 버석거리며
> 돌아와 그녀는 버석거리며 스타킹을 벗는다.
> 냇물은 소리없이 이 도시의 중심을 흘러
> 내린다, 내동댕이쳐진 스타킹처럼 구겨진 채.
> 루즈와 마스카라를 지우고 그녀는 거울 앞에서
> 비로소 흐려지는 눈앞을 본다.
> ―「죽은 아기를 새내에 띄우며」에서

「국토 순례」에서 눈에 띄는 것은 등장인물의 익명성이다. '미스 김', '그', '이군', '사람들' 등 익명으로 처리된 이 인물들은 파

편화되어 존재하고 있다. 자연히 이들의 존재 방식은 삼라만상이 연기의 그물 속에서 상호의존적인 연관을 맺고 있다는 불교의 가르침과는 거리가 멀다. 그들은 서로가 서로에게 무관한 존재들로서 익명성을 띤 채 각자의 삶속으로만 파고든다. '그러면 됐지, 더 돌아볼 게 뭐있겠어'라는 구절이 의미하는 것처럼, 타인의 삶과 외부 세계로부터 분리되어 소외된 삶을 살고 있는 것이다.

사람들은 '삼성라이온즈'와 '엠비시청룡'을 응원하는 데 관심을 가질 뿐, 정작 자신이 순례하고 있는 바다 마을이 평화로운지에 대해서는 관심이 없다. 대신에 그들은 '바다 마을은 평화롭다'라는 신문 기사의 정보를 기계적으로 수용한다. 상호의존적인 연관 고리가 끊긴 사람들로서는 마음에서 우러난 교감을 주고받는 일이 불가능할 수밖에 없다. 그들은 서로의 안부를 묻고 인정을 나누기보다는 매체들을 통해 제공되는 정보들을 받아들이는 데 익숙해져 있다.

시인은 3인칭 시점으로 파편화된 인간들의 익명성을 담담히 그려냄으로써 현재의 생태적 위기상황이 관계의 일탈과 파괴로 이어지고 있음을 환기하고 있다. 더 나아가, 「죽은 아기를 새내에 띄우며」에서는 생태위기의 문제가 단순히 생태계 교란이나 관계의 단절에 그치는 것이 아니라, 존재와 생명조차 인간의 이기로써 소비될 수도 있는 도구적 대상으로 전락하였음을 보여준다.

물질문명의 실체적 존재관은 자연 존재들을 이성에 의해 수학적으로 파악 가능한 대상으로 인식한다. 따라서 자연 존재들은 도구적 대상으로 전락하게 된 것이다. 이러한 주체 중심의 사유는 타자와 나를 구분하고 대립시킴으로써, 타자를 경시하거나 그들에 대한 폭력을 정당화하는 담론으로 자리잡게 된다. 극단적인 사례가 도구적 이성에 따른 존재와 생명 가치의 상실이다. 시인은 이 도구적 이성의 횡포를 직시한 뒤, 여기에 이르게 한 '개체적 실체에 대한 허망한 집착을 부정하기 위해 무아(無我)를 강조'136)하고 있는 것이다.

살펴본 바와 같이 이하석은 생태위기의 상황들과 생명 존엄의 부재에 대해 3인칭 관찰자의 시선을 통해 가감 없이 그대로 보여줌으로써 우리가 현재 서 있는 위치를 돌아보게 한다. 그가 선택한 3인칭 관찰자 시점은 자기의식을 배제한 시선이다. 여기에는 욕망과 집착을 불러일으키는 자아란 없으며 삼라만상은 상호의존적으로 존재할 뿐이라는 깨달음이 들어 있다.

시인은 무자성의 깨달음을 통해 자연 존재들을 있는 그대로 바라보고 있는 그대로 그려낸다. 자연존재들을 시인의 의식 속에 집어넣지 않으므로, 대상들은 주체 중심의 편견에서 벗어나 그 내재적 가치를 고스란히 노정하게 된다. 또한 자기의식이란 자(自)와 타(他)의 구분을 내포하는 것이므로, 시인은 이와 같은 자기의식을 배제함으로써 자타의 구별이나 호오의 가치평가를 삼간 채 자연대상을 익명성으로 처리하고 있다. '자성을 부정하여 공(空)을 설하는 목적은 희론(戱論; 자성적 분별심)의 적멸에 있으며'137), 인간이 삼라만상과 상생하기 위해서는 자기의식에 대한 무명에서 벗어나 집착을 내려놓아야 한다는 것을 알고 있기 때문이다.

---

136) 서재영, 앞의 책, 321쪽.
137) 김종욱, 앞의 책, 347쪽.

2. 광물질의 불성(佛性)과 만물 평등

이하석이 아상(我相)의 분별심을 내려놓기 위해 자기의식을 배제한 3인칭 관찰자 시점을 취하고 있다는 사실은 이미 살펴본 바와 같다. 그 결과 그의 작품에서는 어떤 특정 존재에 초점이 놓이는 대신, 시적 대상 모두가 익명성을 띤 존재로서 동등하게 드러난다. 생명에 대한 불교의 기본적인 관점 역시 모든 생명이 평등하다는 데서 출발한다.138) 그런데 근본불교에서 개체적 실체에 대한 집착을 부정하기 위해 무아(無我)를 강조한 것과 달리, 대승불교에서는 생명의 가치를 긍정하는 의미에서 '불성(佛性)'과 '진여(眞如)'의 개념을 강조하고 있다. 『대반열반경』의 「여래성품」은 불성이란 부처가 될 바탕을 의미하며, 살아 있는 것들은 모두 다 부처가 될 가능성이 있다(一切衆生 悉有佛性)고 말한다.139) 다시 말해 '살아 있는 것'을 가리키는 '중생'이란 '불성을 지닌 존재들'이다. 이런 관점에서 볼 때, 불교적 의미의 생명 평등은 '모든 중생이 불성을 가졌다는 점에서 동등하다'는 의미로도 해석할 수 있다.

일반적으로 경론들은 정신작용의 여부에 따라 유정(有情)과 무정(無情)을 구별한다. 초기 경론에서는 생명현상이 있다고 해서 반드시 정신작용까지 있다고 보지는 않았다. 때문에 불성의 유무는 정신작용의 여부에 따라 규정했다. 그런데 화엄경에서는 생명현상만 있는 식물과 정신작용까지 있는 동물뿐만 아니라 생

---

138) 서재영, 「선의 생명평등 사상과 수행문화」, 『한국선학』 제23권, 2009.8, 420쪽.
139) 고영섭, 『연기와 자비의 생태학』, 연기사, 2001, 17쪽.

명현상이 없는 무정물까지도 불성을 갖고 있다고 설한다.140) 이렇게 확장된 중생의 개념은, 일찍이 광물질이라는 소재에 주목하였던 이하석의 작품을 이해하는 데 또다른 불교생태학적 의미를 제공하게 된다. 불교적 관점에서 볼 때 광물질은 무정(無情)으로서, 생명현상은 물론 정신작용도 갖고 있지 않은 존재이다. 그런데도 시인이 불성을 가진 중생 중에서 특히 광물질에 주목한 것은, 도구적 이성에 의해 '생명가치의 경시와 경제가치의 지배적인 확산'141)이 위험 수위에 다다른 현대 문명에 대해 경고의 메시지를 전하기 위한 의도에서 비롯되었다고 볼 수 있다. 나아가 폐기된 문명의 부산물인 광물질들을 통해 생명 가치를 복원하고자 하는 역설적인 바람도 담고 있다. 이 결과 그의 작품은 광물질로 대표되는 무정의 대상들에도 연기적 존재의 의미와 역할을 부여함으로써, 인위적 문명의 잔재들까지도 평등한 중생이자 자연의 일부로서 조화로운 사사무애(事事無礙)를 보여주게 된다.

　　이슬 투명한 물방울의 아침
　　빈, 얇은, 명료한 차가움 속으로
　　돌들과 쇠들 산그림자들 비쳐든다.

　　깡통 곁 허물어진 흙들에 볼 비비며
　　달개비꽃 벙그는 한때, 휴지 속에 구겨진 채
　　여자 노랑머리칼엔 달개비꽃 꽂혀

---

140) 고영섭, 위의 책, 17-18쪽.
141) 문순홍, 「김지하와 생명」, 문순홍 편, 『생태학의 담론』, 솔, 1999, 146-146쪽.

낡은, 흙 묻은 글씨로 날아가는 상표.

불꽃도 깡통 태우고 찬란히 하늘 날아가 버렸다.
빈 몸만 남아 재 끌어모을 때 싸늘한 녹슨 쇠의
고즈넉한 성이 하나
달개비꽃 밑으로 허물어지고.
      — 「MADE IN U.S.A」 전문

페인트 껍질 벗겨져, 노랗게
나비처럼 바람에 날아갔다, 풀섶 그늘에
한 조각 황음한 흔들림만 남겨 놓고.
속에 찬 빗물 마르는 대낮,
녹슨 몸 스스로 망가뜨리며 깡통은 기울어진다,
……중략……
깡통은 스스로 안에 간직했던 하늘을
하늘에 주어버린다. 구름을 구름에게
패랭이를 패랭이에게 지나가는 쥐의 얼굴을
쥐들에게 주어 버린다. 빗물 말라
자신 속에 어려오던 모든 그림자들 사라지고.
먼지와 흙들로 그의 속이 채워질 때
깡통의 귀는 풀들을 뚫고 솟아
그의 안보다 더 깊은 세계 쪽으로
스스로의 안이 부르짖는 소리를 듣는다.

마침내 묻혀 버리는 것들.
깡통을 묻은 다음 안으로 죄어드는 흙,
이윽고 깡통 소리가 쇳소리를 벗어난다.
      — 「깡통·3」에서

근대문명의 과학이 자연을 생명 없는 물질의 개념으로 환원시켰다는 것은 잘 알려진 사실이다. 과학이 밝혀낼 수 있는 것은 물질뿐이었으므로 이 때문에 정신과 물질을 각각 독립된 실체로서 분리시켜 절대화하면 할수록 오히려 자연은 생명 없는 물질의 세계로 황폐화되었던 것이다.142) 이런 맥락에서 이하석은 근대문명이 만들어낸 물질의 대표성을 '광물질'이라는 존재에 부여하고 있다. "그가 다루고 있는 광물질들은 인간이 인간을 위해 대지에서 파내 온, 그래서 인공적인 손질을 가한 것들이다. 그것들은 산업 혁명 이후 인간들에게 친숙해진 무기물들이다."143)

「MADE IN U.S.A」이라는 제목은 물질문명의 특성을 명료하게 압축하고 있다. 산업화 이후 인간의 욕망을 충족시키기 위해 인위적인 대량 생산이 가능해졌는데, 이 욕망의 바탕에는 '도구적 이성을 통해서만 자연과 관계를 맺는'144) 인간 중심적인 태도가 깔려 있다. 근대 이전에는 존재의 생성과 소멸이 순환적이고 상호의존적인 자연생태계의 흐름 속에 놓여 있었다. 그러나 기계 생산이 가능해진 이후 도구적 이성은 멈출 줄 모르는 인간 욕망에 기여함으로써 점점 더 자연을 파괴하는 결과를 초래하게 된다. 'U.S.A'로 대표되는 현대 자본주의 문명은 무수히 많은 소비재들을 대량생산하는 악순환을 거듭하고 있다. 따라서 'MADE IN U.S.A'라는 제목은 상표의 형식을 차용함으로써, 인위적으로 대량 생산된 문명의 부산물들을 환기시키는 구실을 한다.

---

142) 이진우, 『녹색 사유와 에코토피아』, 문예출판사, 1998, 32-33쪽 참고.
143) 김현, 앞의 글, 76-77쪽.
144) 이진우, 앞의 책, 49쪽.

위에서 제시한 김현의 개념 정의에 따른다면 광물질은 단순히 천연광물을 가리키는 것이 아니라, 도구적 이성에 의해 인공적인 손질이 가해진 물질들을 일컫는 것이다. 이 작품에서 드러나는 '쇠, 깡통, 상표, 휴지' 등이 그러하다. 이들은 인간 욕망에 기여하는 생산재이자 소비재이다. 더구나 작품에서 보이듯이, 그들은 순환적이고 상호의존적인 자연생태계의 흐름에서 크게 벗어나 있다. 한때 인간에게 쓸모를 제공하던 '쇠들', '깡통', '상표'가 제각기 버려져 방치되어 있는 것이다. 생장, 소멸하고 분해되어 다시 새로운 생명의 생장을 돕는 생태계의 흐름속에 맞물리지 못한 채 버려진 그들은 일견 낯선 폐기물에 지나지 않아 보인다. 그러나 시인은 2연에 이르러 그들 안에 '내재된 본질적 가치인 불성'[145]을 표현해내고자 한다. 자신의 몸을 태운 불꽃마저 하늘로 날아가 버린 뒤 여전히 남아 있는 '빈 몸'으로 재를 끌어 모으는 깡통의 행위는, 빈 몸 조차 남김없이 재가 되어 자연생태계로 회귀하고자 하는 바람을 대변한다. 그러므로 녹슨 쇠의 빈 몸은 풍화작용에 자신을 맡긴 채 달개비꽃 밑으로 허물어지는 것이다. 광물질의 존재들에서조차 불성의 의미를 찾고, 그들이 상호의존적 연기(緣起)의 존재가 될 수 있다는 가능성을 보여주고 있다.

「깡통·3」에서는 이러한 시인의 의도가 더욱 명료하게 드러난다. 이 작품 속에 깡통은 버려지고 녹슨 광물질이지만 불성을 가진 중생으로 그려진다. 2행에서 깡통의 녹슨 몸으로부터 떨어져 나간 노란 페인트 껍질을 '나비'에 빗대어 바라보고 있는 것은

---

145) 서재영, 앞의 책, 295쪽.

시인의 시선이다. 하지만 이내 깡통은 스스로의 행위를 보여주기 시작한다. '안에 간직했던 하늘을 하늘에 주어버리고, 구름을 구름에게, 패랭이를 패랭이에게, 지나가는 쥐의 얼굴을 쥐들에게 주어버린다'라는 내용은 의미심장하다. 이것에 대하여 표층적으로는 깡통 속에 고인 빗물이 증발되는 현상을 표현한 것이라고 볼 수 있다.

그런데 이 행위가 깡통 속 물의 증발로 인해 물 표면에 비쳤던 형상들이 사라지는 것만을 가리킨다고 해석하는 것은 충분치 않다. 이러한 판단의 근거를 깡통의 능동적 행위에서 찾을 수 있다. 깡통이 능동적으로 자신이 갖고 있던 것들을 '주어 버린다'라는 의미는, 자신에게 내재돼 있던 '소유와 집착'의 탐욕으로부터 벗어난다는 의미이다. "소유와 욕망의 무한증대를 갈구하는 탐욕 그리고 자연과 인간의 양분을 조장하는 분별심은 무명(無明)의 소산이기 때문이다."146) 이런 이유로 인해, 깡통은 자신 속에 어려오던 모든 그림자들이 사라지고 먼지와 흙들로 그의 속이 채워질 때, '스스로의 안이 부르짖는 소리'를 듣게 되는 것이다. 이 소리는 무수한 조건에 의해 생겨나 상호 의존적으로 존재하는 만물은 고정된 실체성도 없는 것이므로 아상의 장벽을 허물고 서로를 존중해야 한다는 깨달음이다. 이것이 분별심이나 탐욕이란 게 얼마나 덧없는 일인가를 일깨워 주었음은 자명한 일이다. 이와 같이 깡통에서 구현된 불성은 마음의 각성을 통해 '깡통소리가 쇳소리를 벗어'나는 변화를 일으킨다. 시인이 분별심을 내려놓음으로써 깡통으로 대표되는 광물질을 중생으로 받아들이는

---

146) 김종욱, 앞의 책, 19쪽.

것이 아니라, 오히려 자신의 불성을 자각한 깡통이 스스로 무정(無情)이 라는 분별의 편견에서 벗어나 동등한 불성을 가진중생으로 자리매김하고 있는 것이다. 한편, 불성을 가진 광물질의 존재들은 다음 작품들에 이르러 의인화를 통해 인간과 동일한 사유를 드러낸다.

    돌멩이들에 걸어채여, 핀은 어깨와
    손이 상했다. 풀들을 찢으며 꽃의 눈을 찌르며
    신문지 조각들을 땅에 박아 놓으며, 핀은 어깨와
    손뿐인 몸으로 길고 오랜 여행을 했다.
    돌 틈에 누워 핀은 이제 아무 데도 걸림 없이
    땅 속에 기어든다, 녹의 껍질이 자신의 몸에서 떨어져나가는
    것을
    전송하며, 그 자신이 땅의 껍질이 되어,
    이제는 무엇을 찔러 고정시켜 놓을 일도 까닭도 없이.
    돌 틈을 비집고 들어가서 핀은 막연하게
    빈 얼굴로 밖을 내다본다.
                            —「핀·1」전문

    헐렁한 셔츠를 입은 한 사내가 말갛게
    창 밖의 나무를 내다보고 있다.
    노을빛에 물들어 사내의 얼굴은 붉고 담배 연기 속으로도
    붉은 빛이 황급히 떠오르다 사라진다.
    흰 벽지에도 노을이 스며든다. 창 아래 놓인
    제라늄 화분은 마른 채, 자주꽃은
    곧 다가올 어둠을 헤아리며
    물을 기다리고 있다.
                            —「맑은 유리창」에서

「핀·1」의 내용은 일대기를 축약해 옮겨놓은 듯하다. 풀들을 찢고 꽃의 눈을 찌르며 신문지 조각들을 땅에 박아 놓는 행위들이란, 핀 본연의 임무이자 삶의 과정이었다고 볼 수 있다. 그런데 일반적인 편견과 달리, 핀에는 대상을 찌르거나 찢는 가해자의 역할만 있는 것이 아니다. 그 자신 또한 '돌멩이들에 걸어채여 어깨와 손이 상하는' 피해자가 되어 상해를 입기도 한다. 자연생태계 속에서 살아가는 연기적 존재들은 자신이 저지른 행위의 결과로부터 자유로울 수 없다. 일체가 상호의존적인 조건들에 의해 이루어지므로 모든 행위는 서로에게 영향을 미치기 마련이다. 1행~4행에 걸쳐 '가해자로서의 핀' 뿐만 아니라 '피해자로서의 핀'까지 함께 표현됨으로써 그가 불성을 가진 연기적 존재임을 실감나게 한다. 덧붙여 짚어봐야 할 것은, 핀이 길고 오랜 여행 끝에 땅 속으로 기어든다는 대목이다. 여기서 땅속으로 기어드는 행위는, 이미 「깡통·3」에서 살펴본 것과 같이 '녹의 껍질이 자신의 몸에서 떨어져나가는 것을 전송하며'라는 소유·집착 버리기를 동반하고 있다. 이 과정을 거친 뒤 비로소 '그 자신이 땅의 껍질이 되어'라는 자연생태계 회귀가 이어진다. 이하석 시의 이러한 '소유·집착 버리기' 모티프는, 자연생태계 회귀에 앞서 중생들에게서 문명의 탐진치를 씻어내는 정화 과정을 의미한다고도 볼 수 있다.

「맑은 유리창」에 그려진 '한 사내'와 '제라늄 화분, 자주꽃'은 수미상관 구조 속에 상호 조응하고 있다. 한 사내는 창밖의 나무를 내다보고, 제라늄 화분과 자주꽃은 어둠을 헤아리며 물을 기다리고 있어서, 서로 동일한 행동 패턴을 보여준다. 앞에서 살펴본 작품들의 경우 주로 광물질 소재가 시적 대상이었다면, 이 작품에서는 '화분'과 '한 사내'가 모두 동일한 렌즈 속에 들어 있는 시적 대상이 된다. 이들은 동일한 행동 패턴을 지닌 동등한 존재로 묘사된다. 더구나 창밖의 나무를 내다보는 한 사내의 행동이 무미건조하게 그려진 반면, '다가올 어둠을 헤아리는' 제라늄 화분과 자주꽃의 심리는 인간의 그것처럼 섬세하게 묘사되어 있다. 여기에서 각각 인간과 사물의 고유한 특성을 따로 구별해내기란 불가능해 보인다.

이와 같이 '사물화된 인간'과 '의인화된 사물'이라는 관계 설정은, 인간이 이원적 사고를 바탕으로 하여 도구적 이성에 의해 자연을 지배와 이용의 대상으로만 인식해온 물질문명의 역사와 무관하지 않다. 궁극적으로, 사물을 의인화하는 데 그치지 않고 여기에 사물화된 인간을 대치해 놓은 것은, 이원적 사고 체계 속에 대립되었던 존재들 간 자타상환(自他相換)147)을 통하여 상대에 대한 진정한 이해를 이끌어내려는 시인의 의도가 반영되었다고 볼 수 있다. 상대에 대한 진정한 이해야말로 그들을 나와 다름없이 동등한 연기적 자연의 일부로 받아들임으로써, 직면한 생태위기를 겸허하게 성찰하고 불교생태적 실천윤리를 이끌어낼 수 있는 가장 바람직한 방법이기 때문이다.

---

147) "모든 몸 가진 것들을 나의 몸으로 보는 것, 혹은 하나인 동체로 보는 것은 『입보리행론』에서 제시하고 있는 '서로 바꾸어 보기 방법'인 자타상환법(自他相換法)과 다르지 않다."(안옥선, 「생태적 삶의 태도로서 '동일시'와 '동체자비'」, 『동아시아불교문화』 1권0호, 동아시아불교문화학회, 2007, 237쪽)

3. 식물의 보살행(菩薩行)

'사물화된 인간'과 '의인화된 사물' 사이의 자타상환은 상대에 대해 깊은 이해를 이끌어내고, 이것은 자연스럽게 자비(慈悲) 수행으로 이어지게 된다. 붓다의 가르침은 진정한 자기의 이로움이 무엇인가를 잘 헤아려야 남의 이로움도 제대로 고려할 줄 알게 된다는 점을 상기시킨다.156) 이러한 맥락에서, 나를 이롭게 할 뿐만 아니라 남도 이롭게 한다는 자리이타는 '자리(自利)와 이타(利他)의 합일을 의미'148)함으로써 '자기이익의 추구가 자비와 열반으로 나가는 통로가 될 수 있을 것'149)이라는 가능성을 제시한다. 여기서 자리이타가 우주만물이 나와 다르지 않다는 불이(不二)에 대한 이해를 전제로 한다는 점은 재론의 여지가 없다.

이타심을 실천하는 행위자를 가리켜 보살이라고 한다. 보살(菩薩, Bodhisattva)은 깨달음(bodhi)을 구하거나 성취한 사람(sattva)을 뜻하는 말로서, 산스크리스트어를 음역한 보리살타(菩提薩陀)를 줄인 것이다. 보살은 중생을 제도함으로써 자기의 悲心을 성취하며, 남의 편안함과 즐거움을 추구하여 남의 괴로움을 없애려 한다. 보살은 타자를 자기로 여기기 때문이다.

전쟁은 모든 버려진 것들을 다시 일으키고

---

148) 허남결, 「불교생태학의 인간주의적 실천원리 모색」, 『윤리연구』 83권0호, 한국윤리학회, 2011, 90쪽.
149) 방영준은 덧붙여 "붓다의 지혜와 자비심을 통해 자기의 이익을 '자아실현(self-realization)'으로 연결시킬 수 있을 것이다"라고 밝히고 있다.(방영준, 「자비실천의 윤리교육적 접근」, 『불교평론』 제14권2호, 만해사상실천선양회, 2012.여름, 266쪽)

내던졌다. 원통리 민둥산의 완만한 능선 밑에
엎드린 흉기를 덮으며 사방으로 뻗는 풀들을 달래는
흙들. 흙들 속에서 때때로 터지는 폭탄들이
풀들의 다리 짜르고,

        ― 「원통리·1」에서

나사들은 차체에서 빠져나와 이리저리
떠돌다가 땅 속으로 기어든다, 희고
섬세한 나무 뿌리에도 깃들며. 나무들은
잔뿌리가 감싸는 나사들을 썩히며
부들부들 떤다. 타이어 조각들과
못들, 유리 부스러기와 페인트 껍질들도
더러 폐차장을 빠져나와 떠돌기도 하고
또는 흙 속으로 숨어든다. 풀들의 뿌리 밑
물기에도 젖으며, 흙이 되고
더러는 독이 되어 풀들을 더 넓게
무성하게 확장시킨다.

        ― 「폐차장」에서

방독면 부서져 활주로변 풀덤불 속에
누워 있다. 쥐들 그 속 들락거리고
개스처럼 이따금 먼지 덮인다. 완강한 철조망에 싸여
부서진 총기와 방독면은 부패되어 간다.
풀뿌리가 그것을 더듬고 흙 속으로 당기며.

        ― 「부서진 활주로」에서

철조망 녹슬어 점차 땅으로 기울고
······중략······
잊혀진 철길. 녹슨은 쇠들 흙 속에

몸이 묻히며, 풀들의 뿌리에 얽힌다,
처음에는 완강히 거부하다가
마침내는 흙을 끌어 당기며.

— 「폐선로」에서

불교에서는 자연 사물을 구성하는 궁극적 요소로서 흙·물·불·공기 등 네 가지를 사대(四大)라고 칭하고, 자연계의 생장과 유지, 소멸 등이 사대의 원소로 이루어진다고 설명한다. 이렇게 사대적 요소가 상호작용하여 자연생태계를 이루는 것이지만, 산업화와 인구증가 그리고 욕망의 증폭으로 인해 사대의 요소 각각이 오염되고 생태계 전체가 위협받고 있다. 사대 중 흙(地)과 관련해서는 생태계 파괴 현상이 토양오염으로 나타난다.[150] 이러한 점은 그의 시의 주요 대상이 광물질이라는 사실에 비춰본다면 그 의미가 더욱 잘 드러난다. 광물질은 본래 흙에서 채굴되어 가공된다. 흙에 기반을 둔 광물질이 생태계 파괴로 인해 결국 그들 자신의 모태를 오염시키는 결과를 초래하고 있는 것이다.

이하석 시의 경우, 보살행의 측면에서 주의 깊게 살펴봐야 할 것은 흙(대지)의 의미와 식물의 역할이다. 예로부터 식물은 치유와 생명의 힘을 상징하는 것으로 알려져 있다.[151] 「원통리·1」과 「폐차장」에서 그려지는 흙은 파괴되거나 오염되는 모습을 보여준다. 전자의 경우 때때로 터지는 폭탄에 의해 파괴되는 모습으로, 후자는 독에 의해 오염되는 모습으로 드러난다. 그런데 파괴와 오염은 단지 흙에서만 벌어지는 사건이 아니다. 그것은 식물

---

150) 김종욱, 앞의 책, 14-15쪽.
151) 엘리아데, 이은봉 옮김, 『종교형태론』, 한길사, 1997, 353-429 쪽 참고.

의 희생을 동반하고 있다. 이러한 현상을 가리켜 단순히 흙과 식물의 자연생태적 친연성 때문에 벌어진 결과라고만 치부하기에는 작품 속 식물의 역할이 유독 도드라져 보인다. 「원통리·1」은 전쟁의 잔해물이 남아 있는 마을을 형상화한 작품이다. 전쟁이란 인간이 만들어낸 최악의 문명으로서 생태계 전반을 파괴하고 교란시킨다. 풀들이 여전히 남아 있는 잔해물 즉 '원통리 민둥산의 완만한 능선 밑에 엎드린 흉기'를 덮으며 사방으로 뻗고 있다. 그들은 흉폭한 잔해들을 감싸 안으면서도, 때때로 터지는 폭탄에 다리가 '짤리는' 희생을 감수해야 하는 존재들이다. 중생을 제도하기 위해 자기의 괴로움을 무릅쓰고 남의 이로움을 추구하는 보살의 모습이라고 할 수 있다. 「폐차장」에서도 식물의 역할은 유사하게 드러난다. 나무들은 잔뿌리가 감싸는 '나사들을 썩히며 부들부들' 떨고, 풀들은 독(毒)을 안은 채 무성하게 자라난다. 광물질의 폐해를 고스란히 몸으로 체득하고 감내한 나무들은 그것들을 자신의 몸으로 포용·정화하여 흙으로 돌려놓는 보살행을 실천하고 있다. 흙(대지)으로 돌아간다는 것은 '폐차장을 빠져나와 떠돌던' 문명의 부산물들이 마침내 순환하는 자연생태계로 회귀한다는 의미이기 때문이다.

 대부분의 이하석의 작품들 속에서 광물질은 자연 대상에 대해 가해자의 모습으로, 식물은 자비 실천에도 불구하고 피해자의 모습으로 비춰지고 있다. 그런데 「부서진 활주로」와 「폐선로」는 가해자의 일방적인 모습을 거두고, 식물의 자비에 대해 반응하는 광물질의 모습을 보여준다. 「부서진 활주로」에서 '부서진 총기와 방독면'은 완강한 철조망에 싸여 '부패되고' 있다. 비록 소극적이

긴 하지만 총기와 방독면이 스스로 부패되어 간다는 의미는, 이하석 시에서 흔히 그려지는 광물질들의 반자연적인 성향과는 다른 것이다. 그러므로 풀뿌리는 피해자의 모습에서 벗어나 그들을 '더듬고 흙 속으로 당기'는 친밀함을 드러낸다. 「폐선로」의 '녹슬은 쇠들'은 보다 능동적으로 반응한다. 땅으로 기운 철조망과 폐선로의 녹슨 쇠들이 '흙 속에 묻히며, 풀들의 뿌리에 얽힌다' 라는 표현에서 다른 작품들과 상이한 점을 발견할 수 있다. 대개의 경우, 광물질들은 식물의 보살행에 의해 자연으로 회귀하는 모습을 보인다. 하지만 이 작품에서는 흙 속에 묻힌 뒤 풀들의 뿌리에 얽히는 뒤바뀐 과정이 연출된다. 식물의 보살행에 앞서, 광물질들이 스스로 자연 회귀를 시도하고 있는 셈이다. 이것이 녹록지 않으므로 그들은 '뿌리에 얽히는' 풀들의 도움에 기대게 된다. 그리고 '마침내는 흙을 끌어 당기는' 능동성을 드러낸다.

그런데 다음 작품들에서는 식물의 보살행이 문명의 부산물로 전락한 광물질을 포용하고 정화하여 단지 자연으로 돌려놓는 데 그치지 않는다. 보살행은 나아가 삼라만상이 하나 되는 '동체대비'로 구현되고 있다.

가래잎나무, 물푸레나무, 엄나무들의
뿌리 사이 검은 흙들 부드럽다. 물기에 젖어
돌을 녹이고, 깡통들을 녹여 흙은 스스로를
한없이 넓혀 놓는다. 물줄기 곤두박질하는
홍류동 계곡의 물 소리에 모든 시간들 씻어 보내며
바위에 새겨 놓은 이름들과 시들, 물과 바람과 어둠과
비에 닳아간다. 물 소리 흙 속에 스미며

비닐과 수은, 철제 부스러기들의 귀를 먹이고
흙들 그것들 감싸안고 얼리고 녹이며
봄과 여름 또는 가을을 가리지 않고
초목들의 끝 가지까지 물에 실어 보낸다.
마침내 봄 하루의 바람, 물 소리와 바위와
흙 밑에 얽힌 모든 뿌리만의 것인
가야산.
　　　　　　　　―「또 다시 가야산에서」 전문

반짝이는 유리 조각들 얼었다가 흐려지는
하늘. 치약 껍질이 긋는 허공 가득히
빈 속 잠재우는 눈도 내리고, 이윽고 오는
봄. 풀씨 하나 떠돌다가, 철조망 안
쓰레기 하치장에 떨어져 싹을 틔운다,
허물어진 연탄재 구멍 속으로 하늘 치어다보며.

그 싹 풀들로 자라나 쇠와 유리 조각과
빈 깡통 덮어, 사월이면 풀의 상공에
꽃도 피워낸다. 스스로 이룬 풀씨
다시 사방에 날리며.
　　　　　　　　―「풀씨 하나 떠돌다가」에서

「또 다시 가야산에서」는 '가래잎나무, 물푸레나무, 엄나무들의 뿌리'에서 비롯된 시인의 시선이 '모든 뿌리만의 것인 가야산'에 닿아 마무리되고 있다. '가야산'이 표상하는 한 세상의 원천은 '모든 뿌리'에 있다고 말하려 한 것이다. 첫행에서 가래잎나무, 물푸레나무, 엄나무 등 여러 나무들이 등장한다. 그런데 그 나무들의 다양한 생김이나 특성 따위는 전혀 언급되지 않는다. 그들은 다양한 나무들의 일원으로서 자리잡고 있을 따름이다. 대신에 시인은 나무들이 뿌리로써 지지하는 '검은 흙들'을 주시하고 있다. 불교의 사대(四大) 중 단단함(堅)을 본질로 하는 흙(地大)은 만물을 떠받치는 구실을 한다.152) 이 사대의 구실에 비춰볼 때 '검은 흙들'은 만물을 떠받치는 흙(地大)의 의미를 갖는다. 그리고 검은 흙은 '물기에 젖어'라는 표현에 드러나듯이, 물(水大)과 결합하는 양상을 보인다. 물(水大)은 만물을 포용하는 성질을 갖는다.153) 자연히 만물을 포용하는 식물의 자비는 물(水大)과 결합하여 한층 넓고 부드럽게 확장된다. 이로 인해 나무들이 지지하고 있는 검은 흙들은 확장된 포용력에 의해 '돌을 녹이고', '깡통을 녹'이는 결과를 이끌어낸다. 한 가지 눈여겨 볼 것은, 이 모든 보살행이 단순히 자비에 그치는 것이 아니라는 점이다. 3~4행에서 물기에 젖어 돌을 녹이고, 깡통들을 녹여 '흙은 스스로를 한없이 넓혀놓는다'라고 밝힌 부분을 살펴볼 필요가 있다. 생태학자 네스(Arne Naess)는 개인이 작은 나에서 벗어나 우주만물과 하나가 되는 대자아의 생태적 인식으로 나아가는 것을 자아실현(Self-realization)이라고 정의한다. 이렇게 자아의 테두리에서 벗어나 전체성으로 넓혀나가는 행위는 나와 남이 하나라는 불교생태학적 자각에서 비롯된 것이다.

 식물의 보살행은 「풀씨 하나 떠돌다가」에 이르면, '풀씨'의 상징성에 힘입어 희망과 생명력을 내포하게 된다. '보살행의 으뜸은 생명을 주는 것'154)이다. 전술한 작품들에서 희생적이고 이타

---

152) 김종욱, 앞의 책, 10쪽.
153) 김종욱, 앞의 책, 10쪽.

적 보살상으로 그려지던 식물이, 이 작품에서는 '풀씨'를 통해 스스로 내재한 희망과 생명을 전파하는 모습을 보여주고 있다. 풀씨는 '치약 껍질이 굿는 허공'과 '쓰레기 하치장'과 '풀의 상공' 어디든 내려앉아 그들과 하나가 됨으로써 걸림 없이 대자아를 실현한다. 자아의 테두리를 벗어난 풀씨가 사방으로 풀씨를 날리는 행위는 이타적 자비를 뛰어넘는 것이다. 그것은 자아의 확장이며 더 큰 전체 속의 나를 발견하는 동체대비의 행위이기 때문이다.

---

154) 서재영, 앞의 책, 51쪽.

|제2부| 다양성의 시학

한기팔 시의 화자 양상

한기팔은 1975년 1월 『心象』지를 통해 등단한 뒤, 시집 9권과 시선집 1권을 출간하는 등 왕성한 창작활동을 이어왔다.1) 한기팔에 대해, 향토 문학의 경쟁력을 제고하였다거나 문학 저변 확대에 이바지하였다는 등 긍정적 평가들이 존재한다. 그럼에도 불구하고 그의 시세계에 대해서는 시집 해설을 통한 논의가 간헐적으로 이루어져 왔을 뿐, 본격적 연구성과물이 거의 축적되지 않아 아쉬움을 남긴다.

본고는 한기팔 시세계를 구명하는 기초 작업으로서, 출간된 한기팔의 시집들을 텍스트로 삼아 그의 시세계를 탐색해 나간다. 연구 대상이 광범위하므로 본고에서는 그의 시에 등장하는 주요 소재들을 대상으로 하여 논의를 진행하고자 한다. 한기팔 시의 주요 소재는 '고향의 자연', '역사적 현실', '교류 예술가' 등이다. 이 소재들에 초점을 맞춰 한기팔 시의 화자와 그 의의를 짚어나갈 것이다.

시인은 테마에 따라 화자를 선택하고 그에 어울리는 상황과 함께 시간적·공간적 배경을 부여한다. 서정시의 화자란 의미적

---

1) 한기팔이 출간한 시집과 시선집은 다음과 같다.
    제1시집, 『서귀포』 심상사, 1978; 제2시집 『불을 지피며』, 심상사, 1983; 제3시집 『마라도』, 문학세계사, 1988; 제4시집 『풀잎소리서러운날』, 시와시학사, 1994;, 제5시집 『바람의 초상』, 시와시학사, 1999; 제6시집 『말과 침묵 사이』, 모아드림, 2002; 제7시집 『별의 방목』, 서정시학, 2008; 제8시집 『순비기꽃』, 서정시학, 2013; 제9시집 『섬, 우화』, 황금알, 2020; 시선집 『그 바다 숨비소리』, 제주문화예술재단, 2019.

국면의 주체라고 할 수 있다. 화자는 소설의 주인물(主人物)처럼 주제의 구현자이며 스토리의 전개자이다.2) 따라서, 한기팔 시의 화자를 구명하는 일은 그 시세계를 이해하고 창작론적 의의를 밝히는 단서가 되리라 본다. 본고에서는 허구적 화자, 자전적 화자, 함축적 화자 등 화자 유형을 세 가지로 나누어 이들 화자가 작품 속에서 어떻게 드러나는지 살펴볼 것이다.3)

1. 허구적 화자의 대상화된 자연

짧은 운문으로부터 터져 나오는 강한 울림이 있다. 이것을 시의 정수라 해도 그리 틀림이 없을 것이다. 누군가는 시의 리듬을 통해 누군가는 메시지를 통해 독자의 가슴에 파고든다. 한기팔은 이미지를 통해 독자들과 소통하고자 한다. 이미지를 읽는다는 것은 그의 시를 이해한다는 의미이며, 그 시세계의 여정에 동참한다는 의미이기도 하다. 이러한 한기팔 시의 성격은 무엇보다도 그의 회화적 특장에서 기인한다고 볼 수 있다. 그 스스로 자신의 천직을 시인이라 말하지만, 그의 작업실에서는 시뿐만아니라 그

---

2) 윤석산, 현대시학, 새미, 1996, 112-113쪽 참고.
3) 본고에서는 장도준의 화자 유형을 참고하고 있다. 장도준은 화자 유형을 크게 현상적 화자와 함축적 화자로 나눈 뒤, 전자는 허구적 주체로서의 화자, 시인의 시점을 한 화자, 허구적 객체로서의 화자 등으로 나누고, 후자는 함축적 시인의 시각, 객관적 제시형 등으로 나누고 있다.
그런데 본고의 '허구적 화자'는 장도준의 '허구적 주체로서의 화자'와는 달리, 표면에 드러나지 않으며 시인 자신과 분리되어 제시된 허구적 주체이다. 본고의 '자전적 화자'는 화자가 시인 자신의 목소리인 듯 시인의 시점을 빌려 발화하는 장도준의 '시인의 시점을 한 화자' 개념과 유사하다. '함축적 화자'는 표면에 드러나지 않으면서도 함축된 시인의 시각을 반영한다는 점에서 장도준의 '함축적 시인의 시각'과 유사하다.(장도준, 『현대시론』, 태학사, 2008, 195-210쪽 참고)

가 직접 그린 그림들을 쉽게 발견할 수 있다. 이미지란 '언어로 짠 그림'이라는 루이스(C.D.Lewis)의 지적처럼, 한기팔 시의 이미지는 시와 그림의 경계를 허문다.

    — 왁자지껄.
    폭음이 멎은
    흔들리는 나뭇가지 사이로
    Dome型의 건물 하나
    퉁겨져 있다.
    城廓을 벗어난 병사들의
    行列이 보이고
    江물이 되어 살다간 사람들이
    하늘에서 내려온다.

                                 — 「노을·1」 전문

    둑 위에서
    바람이
    나뭇가지를 흔들고 있다.

    흔들리는 가지 사이로
    炎天의 바다가
    갈대꽃을 날리고 있다.

    갈대꽃
    날아간
    자리
    타다 남은 불티 하나
    꺼질 듯이
    서쪽 하늘로
    날고 있다.

                                   — 「遠景」 전문

한기팔 시에 가장 많이 등장하는 소재는 고향의 자연이다. 전통적 자연시의 경우, '화자 즉 시적 자아와 자연의 합일'이 도출되는 것을 흔히 볼 수 있다. 그런데 한기팔의 시는 화자와 자연이 구별된다는 점에서 그와 다른 면모를 보인다. 작품 속 자연이미지가 화자와 동떨어진 채 관념적 세계를 투영하고 있으므로 그 이미지들은 상상력 층위의 해석을 필요로 한다.

「노을·1」에서 화자는 '노을'을 통해 건물 이미지를 이끌어내고 있다. 더구나 이것은 'Dome型'의 이국적 형태를 띤다. 그리스 신화에서나 나올 법한 'Dome型의 건물'이 노을에 오버랩되는 것이다. 그러므로 그 건물의 '城廓을 벗어난 병사들'은 신화적 상상력에서 비롯된 존재들이다. 이들은 8행의 '江물이 되어 살다간 사람들'과 대척점에 놓이게 된다. 이 작품에 드러나는 화자의 시선은 상하의 수직적 구조를 띠고 있다. 'Dome型의 건물'에 투영된 비현실과 상상력의 초월적 공간 그리고 '江물이 되어 살다간 사람들'에 투영된 현실 공간이 그것이다. 화자는 이 두 가지 대립적이고 이질적인 이미지들을 혼용하여 새로운 '노을' 이미지를 그려낸다. 화자는 현실로부터 물러나 자연을 응시하면서 그 이미지를 작품 속에 형상화하고 있다. 현실과 비현실을 정확히 인지하고 관조할 수 있는 지점, 바로 이 지점이 허구적 화자의 위치인 셈이다.

눈여겨볼 것은, 작품 속 화자와 시인이 분리됨으로써 고향의 자연이 생활에 밀착된 장소로 묘사되지 않는다는 사실이다. 한기팔 시의 자연 이미지는 '생활공간'이라기보다 현실과 거리가 먼 '풍경'에 가깝다. 위의 시 「遠景」은 그 제목에서조차 화자가 응시하고 있는 자연이 그에게서 멀찍이 벗어나 있음을 짐작게 된다. 이 대상화된 자연은 '遠景'의 사전적 의미 그대로 멀리 보이는 풍경에 지나지 않는다. 화자는 먼발치에서 자연을 바라보며 풍경 속 이미지들을 차례차례 화폭에 옮겨놓듯이 형상화하고 있다. 여기에는 자연과 어울려 살아가는 사람의 모습이 드러나지 않는다. 대신에 '둑', '바람', '나뭇가지', '바다', '갈대꽃', '하늘'이 그들 스스로 원경의 조화를 이루고 있다. 이로 인해 화자는 이 풍경을 관조하는 존재로서 자리매김하게 된다. 화자는 그 풍경에 개입하지 않을 뿐만 아니라, 마침내 그 풍경으로부터 자신을 소거하기에 이른다.

    귤꽃은 지고
    노을이 남는다.

    저무는 江둑에서
    멀리
    불빛을 보듯

    젖은 빛보라 속에
    가지 끝이 흔들리는 것이 보인다.

    꺼져 내리는 것은
    神의 바다.
                        — 「橘꽃은 지고」 전문

한기팔의 고향은 서귀포이다. 이 고향의 대표적인 농산물이 귤이며, 한기팔 역시 수필을 통해 자신이 귤농사를 짓고 있음을 밝힌 바 있다. 따라서 「橘꽃은 지고」는 고향 농촌의 이미지를 형상화한 것이라 볼 수 있다. 농부들은 귤꽃이 피는 시기를 전후로하여 비료와 거름을 주고 해충 방제 작업을 하는 등 수확기 못지않게 분주한 일상을 보낸다. 농부의 시선으로 본다면, 귤꽃이 진다는 것은 단순히 낙화만을 의미하는 것이 아니다. 꽃이 짐으로써 비로소 열매가 맺힌다는 더 중요한 의미를 내포하는 것이다. 그러므로 귤꽃의 낙화 현상은 꽃잎이 지는 데서 오는 애상적인 분위기라기보다, 결실로 이어지는 희망적 정서로 이해하는 편이 옳다. "꽃은 아름다움의 상징인 동시에 새로움의 상징"[4])이기 때문이다. 이런 맥락에서, 이 작품에 그려진 농촌의 모습은 일반적인 귤농가와 달리 매우 이질적인 분위기를 드러낸다고 할 수 있다. 작품 속 화자는 낙화 현상을 통해 결실의 보람이나 수확에 대한 기대를 드러내지 않는다. 다만 몇 걸음 물러나 객관적 거리를 유지한 채 그것을 관조하고 있을 따름이다. 이 작품의 화자는 시인 자신에게서 분리된 허구적 자아이다. 그러기에 화자의 눈에 비친 것은 농부의 귤농장이 아니라 "神의 바다"인 것이다.

　전술한 것처럼 한기팔의 작품에는 시인과 분리되어 시적 대상에 대해 관조적인 태도를 취하는 허구적 화자가 주로 등장한다. 그 결과 형성된 관찰과 조응의 거리로 인해 그의 시에는 대상화된 자연 이미지들이 드러난다. 자연히 그의 작품에 형상화된 고향의 자연은 생활에 밀착되지 않은 채 객체적 대상으로서만 놓여 있게 된다. 이와 같은 사실은 시인의 회화적 특성과도 관련지

---

4) 아지자·올리비에리·스크트릭 공저, 장영수 옮김, 『문학의 상징·주제 사전』, 청하, 1997, 184쪽.

어 생각할 수 있다. 화자가 정물을 바라보듯 자연 대상과 일정한 거리를 유지하고 있기 때문이다.

한기팔 시에 등장하는 허구적 화자는 중립적이고 객관적 자세를 취함으로써 시어의 엄결성을 견지하는 데에도 기여하였다고 평가할 수 있다.5) 이 엄결성이 작품 속 이미지를 구현하는 데 있어서 시어의 적확한 선택과 섬세한 운용을 가리킨다는 것은 재론의 여지가 없다.

2. 화자의 변용을 통한 역사의 재구성

시인은 자신을 둘러싼 세계에 대해 탐구하고 시를 통해 이것을 재구성해낸다. 시인이 경험한 외부 세계의 인상과 이로 인해 생겨난 트라우마는 작품의 주요 소재이자 주제로 다루어져왔다. 한기팔은 일제 치하를 겪었을 뿐만 아니라 광복과 그 이후 역사의 격랑기를 직접 체험하였다. 따라서 그 역사적 체험들 역시 작품 속에 형상화되고 있는데, 그중에서도 특히 제주 4·3의 체험은 그의 시세계를 관통하는 얼개를 드러낸다.

밤마다 나는 꿈을 꾸었다.
말하자면 四·三 暴動 때

---

5) 한기팔은 "가장 적절한 시어의 사용으로서 시의 미학적 함축성"을 강조한다. 적절한 시어야말로 시의 가치를 드러내는 주요요소라는 사실을 인지하고 있는 것이다 (한기팔, 「시여, 어느 외진 길목에 뜨는 별처럼」, 『별의 방목』, 서정시학, 2008, 122쪽 참고)

최영방 노인은 마을로 내려와
칼을 갈았다. 내가 죽으면
이 칼로 아들을 베어 달라고
갈리는 칼이 무디다고 휙휙
허공을 베었다.
그러던 어느날 하늘에는
소리개 한 마리 떠 있었다.
소리개 눈에는 피가 흐르고 최영방
노인의 울먹이는 소리가 가끔
산을 넘어 하늘에 붉게 붉게
번져나곤 하였다.
　　　　　　　　　―「안개·4」 전문

나는 모른다고 한다.
모른다고 모른다고 한다.
바람앞에서
모른다고 하고
풀잎소리에도 모른다고 한다.

그 난리통에
나는 열 살 박이 少年
산사람들이 내려와
반장집이 어디냐 區長집이 어디냐 물으면
모른다고 하고
討伐隊가 와서
이 동네에는 산으로 간 사람이 없느냐고 물으면
모른다고 모른다고만 했다.
　　　　　　　　―「나는 모른다고 한다」에서

「안개·4」는 최영방 노인의 실제 이야기를 소재로 한 작품이다. 최영방 노인은 아들 따라 입산했다가 귀순한 뒤 마을에서 토벌에 쓰일 칼과 창을 만들던 인물이었다. 결국 아들이 마을 사람들에게 잡혀왔을 때, 그는 자신이 만든 칼로 아들을 베어달라며 오열했다고 한다.6)

이 최영방 노인의 일화가 시인의 뇌리에는 깊이 각인되어 있었던 듯하다. 시인은 자전적 화자의 목소리를 통해 그 기억을 떠올리고 있다. 주목할 만한 점은, 이 작품의 자전적 화자가 작품 표면에 모습을 드러내지 않는다는 사실이다. 단지 밤마다 꿈을 꾸는 주체로서만 슬쩍 언급될 따름이다. 바슐라르에 의하면 우리가 몽상 속에서 유년시절을 되찾으려 할 때, 우리는 역사와 전설의 경계 속에서 꿈을 꾸게 된다고 한다. 또한, 몽상을 통해 기억의 저장소까지 가려면 사실을 넘어서서 가치를 재발견해야 한다고 지적한다.7) 하지만 이 작품 속에서 자전적 화자가 꿈을 통해 다가간 유년의 기억은 공포스러운 화면으로 채워져 있다. 화자의 눈에 비친 제주 4·3은 토벌대와 무장대 그 어느 쪽으로 시선을 돌리든 '暴動'에 지나지 않는다. 피 흘리는 소리개와 울먹이는 노인의 환영에 가위 눌린 화자는 '사실을 넘어 가치를 재발견'하는 대신, 가치 판단을 보류한 채 '꿈'의 이름으로 그것을 덮어버린다.

「나는 모른다고 한다」에 등장하는 자전적 화자는 '열 살 박이 少年'이다. 제주 4·3의 '난리통'에 무력한 소년은 어떤 질문을 받더라도 모른다고 대답할 따름이다. 납득할 수 없었던 4·3의 폭거

---

6) 한기팔, 「창이란 창을 모두 열어 놓고」, 『心象』, 1994년 1월호 참고.
7) 가스똥 바슐라르, 김현 옮김, 『몽상의 詩學』, 홍성신서, 1986, 115-119쪽 참고.

는 소년을 점점 그 현실로부터 도망치게 만들었다. 소년은 생존하기 위해 회피의 방식을 터득하게 된다. 부당한 사회적 원인에 의해서 지속적으로 고통을 느끼지만 이 상황을 개인이나 집단의 힘으로 개선할 가능성이 없을 때 '한'의 정서가 나타난다.8) 이렇게 작품속 어린 화자의 트라우마는 '한(恨)'의 성격을 띤다. 비록 개인에게서 발현된다 할지라도 그것은 이미 집단적 차원의 폭력이자 트라우마라는 양면성을 내포하고 있다. 그 희생양으로서 등장하는 자전적 화자가 '열 살 박이 少年'이라는 데서, 그 비극은 독자들에게 더욱 무겁고 깊게 다가간다. 항거불능의 집단적 폭거는 도저히 종식시키거나 개선할 수 없는 성격의 것이다. 이로 인해 어린 화자는 '모른다'라는 회피의 방식으로 그 상황을 견뎌낼 수밖에 없었던 것이다.

긴 봄날
四月 어느날.

그 섬에 冬柏꽃 지다.

순간
옆 모습으로 잡은
사진 한 장
바람에 날아가듯

夕陽도 붉은
한무덤골 봉심이네 집

---

8) 권정우, 「박재삼 시에 나타난 슬픔 연구」, 『한국시학연구』 제37호, 2013.8, 72쪽 참고.

누가 불을 질렀다는
소문이었다.

　　　　　　　—「섬, 寓話 1」전문

　자전적 화자에게서 역사적 현실의 '회피'가 드러난다면, 함축적 화자에게서는 역사적 현실에 대해 다른 양상이 드러나는 것을 확인할 수 있다.「섬, 寓話 1」의 함축적 화자는 담담히 4·3의 현실을 바라보고 있다. 이때 화자의 목소리에는 앞서 살펴본 자전적 화자들의 고통이나 슬픔, 트라우마가 들어 있지 않다. 이 작품의 화자는 4·3의 아픔을 절제된 비유로써 형상화하고 있다. 2연에서 4·3의 비극은 "그 섬에 冬柏꽃 지다"라는 간결한 나레이션을 통해 갈무리된다. 화자는 붉은 동백꽃이 뚝뚝 지는 모습에 4·3의 비극적 참상과 죽음들을 빗대어 말하지 않는다. 과도한 감정이입 대신 한 발짝 물러선 나레이션으로 그 슬픔을 정리해낸다. 지나간 아픔를 담담히 들여다보고 정리한다는 건 그 역사적 현실을 수용한 뒤에나 비로소 나올 수 있는 행위이다. 이제는 그것을 "옆 모습으로 잡은 사진 한 장"처럼 기억 속에서 꺼내 볼 수 있게 된 것이다. 그러기에 화자는 '한무덤골 봉심이네 집을 태우던 불길'마저 '寓話'의 한 장면으로 재구성하기에 이른다.

　　마파람 불면
　　마파람 함께 놀고
　　하늬바람 불면
　　하늬바람 함께 논다.

　　그 바람자락에 나앉은

제주 4·3
精靈들 같은
이 가을 들녘에
억새꽃 지천으로 피었는데

하늘이 저토록 높푸르니
저산 더래 꾸벅꾸벅
햇빛이 이처럼 淸明하니
이산 더래 꾸벅꾸벅……

和解와 相生으로
지레 피어난
눈부신 和答이었다.
　　　　　　—「한라산 억새꽃」전문

　위에서 수용된 역사적 현실은 「한라산 억새꽃」에 이르러 미래 지향의 메시지로 현현된다. 이 작품의 함축적 화자는 억새꽃을 통해 4·3의 아픔을 새롭게 해석하고 있다. 1연에서 억새꽃은 "마파람 불면 마파람 함께", "하늬바람 불면 하늬바람 함께" 결대로 어울리는 존재로 그려진다. 그런데 2연에서 이들은 가을 들녘에 나앉은 '제주 4·3 精靈들'과 이미지가 오버랩된다. 다시 말해, 함축적 화자의 눈에 비친 '한라산 억새꽃'은 '제주 4·3 精靈들'과 다르지 않다. 한라산 등성이에 지천으로 피어난 억새꽃들이야말로, 거대한 사회적 폭거 속에서 이유도 모른 채 허망하게 죽어간 이름 없는 이들을 꼭 닮아 있기 때문이다.

　3연에서 "저산 더래 꾸벅꾸벅", "이산 더래 꾸벅 꾸벅"이라는 비유는 억새꽃이 바람에 흔들리는 모양을 표현한 것이다. 그런데 이때의 억새꽃은 단순히 사전적 의미의 억새꽃이 아니다. 억새꽃의 흔들림을 조는 모습으로 형상화한 이 표현은, '제주 4·3精靈들'을 대변하면서 중의적 의미를 내포하게 된다. 제주 4·3이라는 사회적 폭거 앞에서 무기력하게 희생되었을 뿐만 아니라 그 엄청난 트라우마에 갇혀 오랫동안 경직되었던 제주인들. 그러기에 한라산 억새꽃이 꾸벅꾸벅 조는 풍경은 제주 4·3의 트라우마를 훌훌 털어낸 평화로움을 보여준다. 이 평화로움은 단지 꾸벅꾸벅 조는 듯 흔들리는 억새꽃 자신에게만 국한되지 않는다. 억새꽃에 오버랩된 '제주 4·3 精靈들'을 바라보는 함축적 화자에게도 평화가 전이된다. 그것은 서로의 가슴에 응어리져 있었던 역사적 상처를 무심히 털어내는 해원의 춤사위인 셈이다. 마지막 연에 이르러 평화의 실체가 드러난다. 수십 년 동안 남아 있던 집단적 트라우마를 치유하는 방법은 거대한 포즈나 유려한 헌사 따위가 아니다. 그것은 다만 억새꽃이 바람결대로 '꾸벅꾸벅' 흔들리며 서로에게 '和答'하듯, 스스럼없이 기대어 서로에게 마음을 여는 어울림에서 비롯되는 것이다. '和解'와 '相生'을 통한 트라우마의 승화이다.

 한기팔 시에서 제주 4·3의 역사는 화자의 운용을 통해 새롭게 재구성되고 있다. 시인이 소년 시절 실제 체험을 바탕으로 쓰여졌으므로, 작품 속에는 자연스럽게 유년의 시적 자아 즉 자전적 화자가 등장한다. 기억을 통해 떠올린 4·3은 자전적 화자에게 공포스러운 기억으로 채워져 있다. 그 부당한 현실을 개인의 힘으로는 도저히 개선할 수 없는 벽에 부딪힘으로써 나약한 시적 자아에게는 '한(恨)'의 정서가 드러나게 된다. 자전적 화자는 때로 '모른다'라고 그 현실을 외면하거나 '꿈'의 방식으로 4·3사건을 재구성하는 등 회피의 자세를 취하게 된다.

자전적 화자에게서 역사적 현실의 '회피'가 드러난다면, 함축적 화자에게서는 그것과 다른 양상이 드러난다. 함축적 화자는 작품 속에서 과거의 비극적 참상을 헤집거나 고발하는 대신, 제주 4·3의 역사적 상처를 객관적으로 응시함으로써 차분히 정리하고 수용하는 태도를 보여준다. 이러한 자세는 「한라산 억새꽃」에 이르러, 마침내 서로의 가슴에 응어리져 있었던 역사적 상처를 털고 일어서는 해원의 춤사위로 형상화된다. 바람결대로 '꾸벅꾸벅' 흔들리며 서로에게 '和答'하는 억새꽃의 자연스러움, 이것이 바로 시인이 보여주고자 한 '和解'와 '相生'을 통한 트라우마의 승화이다.

3. 함축적 화자와 정서의 객관화

교류 예술가를 제재로 삼은 한기팔 시의 경우 대부분 함축적 화자가 등장한다. 시인이 평소 돈독했던 문인들을 제재로 다루는 데 있어서 함축적 화자를 차용한 점은 그 창작적 방법의 측면에서도 흥미로운 일이다. 앞서 논의한 '대상화된 자연'이 주로 시적 대상에 대한 화자의 자세를 가리킨다면, 이 장에서 논의되는 내용은 화자와 대상 사이의 정서적 측면에 관한 것이다.

시인은 작품 속에서 화자를 통해 제재를 신중히 이끌어내는데 이 과정에서 화자와 그 제재 사이에 '거리'가 형성된다. 블로흐(E. Bullough)는 감상자가 미적 관조의 대상으로부터 자신을 분리시킬 때 심리적 거리(psychic distance)가 생겨난다고 설명하였다.9) 다시 말해, 이 심리적 거리는 시간적·공간적 거리 개념이 아니라 내면적 거리로서 "감상자가 자기의 사적이고 공리적인 관심을 버리는 심적 상태"10)를 뜻한다. 다음 시에 드러난 화자(시적 자아)와 대상 사이 심리적 거리를 살펴보자.

    마당귀에
    바람을 놓고
    橘꽃
    흐드러져
    하얀 날
    파도소리 들으며
    긴 편지를 쓴다.

                              — 「西歸浦 2」 전문

    머락하노
    江나루 건너편 이쪽은
    빈 들
    구름에 달 가리듯
    오늘은 龍井에 들러
    밤낚시 디룬다.
    가진 것도 버릴 것도 없이
    바라보는
    밤구름

    기어이 떠나야 할 곳이라면

---

9) Edward *Bullough, Psychical Distance as a Factor in Art and Aesthetic Principle*, p.94(김준오, 『詩論』, 삼지원, 1991, 247쪽에서 재인용)
10) 김준오, 위의 책, 248쪽.

떠나서는 더욱 더 외로운 곳이라면
머락하노
손 흔들면 내다보이는
청모시 옷고름

— 「구름에 달 가리듯」 전문

「西歸浦 2」는 한기팔이 박용래에게 보낸 시이다. 두 사람은 서로의 이름 한 글자씩 따서 '龍八 형제'라는 별명을 얻을 만큼 각별한 사이였다.11) 박목월 시인의 장지에 다녀온 후, 박용래는 아쉬운 이별을 위무하며 한기팔에게 편지를 보냈다.12) 이 작품은 한기팔이 그 답신으로 띄운 것이다. 여기에는 특이하게도 3연의 "긴 편지를 쓴다"라고 명시된 행위 주체가 소거되어 있다. 이로 인해 이 행위는 서정적 자아의 행위가 아니라, 함축적 화자에 의해 관찰되는 장면으로 치환된다. 이 작품 1연의 '바람', 2연의 '귤꽃', 3연의 '편지 쓰는 행위'는 서로 연계되지 않은 채 일체의 감정적 동요 없이 나열되어 있다. 더구나 시의 내용을 들여다보면, 박목월 시인 타계의 슬픔을 토로하는 감성적 편지에 대한 답신이라기엔 다소 돌연하게 느껴진다. 시 내용 어디에도 보내온 편지에 호응하는 소회가 드러나지 않기 때문이다.

이 작품의 함축적 화자는 대상에 대한 개입 없이 그것을 건조

---

11) 한기팔, 「내가 때때로 수평선이 되어 선 하나로 뜰 때」, 『心象』, 1994년 4월호, 150-154쪽 참고.

12) 박용래의 편지는 "한기팔 詩兄 꽃이 지고 있겠죠, 물 위에. 兄은 굽어보고 있겠죠. 무사히 귀향했습니까. 나는 그날 호남선 막차를 타고 왔어요. 인적이 드문 밤 驛頭에 내리니 슬픔이 여분처럼 보슬비가 오고 있더군요. 허다한 말씀 줄이압고 앞으로 오직좋은 시를 쓰는 길만이 작고하신 木月 선생님에 대한 예절이라 믿고 마음을 가다듬고 있습니다…"라고 시작된다.

하게 바라보기만 하는 입장을 취한다. 이러한 방식을 통하여, 박용래는 물론 타계한 박목월에 대해서도 감정을 드러내지 않는다. 함축적 화자로 인해 화자와 시적 대상 사이에 심리적으로 먼 거리가 형성됨으로써, 범람할 수 있는 감정의 분출을 제어하는 효과를 가져온 셈이다.

시적 대상에 대한 감정 억제는 「구름에 달 가리듯」에서도 잘 드러난다. 이 작품의 부제는 '木月님 가시고'이다. 위의 시가 박목월 타계 후 한기팔, 박용래의 서신 왕래에서 비롯된 작품이라면, 이 작품은 한기팔이 박목월을 애도하는 시이다. 박목월은 한기팔에게 큰 영향을 미쳤을 뿐만 아니라 등단의 길로 이끈 스승이기도 하다. 1연의 화자는 '머락하노'와 '江나루 건너' 등 박목월 시를 인용하여 자연스럽게 그를 환기시키고 있다. 2연, 3연은 한기팔의 등단 전 두 사람의 밤낚시 일화를 변주하는 내용이다. 4연에 이르러 다소 감정이 묻어나긴 하지만, 마지막 연에서 화자는 일체의 감정을 소거한 채 '청모시 옷고름'으로 이미지를 전환시킨다. 이와 같이 한기팔 시에서 익숙하고 친밀한 대상을 다룰 때 함축적 화자가 등장하는 것은, 그 시적 대상에게서 생기기 쉬운 "거리의 서정적 결핍(lyric lack ofdistance)"[13]을 예방하려는 의도에서 비롯된 결과이다.

  하늘 멀리 내던져진
  햇덩이 하나
  녹물처럼 녹아내리는
  바닷가,

---

13) 김준오, 앞의 책, 29쪽.

늙은 소나무 아래
야트막한 집이 있어
하얀 옷 입은 그 분이 사신다.
구부리고 앉아 그림을 그리고 있다.
옆구리에 몇 편의 바람을 끼고
―「황홀한 고독」에서

「황홀한 고독」의 부제는 '화가 邊詩志'이다. 이 작품에서는 함축적 화자가 변시지 화가의 그림을 찬찬히 설명하듯이 묘사하고 있다. 이로 인해 작품 속에서 변시지 화가와 그의 그림 모두 화자의 관조적 대상이 된다. 화자는 그림을 그리고 있는 화가와 그의 그림을 무심한 시선으로 따라갈 따름이다. 대상의 모습을 있는 그대로 포착한다는 건, 대상에 대한 편견이나 사적 감정을 버렸을 때 비로소 가능한 것이다. 자전적 화자를 차용할 경우, 시적 대상에 대한 감정이입이 이어져서 지나치게 짧은 심리적 거리가 형성될 수 있다. 따라서 시인은 함축적 화자의 시선을 통해 시적 대상을 바라보고 있다. 여기에는 친밀한 유대감이나 사적 일화 따위가 틈입할 여지가 없다. 이 결과 작품 속에는 시인과 평소 돈독한 유대관계를 형성했던 교우의 모습 대신, '화가로서의 변시지'가 드러나게 되는 것이다. 시인은 교류 예술가를 제재로 한 작품에서 주로 함축적 화자를 차용하고 있다. 이러한 장치는 감정 이입에서 벗어나 대상을 관조할 수 있는 거리를 확보하기 위해 시인이 선택한 창작 방법이라고 볼 수 있다.

서정주의 지귀도(地歸島) 시

　서정주 문학세계에 대해 다양한 측면의 논의가 활발히 이어져 왔다. 그러나 작품 창작의 근거가 된 특정 지역을 화두로 삼은 경우는 흔치 않다. 그는 일찍이 제주도와 깊은 관련을 맺고 있었을 뿐만 아니라, 그 체험에서 비롯된 작품을 여러 편 창작한 것으로 알려져 있다.14) 이 논문은 그중에서도 특히 '지귀도 시'로 알려진 「高乙那의 딸」·「正午의 언덕에서」·「雄鷄(上)」·「雄鷄(下)」를 텍스트로 삼는다.15) 우선, 창작 배경을 톺아본 뒤, 시인부락 폐간 후 한동안 문단에서 사라진 미당의 행적을 유추해 나갈 것이다. 그것이 단순한 잠적이 아니라는데 주목하여, 미당 개인을 넘어서 문단 차원의 확장된 해석으로 이어나간다. 이 과정에서 서귀포 소재 '지귀도' 라는 특정 장소의 체험이 그의 시에 미친 영향과 그 의미도 살펴보고자 한다. 논의를 통해 1937년 여름 이후 공란으로 남겨진 행적을 채워 넣음으로써, 그의 초기시를 이해하는 데 기여하려 한다.

---

14) 제주 관련 작품이라고 알려진 것들 중 공식적으로 확인 가능한 작품만 간추린다면, 「高乙那의 딸」·「正午의 언덕에서」·「雄鷄(上)」·「雄鷄(下)」(『화사집』), 「西歸로 간다」(『귀촉도』), 「讚歌」·「漢拏山 山神女 印像」(『서정주문학전집』), 「눈 오는 날 밤의 感傷」·「濟州 李庸尙의 飮酒序」·「백두와 한라의 1974년 봄 대화」(『떠돌이의 시』), 「濟州道의 한 여름」(『안 잊히는 일들』), 「제주도에서」(『팔할의 바람』)등 총 12편이다.
15) '지귀도 시'에 대한 선행연구는 김점용에게서 이루어졌다. 그는 지귀도 시편들을 관통하는 특성이 '나르시시즘'이라고 보았다. (김점용, 「미당 시의 나르시시즘과 미적 근대성 – 지귀도 시편을 중심으로」, 『어문학』제98집, 2007.12)

1. 지귀도 시의 창작 배경

'지귀도 시'란 서정주가 서귀포의 지귀도 체험을 바탕으로 하여 창작한 작품들을 가리킨다. 지귀도는 행정구역상 서귀포시 남원읍 위미리에 속해 있으나, 실제로는 위미리에서 5km 떨어진 해상의 섬이다.

이 외딴섬 지귀도와 '지귀도 시'의 연관성을 이해하기 위해서는 시인이 이에 대해 언급한 내용을 참조할 필요가 있다. 이 진술 내용은 미당 자신이 「正午의 언덕에서」 말미에 부연해 놓은 것이므로 창작 당시 상황과 그 배경을 짐작게 하는 단서가 된다.

"地歸는 濟州南端의 一小島. 神人 高乙那의 孫一族
이사러麥作에從事한다. 丁丑年榴夏,16) 廷柱가偶然
地歸에 流適하야 心身의 傷痕을 말리우며 써모흔것이
卽 이하 네片의 詩作이다."17)

미당이 지귀도에 머물게 된 이야기는 흥미롭지만 다소 납득하기 어려운 면도 있다. 그가 왜 지귀도에 들어가게 되었는지에 대한 의문이 그것이다. 지귀도는 서귀포에서도 다시 배를 타야만 당도할 수 있는 섬이어서 당시로선 왕래가 어려운 벽지 중의 벽

---

16) 서정주가 스스로 지귀도 거주 시기라고 밝힌 '丁丑年榴夏'에 대해서는 해석의 편차가 존재하는데, 윤재웅은 미당의 지귀도 체류 시기를 1937년 4월~6월로 보고 있다.(윤재웅, 「서정주 "화사집"에 나타난 체험과 창작의 상관관계」, 『국어국문학』 제195호, 국어국문학회, 2021.6, 269쪽)

17) 서정주, 『未堂 徐廷柱 詩全集1』, 민음사, 1991, 51쪽. 해석하면 다음과 같다. "지귀도는 제주 남단의 작은 섬이다. 신성한 존재 고을나의 자손 일족이 여기 살면서 보리 농사에 종사하고 있다. 1937년 여름 정주가 우연히 지귀도에 머물면서 심신의 상흔을 달래며 써 모은 것이 이하 4편의 작품이다."

지였다.

  지귀도 입도의 궁금증을 해결하기 위해 먼저 주목해야 할 것은 '1937년 여름'이라고 명시된 시기이며, 나머지 하나는 '心身의 傷痕'에 포함된 내재적 의미다. 언뜻 보기에 이 두 가지는 등가의 개념으로 병립되기 어려운 듯 보인다. 그러나 시인 개인과 문단의 복잡한 상황을 비추어본다면 그 두 가지는 결코 분리될 수 없는 상관관계에 놓여 있음을 알게 된다.

1) 준비되지 않은 등단과 신춘문예

  서정주의 공식 등단은 1936년 동아일보 신춘문예에 「벽」이 당선되면서부터다. 신춘문예는 1920년대 중반부터 등장하였으며, 1930년대에 접어든 뒤 등단제도로서 권위를 점차 높여나갔다. 초기의 신춘문예는 등단과는 거리가 있는 '일종의 문화적 페스티벌의 장'으로 활용되었다. 그러나 언론사 영향력의 확장과 더불어 주요 등단 관문으로 부각되기에 이른다. 더욱이 개벽, 조선문단이라는 대표적인 잡지가 폐간하면서 신춘문예는 가장 영향력 있는 등단제도로서 권위를 획득하게 된다.[18] 김동리는 문장 이 신인 추천을 시작한 1939년 이전 약4,5년 간이 신춘문예의 황금기라고 주장하지만, 그것이 등단 자체에만 국한될 뿐 문인 활동을 보장받는다는 의미는 아니라고도 부연하였다.[19]

  서정주가 등단한 1936년은 전술한 '신춘문예의 황금기'에 해당

---

18) 최호빈, 「1930년대 후반 동인문학 장의 형성과 세대론의 전개」, 『한국근대문학연구』 통권제37호, 한국근대문학회, 2018.4, 329-330쪽 참고.
19) 김동리, 「수필로 엮은 자서전」, 『계간문예』, 2013, 176쪽.

한다. 그런데 미당은 정작 동아일보 신춘문예 당선 작품 「벽」을 처녀작으로 인정하지는 않았다.[20] 당시 그는 1934년부터 동아일보 문화면에 청탁 없이 일반 기고를 하던 문청이었다. 그 기고 작품들 중 「벽」이 1936년 신춘문예 당선작으로까지 뽑히게 된 것이다. 기고 작품이 문화면에 실리는 것만으로도 쾌미를 느끼던 터였기에 그에게는 신춘문예 당선이 예기치 못한 사건으로 들이닥쳤을 법하다.

게다가 1935년 10월 11일 조선일보에 실린 이원조의 "신인론 — 그 문학적 본질에 대하여"[21]를 통해 짐작할 수 있듯이, 당시 문단에는 신춘문예와 신춘문예 출신 문인들에 대한 비판적 목소리들이 번져 나가고 있었다.[22] 이른바 신인남조론(新人濫造論)과 문단숙청론(文壇肅淸論)이 그것이다. 전자는 신춘문예가 상업적 목적에 의해 신인을 기계적으로 배출하고 있다는 부정적 시선을 가리키는데, 이로 인해 낯선 작품들이 문단에 혼란을 가져오기 때문에 그들을 대대적으로 숙청해야 한다는 것이 후자의 내용이다. 이러한 비판적 논의들은 미당이 1936년 동아일보 신춘문예에 당선되기 직전에 벌어진 것이었다. 따라서 준비되지 않은 채 신춘문예에 당선된 서정주에게는 등단 전후 신춘문예를

---

20) "1936년도 동아일보 신춘현상문예에 당선한 「벽」이라는 것이… 중략… 내 자신에게는 처녀작으로 자인할만한 동기도 가지지 않고 있다. 나는 1934년 이래 동아일보 문화면에 원고청탁을 받지도 않고 기고해 반나마 게재의 쾌미를 맛보고 지내던 한 소년이었는데, 「벽」 또한 일반 기고로서 보낸 것이 우연히도 응모작품 대우를 받아 당선까지 되었으니 말이다."(서정주, 『徐廷柱文學全集』제5권, 일지사, 1971, 264쪽)
21) 이원조, 「신인론 – 그 문학적 본질에 대하여」, 『조선일보』, 1935.10.11., 최호빈, 앞의 논문 330쪽에서 재인용.
22) 홍기돈, 「식민지시대 세대논쟁 연구」, 『우리문학연구』17, 우리문학회, 2004.12, 464-465참고.

둘러싼 설화와 일련의 개인적 상황이 큰 부담으로 작용했으리라 본다.

2) 시인부락 의 창간과 폐간

『시인부락』은 당시 혜화전문학교 학생이던 서정주를 편집 겸 발행인으로 하여 1936년 11월 14일 창간호가 발행되었다. 『시인부락』의 동인들은 학연·지연 등의 친분으로 엮여 있었는데 당시에는 대부분 문단에 알려지지 않은 신인들이었다. 그들은 다양한 시정신을 모두 수용하고자 하는 의도를 갖고 사비를 각출하여 동인지를 출간하였다.23)

뿐만 아니라 『시인부락』 창간에는 서정주 자신과 신인들의 발표지면을 확보하고자 하는 의도도 들어 있었다. 신춘문예 출신 문인이 출신지 외 발표지면을 얻기란 쉽지 않았다. 서정주의 경우, 등단 이전 1933년부터 1935년까지 『동아일보』에 시 5편 학생잡지인 『학등』에 시 3편을 발표했지만, 등단 이후 『시인부락』 창간 이전까지 작품 발표는 『동아일보』에 시 「감꽃」과 산문 1편뿐이었다.24) 더군다나 신진 시인이 얻을 수 있는 발표지면은 "저널리즘의 구석 페이지에 한정"25)되어 있었다. 작품 분량까지 제약이 있어서 신진 시인이 발표한 작품 대부분은 시세계를 온전

---

23) 김지연, "「시인부락」 연구", 『성심어문논집』제12집, 성심어문학회, 1989.12, 28쪽, 36쪽.

24) 서정주는 등단 이전 1933년부터 1935년까지 동아일보에 「그 어머니의 부탁」, 「서울 가는 순이에게」, 「가을」, 「비 내리는 밤」, 「새벽 誦呪」 등 시 5편, 학생 잡지인 학등 에 「동백」, 「서쪽 하늘을 맡겨두고 왔건만」, 「생각이여」 등 시 3편을 발표했지만, 등단이후 시인부락 창간 이전까지 작품 발표는 동아일보에 시 「감꽃」과 산문 1편뿐이었다.(최호빈 앞의 논문, 333~334쪽)

25) 위의 논문, 335쪽.

히 펼쳐보이기 어려운 단형시 형태였다.

『시인부락』 창간은 이러한 상황 속에서 신인들이 의기투합하여 그것을 돌파하려 도모한 결과였다. 창간호 첫머리에 실려 있는 동인 명단에는 김달진, 김동리, 김진세, 여상현, 이성범, 임대섭, 박종식, 서정주, 오장환, 정복규, 함형수 등이 들어 있다. 당시 시단은 박영희, 임화 등 조선프롤레타리아 예술동맹의 이데올로기를 지향하는 경향과, 정지용, 김영랑, 박용철 등을 중심으로 하는 시문학파의 감각적 순수시 경향 그리고 김기림의 주지주의적 경향이 주류를 이루고 있었다. 이와 같은 한국 시단에서『시인부락』 동인들은 "인간의 생, 그 생명현상에 대한탐구"26)에 천착한 반면, "동인 각자에 대한 개성존중, 구태어 동인지의 이름으로 어떤 지향 형성을 강요하지 않겠다는 개방적 자세"27)를 유지하였다.

그런데 이와 같이 동인들의 시정신을 하나의 동질성으로 묶지 않고 다양성에 기대려 한 의도는 오히려『시인부락』 동인의 분명한 색을 보여주는 데 한계로 작용하기도 했다.

이들은 창간호 편집후기에서『시인부락』의 격월간 발행 계획을 밝혔지만, 한 달 뒤인 12월 31일 제2집을 내고 아쉽게도 종간하기에 이르렀다. 『시인부락』의 활동은 비록 짧게 끝났지만, 새로운 시단으로의 국면 전환 가능성을 보여준 사건이기도 했다. 그들은 문단의 주목을 끌지 못한 채 문학동호인의 성격에 그치

---

26) "후에 서정주는 그것을 인간의 생, 그 생명현상에 대한 탐구라고 밝혔다. 얼핏 생의 문제라면 우리는 불순한 목적의식이나 사상, 철학의 개입을 연상하게 된다. 그러나『시인부락』의 경우 그것은 철두철미하게 시의 테두리 내에서 그 이익이 증진되는 쪽에서 시도되었다."(김용직,『한국 현대시 작품론』, 문장, 1981, 32~33쪽)
27) 김용직,「"시인부락" 연구」,『국문학논집』 제3집, 1969.11, 57~58쪽.

게 된다. 여기에는 "생활고로 인하여 동인들이 뿔뿔이 흩어져버린 사정"28)도 한몫했다.

3) 1930년대 후반 문단 상황

일제강점기 조선에는 친일내각에 의해 만들어진 출판 및 언론 통제법이 적용되고 있었다. 신문지법(1907)과 출판법(1909)은 식민지 조선의 사상을 통제하는 대표적인 수단이었다. 이 법들의 핵심은 '안녕질서 방해'와 '풍속 괴란'이라는 두 큰 틀이었다.29) 1930년대 들어서면서 신문지법과 출판법 사이의 법률적 모순이 확인되는 등 일제의 출판통제가 일시적으로 완화됨에 따라, 언론사의 자매지들이 앞다투어 발간되고 다양한 잡지들이 대거 출판시장으로 뛰어들게 되었다.

잡지 출간의 과열 현상은 1936년 일장기 말소사건을 기점으로 하여 강압적 통제 하에 놓이게 된다. 손기정 선수의 베를린 올림픽 시상식 사진에서 일장기를 삭제하고 보도한 『동아일보』는 무기 발행정지 처분을, 『조선중앙일보』는 자진휴간에 들어갔다. 그리고 『동아일보』가 발행하던 종합지 『신동아』와 『신가정』, 『조선중앙일보』의 『중앙』과 『소년중앙』도 폐간된다. 뒤이어 중일전쟁의 발발을 기점으로 1937년까지 약 30종의 잡지가 종간된다.30) 이로 인해 문학인들의 발표지면과 등단 경로가 사라지게 되자 1930년대 후반에는 신진문인과 문학지망생들이 주축이 되어 동인

---

28) 김지연, 앞의 논문, 31쪽.
29) 문한별, 「일제강점기 출판 검열의 자의성과 검열표준 예거주의의 상관성 고찰」, 『우리어문연구』 제75권, 우리어문학회, 2013.1, 38쪽.
30) 최호빈, 앞의 논문, 338쪽.

지가 다수 창간되는 역설적인 현상이 벌어진다. 1930년대는 전쟁상황과 언론출판의 통제 속에서도 시문학의 괄목할만한 성장을 이룬 시기였다.31) 문청과 신진 문인들은 발표지면을 잃게 되자 새로운 동인지를 통해 대거 등장하였다. 그러나 1930년대 후반 난립한 동인지들을 살펴보면 다수 동인들이 중복 참여하고 있다는 사실도 확인할 수 있다. 신춘문예를 통해 신진문인들이 등장하기도 하였지만, 그들은 '신인남조론'과 '문단숙청론'을 설파하는 기성문인들의 부정적 시선에서 자유로울 수 없었다. 또한 1930년대 초 언론사들이 자매지를 앞다퉈 발행함에 따라 잡지사들 사이의 독자 확보 경쟁도 매우 치열하게 진행되었다. 이러한 환경 속에서 설 자리를 잃은 동인지와 신진 문인들의 순수한 열정은 자연스럽게 도태되고 와해될 수밖에 없었다.

　서정주가 지귀도 시편들을 창작한 '丁丑年榴夏' 즉 1937년 여름은 전술한 일련의 사건들과 연계되는 시기이다. 이러한 시기적 창작 배경에 비추어 그가 언급한 '心身의 傷痕'이라는 의미를 다음과 같이 정리할 수 있다. 첫째, 1936년 동아일보 신춘문예를 통한 등단한 개인적 상황의 측면이다. 일반 기고한 작품이 뜻밖에 신춘문예에 당선됨으로써 등단은 그에게 준비되지 않은 사건이었다. 게다가 당시 신춘문예에 대한 문단의 부정적 시선 역시 부담으로 작용했을 개연성이 크다. 둘째, 그는 1936년 11월 문

---

31) 1930년대 후반의 동인지는 당대 시인들의 문학적 열정을 확인 할 수 있는 훌륭한 장이기도 하다. 만주사변(1931)에서 중일전쟁(1937)으로 이어지는 전쟁의 소용돌이 속에서, 일본어 사용 강제령(1937)과 조선어과목 폐지령(1938) 등의 식민지 억압정책으로 우리말을 지키기 어려운 상황 속에서 당대의 시인들은 동인지를 통하여 문학적 능력과 열정을 키워나갔던 것이다.(강호정, 「1930년대 후반 同人詩誌 연구」, 『한국학연구』 39, 고려대한국학연구소, 2011.12, 106-107쪽)

예지 『시인부락』을 주재하며 동인 활동을 시작한다. 그러나 그 활동은 현실의 벽에 부딪혀 한 달 뒤 제2집 발간 후 폐간의 수순을 밟게 된다. 셋째, 일제강점기라는 당시 시대상황을 고려하지 않을 수 없다. 1930년대 후반은 국내적으로 일장기 말소사건과 국제적으로는 중일전쟁의 발발에 따라 일제의 강압적 통제가 가장 심했던 시기다. 기존 발표지면이 축소되거나 문예지들의 폐간이 이어졌으며, 역설적으로는 설 자리를 잃은 신진들을 주축으로 한 시 동인지의 창간이 폭증하기도 하였다. 그러나 잡지들과의 상업적 경쟁 속에서 이들은 자연히 도태될 수 밖에 없었다.

이와 같은 일련의 상황들은 창작인으로서 자유로운 상상력을 펼치기에 녹록지 않은 환경이었다. 그 창작 배경이 막 등단한 청년 서정주에게는 '심신의 상흔'을 일으키는 요인으로 작용했을 것이다. 그는 제2집 출간만에 시인부락 활동을 접은 후 제주로 건너오게 된다. 그리고 제주에서도 멀고 외딴곳 지귀섬까지 들어간다. 이러한 행적의 편린들은 그가 겪은 '심신의 상흔'이 얼마나 깊은 것이었는지 짐작게 하는 단서가 된다.

2. 지귀도의 체험과 창작적 승화

'지귀도 시'로 분류된 작품은 「고을나의 딸」, 「정오의 언덕에서」, 「웅계(상)」, 「웅계(하)」 등 4편이다. 앞선 미당의 진술을 통해 1937년 여름 이 작품들의 체험과 창작 시기가 일치한다는 점을 확인할 수 있다. 다시 말해 작품들 속에 드러난 내용은 실제 체험이 생생하게 반영된 것이라는 사실이다. 이 사실은 미당 자신이 "인생 경험을 통해 실제로 감동한 내용"32) 아니면 절대로 시로서 다루지 않는다고 소회를 밝힐 만큼 창작에 있어서 체험을 중시 했다는 점에 비춰보더라도 의미가 있다. 그에게 있어서 체험이란 인생 경험일 뿐만 아니라 그것이 곧 창작의 모티프였던 셈이다. 본고에서는 특히 체험과 창작 시기가 일치하는 지귀도 시를 통해 지귀도 시절의 생생한 체험이 그의 작품 속에 어떻게 형상화되고 있는지 살펴볼 것이다.33)

1) 탈현실의 에로티시즘

야심 찬 동인활동을 접은 뒤 제주에 왔을 때 서정주는 이제 겨우 등단 1년, 혈기왕성한 약관의 문학청년이었다. 그는 제주에서도 멀리 떨어진 섬 지귀도를 찾아 들어간다. 그곳에서 한 여인을 만나게 되는데, 그녀는 미당이 밝힌 주석에 등장하는 '고을나의 자손 일족' 중 하나였다.34)

그녀에 대한 단서를 전술한 예시문에서 찾을 수 있다. "地歸는 濟州南端의 一小島. 神人高乙那의 孫一族이사러麥作에 從事한다…"

---

32) "나는 시를 제대로 하기 시작한 뒤 지금까지 늘 그래왔듯이, 내 인생 경험을 통해 실제로 감동한 내용 아니면 절대로 시로서 다루지 않은 그 전력을 앞으로도 꾸준히 지켜갈 것이다."(서정주, 『미당 서정주 전집』(11권, 산문), 은행나무 출판사, 2017, 85쪽)

33) 지귀도의 체류를 소재로 삼은 작품들 중 그 체험이 창작시기와 일치하지 않은 작품들도 있다. 「제주도의 한여름」, 「제주도에서」등 2편이 이에 해당한다. 이 작품들은 회상조로 이루어져 있으며 내용이 지귀도 시와 상당부분 유사하다. 비유를 가급적 배제하여 부담없이 읽히는 장점이 있지만, 오래 전 과거를 반추하는 내용이어서 다소 윤색된 느낌을 지울 수 없다.

34) 서정주와 평생 동안 돈독한 관계를 유지했던 제주시인 한기팔의 회고록을 통해서 미당이 1937년 여름 이후 약 6개월 간 지귀도에 살면서 고씨 녀(고을나의 딸)와 사랑에 빠졌다는 사실을 확인할 수 있다(『제주원로예술가 구술채록사업시리즈 001 한기팔』, 제주문화예술재단, 2018, 84~85쪽 참조)

에서 '神人'의 문자적 의미는 신적인 존재 혹은 신성한 인간이다. 그런데 이것은 다소 단편적인 해석에 지나지 않으며, 그 문맥적 의미를 살핀다면 '신인'이란 제주삼성혈의 설화를 염두에 둔 표현이라 볼 수 있다.

설화에 따르면 제주시 삼성로 소재의 삼성혈에 구멍 세 개가 움푹 파였는데, 이 구멍에서 제주의 시조이자 수호신인 양을나(良乙那), 고을나(高乙那), 부을나(夫乙那) 삼신인(三神人)이 솟아났다고 한다. 이들이 제주도를 다스리면서 양씨, 고씨, 부씨 국성의 탐라국을 건국했다고 전해진다. 이 설화를 탐라국 건국신화로 받아들인다면, 미당이 말한 '신인고을나'는 건국신화에 등장하는 고을나를 의미하게 된다.

그런데, 미당이 지귀도에서 만난 고씨 여성의 뿌리를 탐라국 건국신화에 빗대는 모습은 두 가지 유추를 불러일으킨다. 첫째, 고씨 성(姓)의 단서만으로도 그 일족을 단숨에 탐라국 건국신화의 뿌리로 승격화할만큼 그녀에 대한 그의 마음이 진심이었다는 점이다. 둘째, 현존하는 고씨 여성에게 굳이 가상의 설화를 끌어오는 건, 그 역시 탈현실의 공간으로 스스로를 이동시킴으로써 고씨 여성의 상대 배역으로서 존재하고자 했다는 점이다. 이로 인해 지귀도의 체험은 그것이 엄연한 현실임에도 불구하고 작품 속에서 탈현실의 초월성을 띠게 된다.35) 이것은 현실에서 동떨어진 듯한 지귀도라는 외딴섬의 지리적 특성과도 연관이 있다.

---

35) 이찬 역시 서정주의 화사집 에 드러나는 원초적 생명력의 단서를 "현실 탈주와 이상향 탐색의 모티프"에서 찾고 있다.(이찬, 「서정주 "화사집"에 나타난 생명의 이미지 계열들」, 『한국근대문학 연구』 제17권2호, 한국근대문학회, 2016.10, 273쪽

> 문득 면전(面前)에 우슴소리 있기에
> 취안(醉眼)을 드러보니, 거기
> 오색 산호채(五色 珊瑚采)에 묻처있는 낭자(娘子)
>
> 물에서 나옵니까.
>
> 머리카락이라든지 콧구멍이라든지 콧구멍이라든지
> 바다에 떠보이면 아름다우렸다.
>
> 석벽 야생(石壁 野生)의 석류(石榴)꽃열매 알알
> 입설이 저… 잇발이 저…
>
> 낭자(娘子)의 이름을 무에라고 부릅니까.
>
> 그늘이기에 손목을 잡었드니
> 몰라요. 몰라요. 몰라요. 몰라요.
>
> 눈이 항만하야 언덕으로 뛰어가며
> 혼자면 보리 누름 노래불러 사라진다.
> ― 「高乙那의 딸」 전문

「고을나의 딸」은 미당이 지귀도에서 만났던 고씨 여성을 시적 대상으로 삼은 작품이다. 시인의 시점을 한 화자가[36] 작품에 등장하여 '고씨 여성과의 만남'에 대한 에피소드를 이끌어가고 있다. 따라서 이 작품은 마치 무대 위에서 전개되는 듯한

---

[36] 시인 자신과 화자는 자전적으로는 구별되어야 하지만, 시인의 시점을 빌어 시적 진실을 전달하려는 미의식이 작용하고 있으므로, 시인의 시점을 한 화자가 진지하고 심각하게 발언할 때의 어조는 독자에게 '상상적 동의'를 얻어 진실성과 호소력을 획득하게 된다.(장도준, 『현대시론』, 태학사, 1999, 199쪽)

느낌을 준다. 작품 속 화자의 대상에 대한 심리적 거리는 다소 먼 거리에서 점점 좁혀지는 양상을 띤다.

1연, 취기 오른 화자가 어디선가 들려오는 '우슴소리'에 고개 드니 거기에 한 낭자의 모습이 눈에 들어온다. 해초들이 무지개처럼 형형색색'오색 산호채'로 빛나 보이는 건 그것을 들고 있는 여인의 눈부심 덕분이다. 굳이 에둘러 '취안(醉眼)'이라고 말하는 장면은 되레 그것이 취안이 아니라는 역설을 짐작게 한다. 그것은 눈부신 여인을 향한 그의 마음을 담고 있다. 다시 말해 화자의 '취안'은 술이 아닌 오색 산호채를 든 묘령의 낭자에게서 비롯된 것이다.

2연에서는 "물에서 나옵니까"라는 한 행이 단독으로 놓임으로써, 마치 바다에서 서서히 떠오르는 비너스의 탄생37)을 보는 듯한 착시현상을 일으킨다. 화자가 세팅해 놓은 착시현상 속에서 독자들은 3연과 4연의 환영을 지켜보게 된다. 그 환영은 두말할 것 없이 신비롭게 윤색된 낭자의 모습이다.

5연에 이르면 시인 시점의 화자가 다시 등장한다. 그가 "낭자의 이름을 무에라고 부릅니까"라며 그늘에서 슬쩍 손목을 잡는다. 이 장면은 두 사람이 그늘 속 손목을 잡을 수 있을 만큼 가까운 거리에 있었음을 암시하는 것이기도 하다. 그녀가 "몰라요. 몰라요. 몰라요. 몰라요."라고 말하지만, 이것은 강한부정이라기보다는 둘 사이에 이미 시작된 로맨스 징후로 읽힌다. 그러므로 마지막 연에서 화자의 시선은 언덕 너머로 뛰어가는 낭자를 향하고 있다.

---

37) Sandro Botticelli, "Birth of Venus", 1845년경.

향기로운 산우에 노루와 적은사슴같이있을지어라
— 雅歌

보지마라 너 눈물어린 눈으로는……
소란한 홍소(哄笑)의 정오 천심(正午 天心)에
다붙은 내입설의 피묻은 입마춤과
무한 욕망(無限 慾望)의 그윽한 이전율(戰慄)을……

아— 어찌 참을것이냐!
슬픈이는 모다 파촉(巴蜀)으로 갔어도,
윙윙그리는 불벌의 떼를
꿀과함께 나는 가슴으로 먹었노라.

시약시야 나는 아름답구나

내 살결은 수피(樹皮)의 검은빛
황금 태양(黃金 太陽)을 머리에 달고

몰약 사향(沒藥 麝香)의 훈훈(薰薰)한 이꽃자리
내 숫사슴의 춤추며 뛰여 가자

우슴웃는 짐생, 짐생 속으로.
—「正午의 언덕에서」전문

   시인 시점의 화자와 고씨 여성의 만남 이후, 좁혀진 심리적 거리에 따른 변화를「정오의 언덕에서」에서 살필 수 있다. 먼저,「정오의 언덕에서」라는 제목을 짚어봐야 한다. 주지하듯이'정오'의 시간적의미는 낮 12시를 가리킨다. 하지만 그 의미를 시간적 개념으로만 이해해서는 안 된다. 더구나 미당이 밝힌 지귀도 체험의 계절이 여름이라는 점을 감안한다면, 이 작품의 정오는 여름철 낮 12시로서 연중 그 어느 때보다 뜨겁게 달아오르는 시간이다. 가장 뜨겁고 열렬한 시간, 그래서 그것은 자연스럽게 정서적 개념으로 치환된다.

"내 사랑하는 자야 너는 빨리 달리라 향기로운 산위에 있는 노루와도 같고 어린 사슴과도 같아라"라는 아가서 8장의 내용 일부를 인용한 작품 부제 역시 흥미롭다. 노루나 사슴 같이 빨리 달려와 내 품으로 오라는 아가서의 내용처럼, 열정적 사랑에 대한 기대를 숨김없이 노정하고 있는 부제를 통하여 이 작품의 얼개를 미리 짚을 수 있다.

1연의 내용에는 화자가 바라보는 대상과 화자의 모습이 오버랩되어 드러난다. 화자는 "너, 눈물어린 눈"과 "소란한 홍소(哄笑)"로 형상화된 대상을 바라보고 있다. 이 대상을 향한 화자의 심리는 "다붙은 내입설의 피묻은 입마춤", "무한 욕망의 그윽한 전율(戰慄)"로 표현된다. 여기에서 드러난 화자와 대상과의 심리적 거리는 아주 가까운 거리이다. 그렇지만 대상과의 교감이 잘 드러나지 않은 채 화자의 일방적인 감정 토로로 이어지고 있다. 이런 점에서 "내입설의 피묻은 입마춤"과 "무한 욕망의 전율"은 스스로 생성된 열정의 성격을 띤다. 그러기에 화자 "피묻은 입마춤"이 대상의 육체에 닿아 있기보다는 "정오 천심(正午 天心)"에 닿아 있는 것이다.

2연에 이르러 화자의 열정은 주체하기 어려울만치 증폭되는 양상을 보인다. "아— 어찌 참을 것이냐!"라는 탄식에 내재된 심리는 '이내 "불벌의 떼를 꿀과함께" 먹는 강렬한 표현으로 드러나기에 이른다. 이러한 정서는 3연, 4연까지 이어진다. 3연, "시악시야 나는 아름답구나"라는 표현을 보자. 화자는 '시악시' 대신 자기 스스로를 아름답다고 토로한다. 물론 이 아름다움은 자신을 통해 시악시에게도 전이되는 성질의 것임은 의심의 여지가 없다. 하지만 이와 같이 대상에 대해 간접 토로의 형식을 취하고 있는 데서 아직 남아 있는 심리적 거리감을 느낄 수 있다.

심리적 거리가 사라져 일체화되는 연은 5연과 6연이다. "몰약 사향(沒藥 麝香)의 훈훈(薰薰)한 이 꽃자리"는 성애의 현장감을 전해준다. 이 장면이 생생한 육체성으로 다가오는 것은 화자가 자신을 '내숫사슴'으로 변환시켜 놓은 까닭이다. 자연히 '시악시'는 암사슴으로서 훈훈한 꽃자리에 놓이게 되는 것이다. 이들은 일체화된 암수의 성애로 묘사됨으로써 6연에 이르러 "우슴웃는 짐생"으로 변모한다.

2) 개인적 상징의 형이상학

한 편의 시를 읽는다는 것은, 시인이 그 작품 속에 용해시켜 놓은 시정신과 갖가지 시적 장치들을 체계적으로 풀어내는 일이다. 지귀도 시 4편 중에서 「웅계(상)」과 「웅계(하)」는 상징적 의미의 해석을 전제로 해야 한다. 이 작품들에는 앞서 살펴본 「고을나의 딸」, 「정오의 언덕에서」보다 농후한 에로티시즘이 드러난다. 자칫 부담스러울 법한 에로티시즘이 크게 거슬리지 않는 이유는, 상징 이미지들이 중첩된 구조 속에서 웅계로 대체된 존재를 통해 육체성을 희석시키고 있기 때문이다. 이로 인해 작품 속에로티시즘은 육체성을 뛰어넘어 형이상학적 상징을 극대화시키는 촉매로 작용한다.

> 적도(赤途)해바래기 열두송이 꽃심지(心地)
> 횃불켜든우에 물결치는은하(銀河)의 밤.
> 자는 닭을 나는 어떻게해 사랑했든가
>
> 모래속에서 이러난목아지로
> 새벽에 우리, 기쁨에 오열(嗚咽)하니
> 새로자라난 치(齒)가 모다떨려.
>
> 감물듸린빛으로 지터만가는
>
> '내 나체(裸體)의 삿삿이……
> 수슬 수슬 날개털디리우고 닭이 우스면
>
> 결의형제(結義兄弟)가치 의(誼)좋게 우리는
> 하늘하늘 국기(國旗)만양 머리에 달고
> 지귀천년(地歸千年)의 정오(正午)를 울자.
> ―「雄鶏(上)」 전문

「웅계(상)」에서 눈에 띄는 시간적 배경은 '정오(正午)'이다. 이것은 이미 「정오의 언덕에서」, 「대낮」등 다른 작품에서도 시간적 배경으로 차용된 적 있다.38) 보다 구체적으로 이야기하자면, '정오'는 화사집 시편들 속 '행위'의 시간적 배경이 된다는 점이다.

---

38) 미당의 「대낮」(『화사집』)에서도 "밤처럼 고요한 끌른 대낮에 우리 둘이는 웬몸이 달어"라는 표현을 통해 시간적 배경과 에로티시즘을 확인할 수 있다.

또한, 그 행위의 에로티시즘은 숫사슴, 웅계 등과 같이 동물 이미지로써 더 과감하고 강렬하게 표현된다.

전통문화 속의 닭은 여명(黎明)을 상징하는 새로 알려져 있다. 이 상서로운 새는 2연에서 "새벽에 우리, 기쁨에 오열(嗚咽)"하고 "새로자라난 치(齒)"가 모두 떨리는 부활의 이미지로 그려진다. 그런데 3연에 이르러 이 상서로운 닭은 "감물듸린빛으로 지터만 가는/ 내 나체(裸體)의 삿삿이/ 수슬수슬 날개 털디리우고" 점차 수컷다운 관능과 위용을 드러내게 된다. 이렇게 수컷의 육체성를 획득한 웅계와 더불어 화자는 결의형제로서 동화되는 모습을 보여준다.

이 작품에서 웅계를 통해 드러나는 관능의 육체성과 부활의 신화적 상징은 길항의 요소를 지닌 대상들임에 틀림없다. 이러한 길항의 요소들을 하나의 얼개로 묶어 표현함으로써 미당의 개인적 상징이 탄생하게 된다.

> 어찌하야 나는 사랑하는자의 피가 먹고싶습니까
> 「운모석관(雲母石棺)속에 막다아레에나」
>
> 닭의벼슬은 심장(心臟)우에 피인꽃이라
> 구름이 왼통 젖어 흐르나
> 막다아레에나의 장미(薔薇) 꽃다발.
>
> 오만(傲慢)히 휘둘러본 닭아 네눈에
> 창생(創生) 초년(初年)의 임금(林檎)이 소주(蘇酒)한가.
> 임우 다다른 이 절정(絶頂)에서
> 사랑이 어떻게 양립(兩立)하느냐.

해바래기 줄거리로 십자가(十字架)를 엮어
죽이리로다. 고요히 침묵하는 내닭을죽여……
카인의 쌔빩안 수의(囚衣)를 입고
내 이제 호올로 열손가락이 오도도떤다.

애계(愛鷄)의생간(生肝)으로 매워오는 두개골(頭蓋骨)에
맨드램이만한 벼슬이 하나 그윽히 솟아올라……
── 「雄鷄(下)」 전문

「웅계(하)」에서는 카인의 원죄의식을 다루고 있다. 그런데 표면적으로 이 원죄의식은 속죄와 구원의 신화적 단계로 나아가지 않고 원초적 성애와 결합하는 양상을 보인다. "어찌하야 나는 사랑하는자의 피가 먹고싶습니까"라는 첫행을 보자. 이와 같이 작품 전반에 걸쳐 진하게 표출되는 것은 피의 이미지다. 피는 일반적으로 육신의 생명을 상징하는 것이다. 그러나 미당에게서 피의 이미지는 종종 관능성으로 연결되곤 한다.39) 하지만, 2연의 "닭의벼슬은 심장(心臟)우에 피인꽃"에서 드러난 관능성이 "막다아레이나의 장미(薔薇) 꽃다발"의 신성성으로 연결됨으로써 그것은 성속(聖俗)과 동일시된 개인적 상징으로 승화된다. 이로 인해 4연의 "임우 다다른 이 절정(絶頂)"은 성스러운 에로티시즘으로 발화하기에 이른다.

5연과 6연에서 화자는 "고요히 침묵하는 내닭을 죽여" 카인의 형제 살해 모티프를 형상화한다. 이것은 살해의 원죄의식을 수반하지만, '십자가' 상징을 통해 희생의 표상으로도 드러난다는 점

---
39) "다붙은 내입설의 피묻은 입마춤"(「正午의 언덕에서」)에서도 그 일면을 엿볼 수 있다.

이 의미심장하다. '살해'가 표층적 범죄 행위만을 의미하는 게 아니라, 그것이 곧 자신의 십자가를 의미하게 된다. 다시 말해 '살해'의 죄의식과 그에 따른 고통은 화자가 짊어진 십자가이며, 역설적으로 그는 십자가 상징으로써 원죄를 벗고 부활의 길로 나아간다. 이렇게 이율배반적인 길항들이 미당 시의 강렬함을 형성하는 기저라고 해도 과언이 아니다. 따라서 "애계(愛鷄)의 생간(生肝)으로 매워오는 두개골(頭蓋骨)"에서 그윽히 솟아오른 "맨드램이만한 벼슬 하나"는 살해의 죄의식 위에 솟아난 가치이다. 사랑하는 존재(愛鷄)를 살해하는 희생을 치뤄서라도 그가 얻고 싶었던 것은 보잘 것 없는 "맨드램이만한 벼슬 하나"에 지나지 않을지도 모른다. 그러나 그 벼슬은 웅계의 자존이며 존재 가치로서 상징성을 띤 것이기도 하다.

　여기서, 길항하는 상징들을 통해 시인이 구하고자 한 "맨드램이만한 벼슬 하나"의 의미를 찾기 위해서는 지귀도 시절 스토리라인의 출발선으로 다시 돌아가야 한다. 갓 등단한 청년 서정주가 『시인부락』 동인 활동을 접고 제주에 들어오기까지 겪은 일련의 사건들은 혈기왕성한 문학청년에게 극복하기 어려운 한계상황으로 비춰졌을 법하다.40) 어쩌면 그 상황으로 인해 자신의 삶에 스스로 원죄의식을 이입함으로써 고난의 속죄양을 시도하려 했던 것인지도 모른다. 이러한 해석은 그가 보여준 끊임없는 방황과 유폐를 이해하는 단서가 된다. 본토에서 가장 멀리 떨어

---

40) 현존재에게 주어진 한계상황을 뛰어넘어 도약함으로써 현존재는 비로소 실존이 되며, 다시 태어남을 의식하게 된다. 즉, 한계상황이 자기 존재를 각성시킴으로써 열린 눈이 생긴다는 사실이다 (최양석, 「세계 철학의 두 유형: 플로티노스와 야스퍼스」, 한국야스퍼스학회 편, 『칼 야스퍼스: 비극적 실존의 치유자』, 철학과현실사, 2008, 196-197 참고)

진 섬 제주, 제주에서도 서귀포 앞바다의 고립된 지귀도에까지 스스로를 유폐하는 그의 심리기저에는 속죄양 의식이 깔려 있었던 셈이다. 이러한 맥락에서 화자가 찾은 "맨드램이만한 벼슬 하나"란 창작적 자긍심을 가리킨다. 그러므로 희생양의 모티프를 통한 부활은 강렬한 창작 욕망의 복원이며 실존에로의 비약을 의미하게 되는 것이다.41)

「웅계(상)」과 「웅계(하)」의 표면적 상징은 강렬한 에로티시즘이다. 그런데 이 에로티시즘의 기저에 시인의 개인적 상징이 깔려 있다는 점은 작품에 노정된 에로티시즘이 단순히 육체성에 그치는 것이 아님을 보여준다. 그가 개인적 상징으로써 원죄와 속죄양·부활의 통과의례를 거쳐 회복한 창작 의지는 지귀도 시절 체험의 결과물이었다.

3. 서귀포의 귀소

서정주의 시에 드러나는 강렬한 에로티시즘, 자학적 원죄의식과 희생양, 길항하는 이미지들의 조합 등은 그 자체만으로도 창작과정의 고난을 표출하는데 기여한 면이 있다. 그것을 극복하기 위해 그가 유폐적 삶의 거처로 선택한 곳이 서귀포의 섬 지귀도였다. 그리고 그곳에서의 경험은 그에게 에로티시즘적 원시 생명력을 북돋워줌으로써 창작적 부활의 촉매가 되었다. 이런 점에서

---

41) 한계상황에 부딪혔을 때 좌절에만 빠져 있다면 한계상황은 현존재에게 아무런 의미도 없을 것이다. 한계상황에 직면하여 실존 에로의 비약을 도모한다는 것은 곧 본래적 자기를 지향하려는 시도라 할 수 있다(강갑희, 「야스퍼스에 있어서 한계상황을 통한 실존개명」, 『철학논총』 제29집, 새한철학회, 2002, 37쪽).

서귀포의 의미는 서정주에게 매우 특별했으리라 판단된다. 그의 작품 속에서 서귀포는 지귀도의 확장이자 그 자체로서 향수의 대상으로 드러난다. 그는 실제로 감동한 내용이 아니면 작품에서 다루지 않을 만큼 인생 경험을 중용시하였으므로, 서귀포에서 기인한 체험들은 그리움의 시적 소재로서 그의 작품에 소환되었다.

> 잉잉거리는 불고추로
> 망가진 쑥이파리로
> 또 소금덩이로
> 西歸浦 바닷가에 표착해 있노라니
> 漢拏山頂의 山神女
> 두레박으로 나를 떠서 길어 올려
> 시르미 난초밭에 뉘어 놓고 간지럼을 먹이고
> 오줌 누어 목욕시키고
> 耽羅 溪谷 쪽으로 다시 던져 팽개쳐 버리다.
> 그네 나이는 九百憶歲.
> 그 자디잔 九百憶 개 山桃花 빛 이쁜 주름살 속에
> 나는 흡수되어 덩굴어 내려가다.
> ―「한라산 산신녀 인상」에서

> 첩첩 山中에
> 첩첩이 피는 잎에
> 눈 부비며 우름우는 뻐꾹새와 같이
> 하누바람, 마ㅎ바람
> 회오리 바람같이,
> 움직이는 바닷물에 사는 고기같이
>
> 내, 오늘은 西歸로 간다.

네활개 치며 西歸로 간다.

옴기는 발길마닥
구름이 일고,

내뽐는 숨ㅅ결에
날개 돋아 나
내, 오늘은 西歸로 간다.
너 보고저워 西歸로 간다.

―「서귀로 간다」 전문

「한라산 산신녀 인상(漢拏山 山神女 印像)」은 문자적 의미 그대로 주인공 화자가 바라본 한라산 인상에 대한 내용이다. 한라산은 제주도 각지에서 보이는 모습과 그 아우라가 각기 다르다. 그중에서도 '서귀포 바닷가'에서 바라보는 한라산 인상은 타지역에서 바라보는 그것과 사뭇 다르다. 타지역에서의 한라산 인상이 남성적이고 거친 느낌인 반면, 능선을 타고 이어지는 곡선의 흐름은 서귀포에서만 바라볼 수 있는 여성적이고 부드러운 인상이다. 서귀포에 머무는 동안 서정주는 기민한 감수성으로 그러한 한라산의 인상을 섬세하게 받아들였을 것이다. 그러므로 화자가 서귀포에서 바라본 한라산정(漢拏山頂)은 산신녀의 이미지로 묘사되고 있다. 서귀포에서 그는 한라산 산신녀가 길어올리는 두레박에 올랐다가, 간지럼 태우기도 하고, 오줌으로 목욕하는 천진한 동심으로 회귀한다.

「서귀로 간다」는 서귀포로 향하는 설렘이 묻어있는 작품이다. '심신의 상흔'을 입은 청년 서정주는 지귀도에서 생동감 넘치는 육체성을 회복하고 새로운 시작의 발판을 마련하게 된다. 지귀도에서 방황을 끝내고 돌아간 뒤에도 그는 서귀포를 그리워하며 시를 남겼다. 그 마음은 작위적인 것이 아니라 "첩첩산중에/첩첩이 피는 잎에/ 눈 부비며 우름우는 뻐꾹새"와 같고, "하누바람, 마ㅎ 바람/ 회오리 바람같이" 자연스럽게 우러나는 향수이다. 이로 인해 그의 발걸음은 "옴기는 발길마닥/ 구름이 일고// 내뿜는 숨ㅅ결에/ 날개 돋아"난다. 마치 "움직이는 바다ㅅ물에 사는 고기같이" 서귀포로 향하는 시인의 마음을 귀소라고 설명할 수 있을 것이다.

|제3부| 작품론

떠도는 바람의 이력

– 김병택, 『떠도는 바람』

　김병택은 『꿈의 내력』, 『초원을 지나며』 등의 시집을 상재한 바 있다. 그럼에도 불구하고 아직도 그가 학자로서 뇌리에 남아 있는 이유는 그의 상당한 학문적 성취 때문이다. 이것을 뒤로 하고서 그가 心象(2016.1)지를 통해 등단했을 때만 해도, 이렇게 왕성하게 창작을 이어나갈 것이라 예상하기란 쉽지 않았다. 이제 그는 매 시집마다 새로운 시세계를 열어 보이며 독자들을 끌어당기고 있다. 그가 견지했던 비평의 예리한 시선은 그의 작품 속에서 부드럽게 휘어져 따뜻한 진정성으로 거듭나고 있다.

1. '자연과 나'의 불이(不二)

　자연은 무엇보다 자연스럽게 발현되어야 한다. 자연이 자연스러움을 배태한다는 것은 지극히 당연한 일이지만, 그것이 의외로 그리 녹록지 않은 일이라는 사실을 간혹 목격하게 된다. 이런 의미에서 자연을 자연으로서 이야기하는 특성은 그 시세계의 장점 중 하나라고 말할 수 있다. 표제에 드러나는 바와 같이, 그는 스스로 '바람'을 자처한다. 따라서 우리는 그의 작품 속에서 바람으로 대표되는 지극히 자연스러운 자연의 모습들을 만나게 된다. 그것은 때로 민낯으로 때로는 홍조 띤 모습으로 작품 속에 드러난다.

시시각각 움직이는
하늘 저편 구석에
구름 한 조각 떠 있다

바람 불어, 산과 바다
수시로 흔들리는데도

무엇을 말하려 하지도
들으려 하지도 않는다

바람과 더불어 노닐던
일은 옛날의 흔적일 뿐이다

바다 앞에 서 있는
나도 영락없이
구름 한 조각을 닮았다

─「구름 한 조각」 전문

   화자가 응시하는 하늘 저편 구석에 구름 한 조각이 떠 있다. 바람이 불어와 산과 바다가 흔들리는데도 구름은 무엇을 말하거나 들으려 하지도 않는다. 나무들이 일으키는 바람결 따라 산능선이 흔들리고, 파도가 일으키는 물살에는 바다가 출렁인다. 그러나 구름 한 조각은 흔들림 없이 하늘 구석에 떠있다. 화자는 그 구름을 바라보며 '닮았다'고 말한다. 화자가 바다에 투영된 구름에게서 찾아낸 동질성이란, 흔들리면서도 부화뇌동하지 않는 초연함을 가리킨다. 주어진 자기 자리에서 본연의 모습으로 흔들린다는 것, 곧 화자가 찾아낸 자연 속 존재들의 방식이며 화자 자신의 방식인 셈이다.

> 할아버지 집 앞 귀퉁이에 서 있었던 회화나무에는 어두운 골목을 지키는, 노란 달걀 같은 꽃들이 정답게 매달려 있었다. 넓은 이파리 사이로 찾아온 여름이 쉴 새 없이 기승을 부렸고 꼬마였던 나는 회화나무 그늘 아래에 잠시 앉아 저 멀리서 달려오는 매미 소리에 귀를 기울이곤 했다 ……중략…… 매미 소리가 그칠 때쯤에는, 대청에서 글을 읽는 할아버지의 낭랑한 목소리가 들려왔다
> ―「회화나무」에서

> 멀구슬나무에 기댄 매미들의
> 끊임없이 외치는 소리가
> 귓가에 요란하게 부딪치는 날의,
> 조각처럼 앉은 바위들 틈새로는
> 소라 잡는 동네 사람들의 얼굴이
> 언뜻언뜻 보였다
>
> 여름날 밤에는
> 가족의 삶을 잇게 하는 아버지의
> 낡은 어선이, 수평선 부근에서
> 절규하듯 불을 밝혔다
> ―「유년의 바다」에서

김병택 시의 자연은 때로 유년의 기억과 오버랩되곤 한다. 화자가 자연을 매개로 하여 유년을 떠올리고, 유년의 기억이 자연과 더불어 펼쳐진다. 그의 시에서 유년의 기억과 자연을 분리해 내는 일은 불가능해 보인다. 「회화나무」에서 꼬마 '나'는 '회화나

무', '노란 달걀 같은 꽃들', '매미' 등과 구별되지 않는 존재이다. 그들 중 그 누구도 도드라지지 않은 모습으로 기억 속의 풍경을 채운다. 그 역할 또한 대등하며 차이가 드러나지 않는다. 이렇게 화자 자신이 자연 존재들과 다르지 않다는 불이의 사고는 그 시 세계의 기저를 이룬다. 「유년의 바다」에서도 '멀구슬나무', '매미', '바위', '동네사람들', '어선' 등은 저마다 자신의 색을 선명하게 드러내며 유년의 풍경 속에 자리 잡고 있다. 그들 중 누구도 풍경 속비중의 경중을 가릴 수 없을 만치 생동감 있게 각자의 위치에서 역할을 수행한다. 흥미로운 일은, 생동감 있게 표현하기 위한 방편으로 자연 존재들이 의인화되어 있다는 점이다. 멀구슬나무에 기댄 매미, 조각처럼 앉은 바위, 절규하듯 불을 밝히는 어선 등은, 자연존재들을 화자 자신과 동등하게 처리하려는 불이(不二)의 사고가 반영된 결과라고 할 수 있다.

>
> 치매를 앓고 있는 중년 남자도
> 여기저기서 날아온 새들도
>
> 한 구석에 외롭게 피어 있는 꽃들도
> 나뭇가지에 갈라놓은 하늘도
>
> 함께 수목원을 만들고 있다.
> ― 「한라수목원(3)」에서

이와 같은 불이의 자연관으로 인해 「한라수목원(3)」에 이르러서는 마침내 모든 자연존재들의 화합의 장으로 연출된다. 한라수목원을 통해 시인이 바라본 것은 '자연 속의 나'와 '내 안의 자연'의 구별 조차 무의미해지는 어울림의 공간이다.

2. 자아의 풍경

김병택은 자아 탐색이라는 주제에 천착한다. 이로써 그가 추구하는 것은 내면의 끌어당김과 밀어냄 사이 팽팽한 균형이다. 이러한 균형을 통해 그는 대상을 적확하게 읽어낸다. 그런데 어쩌겠는가, 그가 바라보는 이 시적 대상이 자아의 내면인 것을. 그는 내면을 꿰뚫어보기 위해 치우침 없는 관조의 시선을 놓치지 않는다. 따라서 그의 작품 속에서는 언어의 엄결성과 깊이 있는 성찰이 유독 잘 드러난다.

> 안경 너머에 있는 사물들의
> 실체가 뚜렷하게 잘 보였다
> 허술한 건물의 곧 무너질 담장
> 어린이 놀이터 그네의 연약한 줄
> 골목길에 버려진 꽁초 옆의 가스통
> 바닷가 산책길에 뒹구는 패트병이
> 다른 사물로, 다른 실체로
> 나에게 다가왔다
> ― 「안경을 쓰면서부터」에서

시인이 안경을 쓰면서부터 잘 보게 된 것은 사물들의 실체다. 그의 탐색은 사물의 표면에 머무르지 않고 그 너머의 실체로 향한다. 표면에 현혹되지 않는 시인의 시선은 한결같이 '허술'하거나, '연약'하거나, '버려지'고, '뒹구는' 사물들에게 던져지고 있다.

하지만 그것들은 시인에게 표면과는 다른 '실체'로 다가온다. 시인이 쓴 안경은 사물의 표면을 벗어나 내면을 들여다봄으로써 그 실체를 보여주는 장치이다. 이 장치가 「눈과 순수」에서 해명된다.

> 관점과 의도가 남아 있는
> 내 눈은 아직 순수하지 않다
> 진정한 의미의 순수는
> 관점과 의도에서 벗어난 뒤에
> 아무런 기척도 없이 출현한다
> ―「눈과 순수」에서

대상을 포착하고 통찰한다는 것은 어떤 의미일까? 시인이 진술하는 통찰이란 대상의 실체에 다가간다는 의미다. 그러기 위해 그는 안경을 써야 했다. 안경을 씀으로써 시인은 대상을 통찰할 수 있는 '순수'의 눈을 뜰 수 있게 된다. 대상의 실체는 안경너머 순수의 눈을 떴을 때 비로소 "아무런 기척도 없이 출현"하는 것이기 때문이다.

> 횡단보도를 지나며, 내 옆으로// 지팡이 짚고 걷는 노인을 보았다// 사고로 숨진 할아버지의 지팡이가// 눈앞에 선연히 떠오르면서// 육신의 약한 구석 쪽으로부터// 서늘하고 강한 바람이 불어왔다
> ―「지팡이」 전문

시인이 체득한 순수의 눈은 여러 작품 속에서 자아 탐색으로

향하고 있다. 그가 주목하는 것은 대상의 실체이며, 이것은 결국 자아의 진단으로 이어진다. 「지팡이」에서 화자의 시선은 노인의 지팡이에 닿아 있다. 이 지팡이에서부터 생성되는 기억은 사고로 숨진 할아버지의 또다른 지팡이다. 그리고 그것은 할아버지로 상징되는 애틋한 향수이기도 하다. 할아버지의 죽음을 환기시키며 떠오르는 내면의 풍경 속에서 화자는 대상과 동일시되기에 이른다. 할아버지라는 근원의 소실은 곧 자신의 부재와도 같은 체험이다. 그러기에 화자는 "육신의 약한 구석쪽으로부터" 불어오는 "서늘하고 강한" 바람을 느낀다.

> 영산재를 빨리 보기 위해// 관음사를 향해 달리다가// 길가의 억새꽃들 틈에서// 낯익은 얼굴을 보았다// 그는 엄숙한 행사장의// 의자 옆까지 따라와서는// 범패의 장중한 음계와// 회심곡의 청아한 선율과// 바라춤의 섬세한 동작에// 숙연한 표정을 지으며// 하늘을 자주 바라보았다// 나의 또 다른 얼굴이었다
> ─「또 다른 얼굴」 전문

「또 다른 얼굴」의 화자는 관음사로 가던 길에 '낯익은 얼굴'을 만난다. 낯익은 얼굴의 '그'는 행사장 의자 옆까지 화자를 따라와서는 숙연한 표정을 짓고 있다. 그런데 작품 말미에 이르러, 처음부터 끝까지 평행선을 그리며 화자 곁에 머물고 있는 '낯익은 얼굴'은 다름아닌 화자 자신이라는 사실이 밝혀진다. 대개의 경우, 시적 대상은 화자에게서 관찰되어지는 존재로서 화자 외부에 존재한다. 하지만 이 작품의 경우, 시적 대상은 외부 존재가 아

니라 화자 자신의 자아라는 차이를 드러낸다. 세상에 대한 시인의 관계맺음은 타자들과의 관계 속에 생성되지만, 이것은 깊이 있는 통찰로 인해 스스로를 비추는 자기성찰로 수렴되고 있다.

3. 삶 그리고 현실

장 파울은 "기억이란 아무도 앗아갈 수 없는 유일한 재산"이라고 정의하였다. 그것이 어떤 의미의 재산인지는 기억을 가진 자의 몫으로 넘겨진다. 김병택의 시에서 도드라지게 전경화되고 있는 기억 중 하나는 역사적 현실이다. 삶이란 아무리 암담한 현실 앞에서도 구원으로 향하는 희망을 섞어 적어나간다. 그러나 시인이 기억하는 현실은 희망을 노래하기에 너무 어두웠다. 그는 "젊은 시절은 내내 겨울이었다"(「젊은 시절, 겨울」)라고 진술하고 있다. 뿐만 아니라 그는 젊은 시절을 돌이켜 "여전히 바람이 강하게 불었고/ 눈이 쏟아졌다 거기엔 한톨의/ 희망도 섞여 있지 않았다"(「젊은 시절, 겨울」)라고 회고한다. 그를 지배하는 기억 속의 현실은 트라우마로 남아 작품에 형상화된다.

> 이 시골 동네에서 가장 순박한 사람으로 꼽히는 홍삼
> (63)씨가 아침부터 정신이 나간 얼굴로 여기저기를 돌아
> 다녔다 동네 사람 서넛이 모여 수군댔을 뿐, 아무도 그
> 이유를 몰랐다 마침내, 내가 홍삼씨에게 그 이유를 묻자,
> 그는 지인의 권유로 자신의 인생을 촘촘히 담은 자서전
> 노트를, 잠시 동네 가게에 다녀오려고 나가면서 마루의
> 낡은 궤짝 위에 놓아둔 자서전 노트를 누군가가 훔쳐갔

다고 말하면서 한숨을 지었다 "자서전 다시 쓰세요"라고 내가 홍삼씨에게 권했지만, 홍삼씨는 이를 받아들이지 않았다 "그 끔찍한 일들을 다시 글로 써요? 차라리 내 인생이 아예 없었다고 치는 게 낫지 내 인생을 다시 글로 쓰는 건 죽음보다 더한 일이에요" 20여 년 전, 눈이 어지럽게 흩날리는 12월 초순 아침이었다.

— 「죽음보다 더한 일」 전문

「죽음보다 더한 일」은 순박한 동네 아저씨 홍삼씨 이야기다. 화자는 홍삼씨의 일화를 담연하게 적어가고 있다. 정신 나간 얼굴로 자서전 노트를 찾아 헤매는 홍삼씨에게 화자가 "자서전 다시 쓰세요"라고 말을 걸긴 하지만, 이 말을 거는 행위는 전혀 정치적이거나 모종의 의도를 담은 것이 아니었다. 그는 끝내 홍삼씨의 판단에 개입하거나 자신의 심정을 피력하지 않는다. 다만 관찰자의 시각에서 찬찬히 관찰하고 서술할 따름이다. 대신에 그는 "차라리 내 인생이 아예 없었다고 치는 게 낫지 내 인생을 다시 글로 쓰는 건 죽음보다 더한 일이에요"라는 홍삼씨의 말을 그대로 옮기고 있다. 공감은 애초에 말이 없다. 홍삼씨에게서 끄집어진 기억은 확산되어 가슴의 울림으로 남는다.

동화 그림책에 홀렸던 내 눈에
4.3의 질긴 굴레를 쓰고
타관을 떠도는 우리 삼촌이
대문의 무게를 천천히 밀어내며

새하얀 머리칼로, 주름진 얼굴로,
구부러진 허리로, 저는 다리로

마당에 들어서는 게 보였다
무심코 내리는 눈들이 서로 자주
엉키고 비끼던 1955년 12월의
어느날 아침이었다
— 「어느 날 아침」에서

  확산된 기억은 어느 날 아침 대문을 열고 들어온 삼촌의 이미지를 소환한다. 타관을 떠도는 삼촌의 모습이 「어느 날 아침」에서 엉키고 비끼며 내리는 눈과 오버랩되어 떠오른다. 화자는 "동화 그림책에 홀렸던" 나이, 유년의 화자에게 4.3은 이해하기 어려운 역사였을 것이다. 그러기에 원인은 결락된 채 결과만 남은 현실이 화자 앞에서 눈처럼 아름답게 흩날린다. 유년기 화자의 심리 속에는 현실 대신 동화가 자리 잡고 있다. 동화가 아름다운 이유는 슬픔보다 그리움이 명료하게 채색되어 있기 때문이다.

바다의 어선들이 아득하게 보이는
바위 옆에서, 바람 때문에 밀고 밀리는
신경의 아픔을 견디었다

풀숲을 헤치며 다가온 사람들이
무심코 흔들 때에는, 가지 위에 놓여 있는
이야기들을 일부러 땅 위에다 뿌렸다

날아가던 새들이, 부리로 천천히 떨어지는
이야기들을 습관처럼 쪼았고

무자년, 4월 3일의 잊을 수 없는
이야기들은 특별한 방식으로 간직했다

높게 쌓인 이야기들만으로도 충분히
또 다른 나무를 만들 수 있었다
　　　　　　—「오름의 나무들」 전문

　그러나 기억은 퇴행되지 않는다. 기억을 되살리거나, 되살아난 기억을 현실의 소명에 비춰보는 것 모두 남은 자의 몫이다. 반추된 역사는 일종의 객관적 상관물로서 사적인 감정 너머에 놓여 있다. 남은 자는 스스로의 감정이입으로 인해 역사가 오염되지 않도록 부단히 노력해야 한다. 이 점에서 현실은 언제나 현재진행형이다.

　「오름의 나무들」에서 화자가 견지하고 있는 자세를 통해 남은 자의 몫을 헤아릴 수 있다. 오름에 서 있는 나무들은 역사의 관찰자이다. 그들은 "바람 때문에 밀고 밀리는" 세파를 겪고, "풀숲을 헤치며 다가온 사람들이 무심코 흔드는" 소리들을 듣고, "날아가던 새들이 습관처럼 쪼는 이야기"를 모두 목격했다. 그리고 그들은 "무자년, 4월 3일의 잊을 수 없는 이야기들은 특별한 방식으로 간직"하였다. 다시 말해, "높게 쌓인 이야기만으로도 또 다른 나무를 만들 수 있었다"라는 진술이 관찰자가 바라본 역사의 모습이다. 이러한 삶이 곧 역사라는 혜안이 작품 속에 드러난다. 이로써 그는 사람들의 관성적 견딤이 곧 역사를 이루어왔음을 담백하게 기록하고 있다. 관성적 견딤은 "밀고 밀리는 신경의 아픔"을 감내하는 것이지만, 대개의 역사는 향수로써 대체된다. 남은 자들은 기억에 머물지 않고 다시 현재진행형의 역사를 써 나가야 하기 때문이다.

4. 길 위의 장면들

 자신의 둥지로부터 멀리 벗어났을 때 우리는 비로소 자신의 본래 위치를 가늠하게 된다. 이것은 어리석음이 아니라 인간다움의 영역이다. 내가 딛고 있는 곳이 어디였는지 떠나지 않고서는 알 수가 없다. 그래서 떠날 수 있다는 것은 용기이며, 다른 한편으로는 자기 확인이기도 하다. 길 잃어본 자만이 길을 찾아 헤매는 용기를 가질 수 있으며, 길을 찾은 자만이 길 잃음의 과거를 훈장처럼 기록할 수 있다.

> 지난해의 사연을 풀어놓고 있었다 어떤 사연은 버스
> 속도에 맞추어 뛰어가는 양의 네 발에 밟힌 후 들판으로
> 사라졌지만, 어떤 사연은 여기저기에 흩어진 시간을 모으
> 며 우리를 향해 웃었다
> 흔들리면서도, 바람의 무리를 껴안고 있었다 나중에는
> 대부분 햇살에 물든 우리의 이마로 다가왔다가 사방으로
> 달아났지만, 어떤 바람의 무리는 우리가 탄 버스를 향해
> 노란 구름을 마구 풀어 놓았다
> ―「해바라기들 주변」(터키 여행1) 전문

> 이슬람의 알라신만큼 전능하지는 않지만, 오스만 제국
> 의 투쟁만큼 강렬하지는 않지만, 고층 건물의 불빛만큼
> 화려하지는 않지만, 회색빛의 도로만큼 견고하지는 않지
> 만, 체리나무의 열매만큼 달콤하지는 않지만, 여름날의
> 미풍만큼 부드럽지는 않지만 나에게도 사연이 있다
> 사연이 있음으로 해서 나는 살아 있다
> ―「나에게도 사연이」(터키 여행2) 전문

여행지는 때로 텍스트가 된다. 여행지에서 맞닥뜨린 자신의 모습은 그 어느 때보다 분명하게 스스로의 좌표를 설명하고 있다. 터키 여행에서 만난 해바라기 무리들 역시 그러했다. 그들은 현자의 텍스트처럼 여행자를 되비춰 보여준다. 이 발견은 여행자만이 누릴 수 있는 전유물이다. 여행지에서 마주친 대상들에게 매혹 당한 화자는 그들을 통해 여기저기 흩어진 시간들 속의 '사연'을 돌아보기 시작한다. 그것은 수사적 비유와는 다른 맥락의 객관적 성찰이다. 여행지에서의 '흩어짐'은 자기 성찰을 전제로 하고 있다. 따라서 이 일시적인 흩어짐은 해체 지향이 아니라 회귀의 형식이다. 다시 길 위에서, 화자는 이렇게 고백한다. "땅의 어느 공간에도 시간의 닻을/ 내릴 생각이 전혀 없다/ 그에게는// 저쪽 들판에서 검은 휘장에/ 실려 온 뒤숭숭한 바람을/ 마냥 바라만 볼 뿐이다"(「이 밤의 풍경」-고흐의 '별이 빛나는 밤') 김병택은 뒤숭숭한 바람이 겨울을 밀어내고 봄 잎을 틔우듯, 땅의 어느 공간에도 시간의 닻을 내리지 않은 채 걸어갈 것이다.

　김병택 시에 드러난 일련의 모습들은 차가움과 따뜻함이라는 양가(兩價)적 특성을 보여준다. 그 시세계 속에는 스스로의 내면을 향한 냉철한 진단뿐만 아니라, 외부로 향하는 연민과 사랑이 동시에 존재한다. 두 개의 바퀴를 딛고서 자전거가 앞으로 나아가듯이, 그는 내면과 외부의 바퀴 그 어느 쪽에도 치우지지 않는 무게 중심을 견지해나간다. 스스로에게 엄정할수록 너그러워지는 그의 시선이 모든 외적 대상들을 풍요롭게 읽어내고 있다. 이러한 이유로 인해 그가 형상화한 시적 분위기는 훈훈하기 이를 데

없다. 이 점에서 그의 시는 때때로 가슴 시린 현대인들을 어루만지는 추억의 음계를 닮았다.

자연과 소통하는 법

— 양영길, 『꿔다 놓은 보릿자루』

『꿔다 놓은 보릿자루』는 자연에서 출발하여 자연으로 회귀되는 의미구조를 갖고 있다. 그런데 이 의미구조는 단순히 자연 친화적 정서만을 가리키는 게 아니다. 우리는 시집 전반에 걸쳐 다양한 스펙트럼으로 변주된 자연을 만날 수 있다. 그것은 친구가 되고 때로 애인이 되며 때로는 그치잖고 이어지는 역사가 된다. 그 마디마디에서 흘러나오는 시인의 목소리도 지극히 자연스럽다. 마침내 그 자신이 자연으로서 시집 속에 자리 잡고 있는 것이다.

1. 소명

오랫동안 걸어온 길 위에 멈춰 서서 문득 뒤돌아 보는 때가 있다. 등 뒤에 새겨진 발자국들이 생경하게 느껴진다면 꼭 한 번쯤 던져봐야 할 질문, 그렇게 '시인과 나무' 연작시들은 시인에게 근본적인 화두를 던진다.

> 시인의 뜰에 사는 나무는 그림자 하나 키운다
> 나무는 사람의 손발 대신 그림자 하나 키워서
> 서로를 사랑한다
> 아침이면 긴 그림자로 왼쪽 나무를 쓰다듬어 주고
> 저녁이면 오른쪽 나무의 발끝부터 이파리까지 끌어안아
> 서로를 그림자로 덮는다

……중략……
　　시인은 뜰에 나무 한 그루 키우듯
　　나무 그림자 같은 한 편의 시를
　　꿈 꾼다
　　　　　—「그림자 하나 키우다—시인과 나무·12」에서

　이 작품은 '시인'이 주체가 되어 '나무'를 대상화하는 내용이다. '시인과 나무'라는 부제에서도 드러나듯, '시인'과 '나무'는 각각 동격의 존재다. 또한 이들은 거울처럼 서로를 비추면서 상대방을 내포하는 상즉상입(相卽相入)의 관계이기도 하다. 시인은 나무의 대상화를 통해 나무에 비친 모습을 들여다 봄으로써 자신의 근본적인 질문에 대한 해답을 찾는다.

　'시인의 뜰에 사는 나무'는 '그림자'를 하나 키우고 있다. 그 그림자를 통해 나무는 사랑하고 쓰다듬어 주고 끌어안을 뿐만 아니라, 서로의 그림자를 덮기도 한다. 대상화된 나무에 있어서 '그림자 하나 키우는 일'이란 모든 존재 행위를 대변하는 것이다. 만일 나무에서 '그림자 하나 키우는 일'이 소거된다면, 나무의 존재 행위가 사라지며 나아가 그 존재 가치 또한 무의미해지게 된다. 이렇게 나무에서 찾아낸 그림자의 가치는 작품 말미에 이르러 '한 편의 시'로 소급된다. 시인은 대상화된 존재에서 가장 중요한 가치를 찾고, 그것이 곧 자신에게서는 '시'로 변환된다는 점을 직시하고 있다. 이것은 부정할 수 없는 소명의식과도 유사하다.

　그러기에 시인은 스스로 나무가 되어 "아직 푸른색이 남아 있는/나의 초록 잔디/ 그 화선지에/ 회오리바람 따라 미친 듯이 휘둘러대는/ 미루나무의 붓놀림"(「그림 그리기—시인과 나무·2」에서)을 펼쳐 나가게 된다.

2. 향수

　시인은 대상화를 통해 규명된 소명의식의 관념적 층위에서 벗어나 일상으로 향한다. 그가 일상적으로 만나는 자연물들은 작품 속에서 매개체로 종종 드러난다. 뿐만 아니라, 그것에 투사된 추억들이 훼손되지 않은 그리움을 그대로 재현하고 있다.

> 흑백사진에 함께 있는
> 아주 오래된 벗을 생각하면서
> 벚꽃 길을 혼자 걸었다
> 벚꽃들의 수다가 눈부신 그 너머로
> 좀 늦게 마중 나온 목련나무에
> 눈부시게 하얀 참새가 가지 끝마다 앉아 있었다
> 참새들이 재재거리는 저녁 무렵
> 나는 새총을 들고
> 아홉 살 어린 시절로 달려가 코를 훔치고 있었다
> ……중략……
> 늦잠꾸러기 목련이 새처럼 앉아
> 나의 발걸음을 멈춰 놓고
> 나의 어린 시절을 찬찬히 쳐다보고 있었다
> ……중략……
> 벚꽃이 와자자하게 피어 있는 사이로
> 늦은 목련나무 가지의 시간 끝마디에 나는
> 새처럼 앉아 있었다
> 　　　　　　　　　―「늙은 목련꽃」에서

　생각하면, 추억만큼 따뜻한 회귀점을 찾기란 쉬운일이 아니다.

추억은 다분히 맹목적인 면이 있다. 그것이 어떤 내용의 것이든 일단 추억으로 지칭된 이후에는 공히 따뜻한 정서로 아름답게 변형되기 마련이다. 이 획일적 재편의 중심에 놓여 있는 원리를 가리켜 우리는 '향수'라고 부른다.

 이 작품에 등장하는 '늙은 목련꽃'은 시인을 대변하는 제재이다. 흑백사진 속으로 걸어 들어가는 회상의 통로는 사진 속 '오래된 벗'들이 목련나무 가지에 걸린 꽃으로 이동하는 프레임이 된다. 목련 가지 위에 도란도란 앉아 있는 유년의 벗들은 목련나무 가지에 핀 꽃송이 같은 존재, '눈부시게 하얀 참새들'이다. 재재거리는 참새 소리 들으며 아홉 살 코흘리개로 돌아간 화자를 "늦잠꾸러기 목련이 새처럼 앉아" 쳐다보고 있다. 화자 역시 "목련나무 가지의 시간 끝마디에 새처럼 앉아" 있다. 다시 말해, 추억 속의 그들은 독립적으로 구별되기보다는 서로 혼융된 존재들이다. 코흘리개 나를 쳐다보던 목련나무는 새가 되고, 나 역시 새가 되어 목련나무 가지에 앉아 있는 모순적 자리바꿈이 추억의 공간에서는 걸림 없이 용인되는 것이다. 이것을 향수의 관점에서 바라보면 어떨까? 시인의 향수 속에 그들은 모두 똑같은 가치와 비중으로 소급되는 존재들이다. 그렇기에 그들 사이의 가름이나 구분은 무의미한 일이었을지도 모른다.

  한 쪽 발이 몹시 시렸다
  산신령이 큰 지팡이를 들고 나타나서
  얼어붙은 연못가를 서성이다가
  수염을 어루만지는데
  그만 낮잠에서 깨었다

일요일 창밖엔 함박눈이 한창인데
매화꽃이 피었다는
꽃소식이 전해지고 있었다

머리가 많이 희었다는 군소리를 들으며
어머니가 삶아주던 따뜻한 고구마에
아내가 초여름에 손수 만든 옥수수 수염차를 마셨다
딸애는 창밖을 쳐다보고 있었다
　　　　　―「함박눈이 내리던 날」전문

　그런데, 시인의 추억은 과거형으로만 놓여 있는 것이 아니라 현실의 일상과도 자유자재로 연결된다. 그 시공간이 상상 이상의 진폭을 수반한다는 점에 주목할 필요가 있다. 시인이 설정한 무대는 산신령이 등장하는 몽환적 시공간까지 아우르고 있기 때문이다. 그는 이 상상 이상의 시공간을 에둘러 '낮잠'이라고 가볍게 매듭지은 뒤 현재의 일상으로 돌아온다. 그러나 그가 먹고 있는 고구마에도 어머니의 추억이 진하게 배어 있다. 그는 고구마에 곁들여 아내의 추억이 깃든 옥수수 수염차를 음미한다.
　향수는 피할 수도 피할 필요도 없는 것이다. 이 사실을 잘 알고 있기에 시인은 작품 요소요소에 끌어와 그것들을 풀어놓는다. 저마다의 그리움을 내포한 대상들이 그의 작품 속에서 도드라짐 없이 기시감 있게 표현된다. 일상의 작은 이야기들 속에 담긴 향수가 잔잔하면서도 아름다운 이유다.

3. 교감

시인이 상정한 상상적 시공간은 시적 대상들과의 교감에서 더욱 잘 드러난다. 내용과 형식 등 교감의 다양성에 대해서는 재론의 여지가 없다. 그러나 대상과 밀착된 거리(distance)에서 비롯된 시인의 교감은 일상적 소통을 넘어서 음악적 형태의 원융으로 드러나곤 한다. 따라서 그의 시가 차려낸 세계는 독자들을 포괄하는 연주 무대가 된다.

    내가 사는 산 300번지에
    산새가 산다
    봄이면 찔레꽃 송이송이
    산새들 노랫소리처럼 피었다가
    바닷새에게 보낸 편지가 번지수 찾지 못하고
    돌아올 때마다
    주인 잃은 편지 쌓이듯 찔레꽃
    꽃잎이 떨어졌다

    내가 사는 산 300번지
    음표가 걸려 있다
    꽃이 진 자리에
    높은음자리 낮은음자리
    빨간 음표들이 높은 하늘에 하나둘 걸렸다
    하늘이 더 파란 때를 기다려
    바람따라 연주를 시작하면
    산새들이 노래를 한다
    찔레꽃 향기 가득 담은 노래를 부른다

바닷새는 초대장을 받지 못한 채
파도 따라 헤매고 있다
　　　　　　　　　— 「찔레꽃 악보」 전문

거문고자리를 찾았다
카시오페이아자리와 더불어
높고 낮은 음자리표들이
별자리 틈새에서 깜박이고 있었다
잠깐 눈을 감았다
아깃적 엄마가 들려주던 노래가
별빛 폭포 속을 헤치고
내게 다가왔다
가락을 따라
은하강물이 짙게 엷게 흘렀다
별요일이었다
　　　　　　　　　— 「별요일 밤은」 에서

　시인은 산 300번지에 산다. 이곳에 산새도 산다. 그들은 동거 중이다. 마당에는 찔레꽃들이 산새들 노랫소리처럼 피었다가 진다. 시인은 산새와 동거의 관계에 놓여 있으며, 찔레꽃은 산새와 동일한 생활 패턴을 보여준다. 이 등식관계를 쫓아간다면, 시인과 산새, 찔레꽃과 산새는 동등한 관계라는 사실을 쉽게 이해할 수 있다. 이 맥락에서 시인과 찔레꽃 역시 유사한 관계를 형성하게 된다. 이들은 모두 산 300번지 거주지에서 동거하는 사이다.
　그런데 이 동거의 기저에는 이심전심의 교감이 자리 잡고 있다. 시인과 산새, 찔레꽃은 각자 독립적 행위의 주체이지만, 이 행위들은 분리되어 있는 것이 아니라 서로의 연결고리 속에 드러난다. 찔레꽃이 피는 행위는 산새의 노랫소리와 인과관계에 놓여 있다. 따라서 그것은 산새들 노랫소리에 보폭을 맞추어 "송이송이" 등장하는 것이다. 나아가 이 꽃들의 낙화는 산 300번지에 배달된 채 쌓이는 주인 잃은 편지들의 정서까지 수렴함으로써 층위를 넘어선 교감으로 진화한다.

찔레꽃이 피고 지는 현상은 음표의 상징부호로써 다시 형상화된다. 이 음표들은 단지 찔레꽃 줄기에 머무르지 않고 "높은 하늘"의 우주적 공간으로 확산되고 있다. "하늘이 더 파란 때를 기다려 바람따라 연주를 시작"하는 자연의 음악인 셈이다. 이 음악은 "초대장을 받지 못한" 바닷새에까지 높이 멀리 퍼져 나간다. 그들 모두 교감이라는 우주적 음역대 속에서 공명하는 존재들이기 때문이다.

「별요일 밤은」에서도 우주적 음역대의 리듬을 읽을 수 있다. 시인은 거문고자리와 카시오페이아자리 같은 까마득한 별자리에서 "높고 낮은 음자리표"를 찾아낸다. 우주에서 찾은 이 음자리표들은 "아깃적 엄마가 들려주던 노래"와 오버랩된다. 다시 말해 "거문고 자리, 카시오페이아 자리의 음자리표"와 "아깃적 엄마가 들려주던 노래"는 불이(不二)의 존재다. 이들은 현상적 층위를 벗어난 연기(緣起) 속에 놓여 있다.

시인은 교감의 촉수를 뻗는다. 촉수는 현상 너머온 우주에 깃든 음역대로 향한다. 자연의 소리가 그러하듯이, 이 걸림 없는 (無碍) 연계로 인해 온 우주의 리듬이 자유롭게 연주된다. 조화로운 자연의 소리가 그러하듯이.

4. 역사

양영길의 면목이 가장 잘 드러내는 지점은 역사이다. 자연을 소재로 한 상당수 작품들이 역사라는 종착역에 닿아 있다는 점에서, 그의 창작 역정은 역사에 대한 천착이라 해도 과언이 아닐 것이다. 그는 역사에 대해 늘 진심이다. 소곤소곤거리는 귓속말과 부드러운 독백, 목청 돋운 호통에서도 부지불식간에 출몰하는 메시지의 힘을 느낄 수 있다. 스스로 역사의 복판에 서서 돌파하는 저력은 대상의 재현에서 생생히 빛을 발한다. 허구가 아니기 때문이다.

아니, 왜? SOS를 쳐? 무슨 일 있어?

그때 우리 동네 사람들은
사람답게 살려고 서로 서로 구조요청을 했던 거야.
내 허리께의 나이테를
LP판으로 만들어서 자세히 들어봐.
무지막지 하게 자르지 말고 CT 같은 걸로 찍어서

바람 같은 소리밖에 안 나겠지만 그 소리는 나의 언어
거든
그걸 너희 언어로 번역해 봐.
사이사이에 모스 부호도 많아, 그것도 옮겨 보고.
나의 역사 나이테에는 아주 많은 것들을 담아 두었거든.

팽나무야, 넌 알고 있지?
우리 동네 사람들에게 아무 색깔도 없었던 걸?

지들이 마음대로 색칠하고 마음대로 밟고 죽인 거.
알고 있지?
— 「팽나무는 알고 있다」에서

　제주에는 마을마다 팽나무가 흔하다. 마을 어귀나 안자락에 서서 팽나무가 바라본 제주인의 삶은 척박한 환경만큼이나 지난했다. 제주의 역사와 팽나무의 역사가 다르지 않다고 말한다면 지나친 사견일까? 제주4.3사건을 소재로 삼은 이 작품은 화자와 팽나무의 대화 형식으로 이루어져 있다. 왜 SOS를 치냐고 묻자 팽나무는 "내 허리께의 나이테를 LP판으로 만들어서 자세히 들어봐"라고 대답한다. 그런데 이 LP판에서 나오는 소리는 "바람 같은 소리"일 따름이다.
　언어는 원래 인간의 소통을 위한 도구에 지나지 않는다. 인간의 언어는 인간만을 대변한다는 점에서 근본적인 한계를 지닌다. 인간이 자연의 소리를 듣고 이해하기 위해서는 스스로 확장된 자연이 되어야 한다. 그는 모스 부호 같은 팽나무의 목소리를 들으려면 귀뿐만 아니라 마음을 활짝 열어 받아들여야 한다는 것을 알고 있다. "제주의 4월에 피는 꽃은 더 가슴 가까이 피어난다"(「4월에 피는 꽃은」에서) 이 전언은 그러한 의미를 담고 있는 것이다. 시인은 나이테 LP판에 채곡채곡 기록된 팽나무의 목소리를 가슴으로 들은 뒤 작품 속에 옮겨놓는다. 확장된 자연의 소리다.

아무 거이나 찍으면 안 됩니다.
좋은 것만 찍어도 좋지요.

오후 들어 웃음 띤 얼굴로 다가왔다.
카메라가 좋다며 좀 보자고 했다.
찍은 사진을 이리저리 확인하면서
사진이 예술입니다.
금강산이 빼어나서 그렇지요.
어, 이거이 왜 찍었습네까?
아, '우리식 대로 살자' 요?
지울까요?
일 없습네다.

어, 이거이 어딥네까?
아, 그거이 제주도 유채꽃밭입니다.
이 바다도 제주돕네까?
네. 저기 보이는 섬이 마라돕니다.

한라산 사진은 없습네까?
아, 네, 다음에 올 때는 꼭 담고 오겠습니다.

우리는 동시에 서로의 얼굴을 쳐다봤다.
웃음이 나왔다.
나의 눈에 눈물이 핑 돌았다.

―「접대원 동무」 전문

'인간'이란 단어는 인간 외 자연환경과 대립되는 개념으로 간혹 사용되기도 한다. 물론 이 편향적 쓰임의 기원에는 인간중심적 이기와 욕망이 자리 잡고 있다. 때로는 인간 스스로를 가름하는 이데올로기마저 편향적 설계의 결과물이라는 모순을 부인하기 어렵다. 그런데 만일 그 편견을 일시에 지워버린다면 어떨까?

인간과 자연을 가름하는 인식구조 위에 덧입혀진 편견을 벗어버릴 수만 있다면, 그들은 서로 소통의 매개체이자 그 소통의 직접적 대상이 될 수도 있지 않을까?

「접대원 동무」에서는 인간의 '소통'으로써 인간의 역사를 그려내고 있다. 별스러울 것 없는 인간의 대화가 사뭇 별스럽게 느껴지는 이유는 그들이 각각 서로 다른 인식체계 위에 서 있기 때문이다. "아무 거이나 찍으면 안 됩니다./ 좋은 것만 찍어도 좋지요." 라는 첫 대화는 사무적일뿐 아니라 경계의 어감을 띤다. 역사의 메시지를 담은 작품들에서 유독 마침표가 등장한다는 점 역시 시인의 의도를 가늠하게 한다. 마침표는 분절된 대화, 머뭇거리는 진의, 다 전하지 못한 마음 따위를 막아선다.

서먹한 이들을 공통된 시선으로 엮어내는 것은 금강산과 제주도 유채꽃밭이다. 방금 전 "어, 이거이 왜 찍었습네까?"라던 팽팽한 이질성이 "지울까요?/ 일 없습네다."로 바뀌기까지는 오랜 시간이 필요치 않다. 그들은 각자의 인식체계 위에서 한 발짝씩 벗어나 함께 금강산과 유채꽃밭을 바라보고 있다. 그 짧은 소통의 추이 속에서 그들은 공감하게 된다. 금강산은 금강산이며 제주유채꽃밭은 제주유채꽃밭일 따름이라고. 함께 던지는 무심한 시선이 편견을 거두고 그들에게 새로운 기약을 제시한다. "한라산 사진은 없습네까?/ 아, 네, 다음에 올 때는 꼭 담고 오겠습니다." 눈물이 핑 돌았다는 독백이 독자에게 자연스러운 여운으로 다가오는 것은, 시 한 편을 통해 마침내 편견을 극복한 자들의 특권이 아닐까.

그렇다면, 자연이 직조해낸 양영길의 시세계를 우리는 무어라

정의할 수 있을까? 이 질문에 대해선 그 자신이 작품 속에서 충분한 답변을 이미 제시하였다. 자연이라는 익숙한 소재의 변형은 다분히 한계를 내포하는 것일 수 있다. 하지만 그는 자연의 익숙함에서 벗어나 그 자신의 몫으로 감당해 나간다. 그는 창작적 새로움을 추구하기보다 따뜻한 메시지로써 독자와 소통하려 한다. 이런 면에서 그는 문학적 효용과 자신의 소명을 합일화한 시인이라고말할 수 있다. 그가 바라본 문학적 효용은 교시나 쾌락이 아니라 독자와의 자연스러운 교감에서 비롯된다.

한라산은 초록으로써 여름을 건넌다. 초록이 여름을 빛나게 한다는 사실은 그리 간단치 않은 혜안을 담고 있다. 초록은 그 스스로 빛깔을 전경화하지 않는다. 그리고 스스로를 배면에 감추는 어진 마음씀 이 시인의 몫이라고 말한다. 양영길의 시들은 초록을 닮아 있다.

신화와 함께 거닐다
― 김원욱, 『푸른 발이 사라졌네』

1. 현현

길 잃은 신화는 시인에게 향한다. 마치 자신이 깃들 거처는 정해져 있었다는 듯. 시인은 밥상에 놓인 수저처럼 스스럼없이 신화로 일용할 시어들을 떠놓는다. 별스러울 것 없다는 자연스러움은 그에게 진심이다. 조금도 작위적이지 않은 그의 태도에서 신화의 시적 변용이 이루어진다.

관념 속의 신화란 언제나 신의 영역이었다. 그러나 그것은 본래 인간의 영역이기도 했다. '구별'이라는 경계가 허물어지고 나면 서로를 가름하던 구획따위는 사라지기 때문이다. 하지만 '구별'에 대한 인식과 체화는 엄연히 다른 문제라는 사실마저 부인하기는 어렵다. 신은 애초에 신이었고 인간은 유사 이래로 인간이었다.

김원욱은 시인의 몫으로 그 벌어진 간격 위에서 징검다리를 놓고 있다. 그의 작품 속에 드러나는 신화는 자유롭고 다양한 스펙트럼을 보인다. 그것은 때로 일상의 서정으로 변모하고 때로는 삶을 관통하는 철학으로 변모하기도 한다.

큰 바람 부는 날 하늘에 실금이 갈 것이다

벼락같은,
나의 서툰 언어는 누구와 소통하고 있는지

낯선 말 밖에 좌정한 간절한 눈빛에 들어 지독하게 앓던

천계의 남루한 렌즈 속

거대한 별 무리 이끌고 억천만겁 건너오시는

꽃 포도 펄럭이며 기어코 칠성판을 휘저으시는

내 안 가득,
거역할 수 없는 당신은 누구신가요
　　　　　　　　　　—「영등할망」 전문

　「영등할망」은 이 시집의 권두시 성격을 띤다고 볼 수 있다. 제주 무속에 등장하는 '영등할망'은 음력 2월 초하룻날 제주도에 들어와 바닷가를 돌면서 해산물의 씨앗을 뿌리는 등 어업과 농업에 풍요를 가져다준다는 내방신(來訪神)이다. 제주에서는 영등할망 신이 찾아오는 2월을 영등달이라 부르고, 여러 마을에서 이 신을 위하여 영등굿을 벌이기도 한다. 시인은 제주인의 정서 속에 자리 잡은 무속신화의 영등할망을 끌어온 뒤 창작인으로서의 소회를 이입하고 있다.
　"큰바람 부는 날 하늘에 실금이 가는" 장면은 마치 상서로운 의식의 서막처럼 열린다. 시인에게 이것은 "벼락같은" 것이다. 큰 충격과 고통을 수반하는 '벼락'의 실체는 누군가와 소통하는 "나의 서툰 언어"로 이어진다. 다시 말해 '벼락'이 시인의 '서툰언어'

를 가리킨다고 할 때, 벼락의 충격을 감내하는 고통은 시작행위에 수반되는 그것과 유사하다고 볼수 있다. 따라서 이 시작행위는 "낯선 말 밖에 좌정한 간절한 눈빛에 들어 지독하게 앓던" 모습으로 묘사된다. 시인이 지독하게 앓으며 바라보는 "천계의 남루한 렌즈" 속으로 "거대한 별무리 이끌고 억천만겁 건너오시는" 존재가 영등할망인 셈이다. 이 존재는 시인에게 "거역할 수 없는 당신"이다.

시인은 풍요의 여신 영등할망을 통하여 자신의 시작행위를 오버랩하고 있다. 그가 응시하는 시작은 고통스럽고 때로 "칠성판을 휘저을"만큼 죽음에 맞닿은 엄숙한 소명의식을 전제로 해야 하는 것이다. 그러나 시인은 그것을 거역할 수 없다고 단언한다. 비록 고통스럽다 할지라도 그 고통의 방식은 영등할망의 행위처럼 풍요로운 결실을 불러온다는 사실을 잘 알고 있기 때문이다. 이로 인해 시인의 시작행위는 풍요로 나아가는 공희(供犧)의 당위성을 획득하고 있다.

> 가네, 영등바람 타고 경중경중 소금기 머금은 곽곽한 땅 밟으며 가네 거대한 중력을 뚫고 빙하의 끝자락에 닿았다가 이름 모를 항성으로 두둥실 떠올라서 구린내 나는 우주의 내장 속으로 가네 멀리서 이승의 통신인 듯 아날로그 방식으로 호,호,호, 입김불던 사랑이 밀려오네 몽달귀신 손말명 어우러져서 타닥타닥 불타오르는 창창한 바이칼호를 건너 질퍽거리는 양수의 바다, 어머니 정신 한쪽 밟으며 가네 잠시 엄청난 질량으로 다가온 칠성판에서 세차게 흔들리다가 서천꽃밭 적막에 들어 묵언뿐인 눈빛 뚝뚝 떨구는 사이 어디선가 본 것만 같은 헐거운 뼈다귀 아장아장 걸어가는 그리운 숲, 돌아보니 푸른 발이 사라졌네.
> ―「푸른 발이 사라졌네」 전문

신화가 시인의 삶으로 파고드는 일, 이것은 보다 근원적인 생의 출발에서 비롯된다. 이 작품 속에서 신화는 스스로의 경계를 벗어나 생명 탄생의 순간으로 틈입하고 있다. 주체이자 기원으로서 역할을 수행하는 것이다.

'영등바람'에서 묻어나는 여신 이미지는 어렵지 않게 신화의 상징으로 연결된다. 무릇, 우주탄생을 알리는 빅뱅의 순간은 장엄하기 마련이다. 영등바람에 얹힌 신화가 "거대한 중력"을 뚫고 나아가는 과정 역시 그것과 다르지 않다. 하지만, 이 작품에 형상화된 그 과정은 평범하고 건조하게 묘사되어 있다. 뿐만 아니라 "구린내 나는 우주의 내장 속으로" 간다고 표현함으로써 지극히 범속하기까지 한 사건으로 처리된다. 굳이 '구린내 나는 내장'이라는 표현을 쓴 이유는 신화의 이동 방향을 설명하기 위한 장치이다. 신화는 '거대한 중력'과 '빙하의 끝자락'으로부터 '구린내 나는 우주의 내장'으로 이동하고 있다. 여기서, 전자가 신화적 공간 그리고 후자가 물질적 공간을 표상한다는 점은 의심의 여지가 없다. 주목할 것은, 그렇게 신화적 공간으로부터 물질적 공간으로 이동한 신화가 다음 순간 "양수의 바다" 즉 현실의 어머니 표상으로 이어진다는 사실이다.

에리히 노이만은 원형의 상징성이 특정한 이미지 들로 발현된다고 보고, 이것을 바탕으로 하여 여성의 원형을 여러 층위로 나누어 도식화하였다.[1] 이 작품에 드러난 신화 상징을 원형의 층

---

[1] '원형 본체'란 의식을 초월하는 핵심적 현상으로서 비가시적 대상에 비유되므로, 그것은 작품 속 '영등바람'의 이미지에 부합된다. '우로보로스' 단계는 원형적 여성성과 원형적 남성성 사이의 유동적 이행단계이므로 작품 속 '이름 모를 항성' 이미지에 부합된다. '원형적 여성성' 단계는 원형적 여성성과 원형적 남성성이 분

위에 비추어 정리하면 다음과 같다.

  ㉠ 원형 본체Archetype an sich: "영등바람"
  ㉡ 우로보로스Uroboros: "이름 모를 항성"
  ㉢ 원형적 여성성The Archetypal Feminine: "몽달귀신·손말명"
  ㉣ 위대한 어머니The Great Mother: "호호 입김 불던 사랑",
  "엄청난 질량으로 다가온 칠성판에서 세차게 흔들리다가", "적막에
  들어 묵언뿐인 눈빛"
  ㉤ 세계: "양수의 바다, 어머니"

 시인은 신화의 단순 변용과 소재적 차용을 벗어나, 작품 속에 다양한 상징적 층위를 형상화하고 있다. 이런 점에서 그의 신화에 대한 집착과 혜안은 참 다행스런 일이다.

  2. 관조

 시인의 혜안은 신화에서 벗어나 일상으로 향한다. 그는 무색무취한 시선으로 자신의 몸을 더듬고, 몸으로 이어진 외계의 흔적을 섬세하게 관조하곤 한다. 그의 시선은 대상을 훼손하거나 언

화를 거친 상태이며, 이때 여성성의 원시적 원형은 보다 우세한 여성적 요소들 외에도 남성 결정소를 포함한다. 따라서 이 단계는 작품 속 '손말명·몽달귀신' 이미지에 부합된다. '위대한 어머니' 원형은 선한 어머니, 공포의 어머니, 선악의 어머니 등 세 가지 형태를 갖는다. 작품 속에서 '호호 입김 불던 사랑', '세차게 흔들리는 칠성판', '묵언뿐인 눈빛' 등에 내포된 이미지들이 그것에 부합된다. 에리히 노이만의 도식에서 '세계'는 투사된 내적 이미지들이 경험되는 투사의 외면을 다루는 것으로서 작품에 드러난 '양수의 바다' 또는 '어머니' 이미지에 부합된다.(에리히 노이만, 박선화 옮김, 『위대한 어머니 여신』, 살림, 2009, 36-43쪽)

어를 파괴하지 않는다. 이러한 '관조'는 그의 작품 속에서 대상을 해체하여 분석하기보다 대상을 깊이 성찰하는 방식으로 진행된다.

> 무엇이든 굴리고 싶다 가령 아무도 없는 들판에서 볼일을 보다가 누군가와 딱 마주쳤다고 치자 그 누군가가 허락도 없이 배설물을 채어간다면 돌돌 말아 굴리고 또 굴려서 지구본 틀에 올려놓는다면 숨을 곳 없는 공간에서 자유로울까 쇠똥구리와 함께 창백한 지구본을 굴릴 수 있다면 떠도는 행성 하나 붙잡고 길을 묻다가 은하의 배설물 속에 몸을 숨길 수 있다면 그윽할까 통신도 없이 눈치 볼 것도 없이 둘이서 먹고 자고 구르고 굴리고 볼일을 보다가 나는 어디서 온 똥일까 생각하다가 어느 순간 야생에서는 큰 자유가 그리운 눈빛처럼 촉촉하다는 것을 천계의 창백한 푸른 점 하나 아직 싱싱하다는 것을 알게 되지 않을까 속박에 젖은 배설물이 환한 세상을 보기까지 구르고 또 굴러가야 한다는 것을
> ― 「나는 굴리고 싶다」 전문

'볼일을 보는 행위'가 철학이 될 수 있을까? 시인은 이 작품으로써 질문에 대한 답변을 갈음한다. 아무도 없는 들판에서 볼일을 보던 그는 볼일에 집중하는 대신 존재론적 상상을 펼치고 있다. 누군가가 배설물을 채간다는 데서 시작된 상상 속에 그 자신은 쇠똥구리와 함께 배설물을 굴리는 존재로 변신한다. 그리고 다음 순간, 쇠똥구리와 함께 굴리던 배설물이 '창백한 지구본'과 '은하의 배설물'로 연달아 오버랩되어 드러난다. 창발적인 상상을 이어가던 시인은 "나는 어디서 온 똥일까"라는 질문을 스스로에게 던지게 된다.

애초, 자신의 배설물이 쇠똥구리가 굴리는 타자의 배설물과 동일한 것으로 인식된 순간, 그 인식의 지평은 수평적 변이를 거치면서 창백한 지구본이자 은하의 배설물로 확장된다. 그런데 이 인식의 지평은 결국 "천계의 창백한 푸른 점 하나"라는 시인 자신에게로 회귀하고 있다. 배설물이면서 천계의 점 하나인 자신은 "속박에 젖은 배설물"에 불과하다. 하지만 "큰 자유가 그리운" 그는 "환한 세상을 보기까지 구르고 또 굴러가야" 한다. 여기서 '구른다'는 행위에 내포된 함의는 끊임없는 자기 성찰이며, 성찰에서 비롯된 탁마일 것이다.

> 나는 외계인일지도 모른다
> 가끔 몇 올 남지 않은 머리칼과 성긴 피부를 만지다가
> 나를 의심한다
> …… 중략 ……
> 어느 먼 별나라 선녀들이 타임머신을 타고 내려온다면
> 나는 정말 특별히 진화한 외계인일지도 모른다
> 쓰레기 속에서도 기어코 살아남은 유전자, 스멀스멀
> 뿌리내리는 노을 따라 천계의 시간 속으로 달려가다가
> 잠시 달의 난간에 서서 자랑스럽게
> 광막한 양수의 바다를 건너온 지상의 흔적 하나
> 바라보는 것이다
> ― 「DNA」에서

시인의 외부―천계, 신화적 공간―에 대한 관심은 시집 전체에 걸쳐 지속적으로 드러난다. 대개의 경우 이 관심은 자신의 내부로 수렴되는 특징을 보인다. 시인은 "몇 올 남지 않은 머리칼과

성긴 피부"를 만지다가 스스로를 의심하게 되었다고 토로한다. 이 의심은 늘 보아온 자신의 모습, 늘 익숙한 자신의 존재에 대한 근원적인 성찰에서 비롯된 것이다. 그런데 무언가를 의심한다는 것은 그 대상에게서 낯섦을 인식해야만 비로소 가능해진다. 설령 그 대상이 자기자신이라 할지라도, 낯섦에 대한 인식 위에 스스로를 타자화함으로써 비로소 자신이 외계인일지도 모른다는 의심에 이르게 된다. 시인은 이 외계인을 가리켜 "광막한 양수의 바다를 건너온 지상의 흔적 하나"라고 설명한다. 곧, 시인이 거울을 보며 마주친 "몇 올 남지 않은 머리칼과 성긴 피부"의 대상은 타자이며 외계인이다. 그런데 그 외계인의 유전자가 어머니 우주의 양수를 통해 자신의 DNA로 이어지는 것이다. 이런 맥락에서 볼 때, 시인 스스로의 의심을 발아하게 만든 '낯섦'은 이질적인 기제가 아니라 자기성찰의 계기로 작용하고 있단 점에서 흥미롭다.

> 내 안에 벌레가 있다 분비물이 꽉 찬 서늘한 내장 저쪽
> 생의 한 장면을 물어뜯다가 내지르는 비명 같은 적막이
> 도사리고 있다 어쩌면 똬리를 튼 비단구렁이 한 마리 검
> 은 새떼를 불러 모으는 혓바닥 사이 바둥대는 슬픈 빛의
> 파동일지도 모른다 내장 속 정경이 엉금엉금 기어 다니
> 고 퇴화한 몸에서 빠져나간 내가 공중으로 경중경중 뛰
> 어오르는 것을 짐작이나 할 수 있을까 거역할 수 없는
> 적막이 공중에 있음이 분명하다 내 안을 제대로 들여다
> 보지 않으면 저 광막한 깊이를 가늠할 수 없다 새떼가
> 흔들어 놓은 어둠을 바라보다가 정지된 한순간이 공중의
> 슬픈 빛에게 잡아먹혔다는 사실을 알게 되었다
> ─「내 몸에 벌레가 산다」에서

외계와 연결된 자신을 발견한 시인은 그 흔적을 섬세하게 톺아나간다. 「내 몸에 벌레가 산다」에서 '벌레'란 앞서 살핀 작품의 'DNA'와도 대체 가능하다. 앞의 작품서 외계와 연결된 DNA를 발견하고 외계와 '분리된 나'가 아니라 '연결되어 있는 나'를 발견하였다면, 이 작품에서는 그것을 자신의 내부로 끌어와 탐색하고 있다.

"내 안에 사는 벌레"란 "분비물이 꽉 찬 서늘한 내장 저쪽의 생의 한 장면을 물어뜯다가" 몸 속 어딘가에 도사리고 있는 존재다. 이 존재는 '내 안에 사는' 나의 일부이기도 하지만, 그 스스로 '생의 한장면을 물어뜯는' 독립적인 주체이기도 하다. 이로인해 "내장 저쪽 생의 한 장면"이라는 상징 의미 역시 중의성을 담지하게 된다. 그것은 몸 밖의 세상을 가리키기도 하고, 외계를 가리키거나 윤회의 다른 생을 가리키기도 한다. 거기에 이르기까지는 "적막"과 "광막한 깊이"를 건너야 하는 것이다. 따라서 그 광막한 깊이를 바라보는 "정지된 한순간"은 "슬픈 빛"을 띤다. 시인이 직시한 벌레는 그 자신이며 우주의 시간을 헤아릴 수 있게 된 파편 같은 존재이기 때문이다.

3. 향수

안 될까, 며칠만. 유성의 파편처럼 펑펑 내리는 눈 속에
파묻혀 한 나흘쯤 숨어 있으면 안 될까. 사람 안 보고,
동물 안 보고, 끼리끼리 제왕인 양 눈 부라린 무리, 보지
않으면 안 될까. 도처에 숨어 있는 은밀한 눈과 귀, 바이
러스에 갇힌 미지의 풍경 속 아무 생각 없이 풍선처럼

하늘에 매달려서 쳐다보지 말고, 말하지 말고, 밥 먹지
말고, 배고프지 말고
　　　　　　　　　　　— 「안 될까」에서

　파편처럼 흩날리는 정서는 허기를 불러오게 된다. 시인에게 고향의 의미는 허기를 달래고 지친 마음을 다독여주는 성소 같은 것이다. 우주에 머물렀던 그의 시선은 고향으로 옮아간다. 근원이자 어머니라는 점에서 고향은 우주의 집약처이기도 하다. 시란 결국 정서의 결정이라는 사실을 감안한다면, 그의 시가 고향의 이미지로 회귀하는 것은 자연스러운 수순으로 보인다.

　　머리가 어지러울 때 가끔
　　서귀포로 가서 공황장애를 떨군다
　　별똥별 내리붓듯
　　칠십리 시공원과 천지연을 거쳐 새연교까지 툭,툭,
　　지독한 흔적 떨구다 보면
　　푸르름이 또 다른 푸르름을 떠밀고 있음을 알게 된다

　　상처도 없이
　　깊이 파인 마음자리
　　한참
　　있음과 없음 사이에서 허우적거리다가

　　새섬 섶섬 문섬 범섬이 남루한 몸을 밀어낼 때
　　우주의 변방으로 툭, 떨어진
　　지귀도를 들고 온다
　　　　　　— 「나는 가끔 지귀도를 들고 온다」 전문

제주특별자치도 남원읍 위미리 산146-164, 지귀도는 시인의 고향마을 서귀포 남원읍 위미리 해안에서 남쪽 약 4km 지점에 자리 잡고 있다. 비록 섬이지만 지귀도는 위미 마을 사람들과 매우 친근한 연대로 맺어진 존재이다. 야트막하게 펼쳐진 마을 앞바다의 섬 지귀도는 그들에게 생활의 일부이며, 그곳을 떠나온 이들에게는 향수의 시작점일 것이다.

　"머리가 어지러울 때" 공황장애를 떨구고 세상의 "지독한 흔적"을 떨굴 수 있는 힘을 주는 곳, 고향은 상처 입은 현대인에게 희망과 위안이 되어주곤 한다. 이 작품에 묘사된 마음자리의 상처가 유난히 눈에 띈다. "상처도 없이/깊이 패인 마음자리"라는 표현은 공허한 역설이다. 상처가 없는데 깊이 패인다거나 깊이 패였는데 상처가 없다는 것 모두 모순일 수밖에 없다. 그런데 이 모순은 단순한 언어유희가 아니라 가슴 속 깊이 전달되는 정서적 여운을 남긴다. 대개 치유할 수 있는 상처는 미미한 흔적만 남긴 채 사라져버린다. 그러나 아물지 않고 치유되지 않는 상처를 안고 살아가는 이들에게는 지울 수 없는 흔적이 짙게 새겨지기 마련이다. 어떤 덧칠로도 가려지지 않는 상흔를 가진 사람이 "있음과 없음 사이에서 허우적거리다가" 회귀하는 지점, 그곳이 고향이다. 그 공허한 역설은 상처 입은 독자들을 어루만지고 다독인다. 시인은 그들에게 말한다. "툭,툭, 지독한 흔적을 떨구다 보면/ 푸르름이 또다른 푸르름을 떠밀고 있음"을 알게 된다고. 상처 입은 시인이 새롭게 바라보는 푸르름, 이러한 반전의 시선이야말로 이 작품을 무상성에 빠지지 않게 만드는 힘이다.

　　내 고향 위미는 별이 뜨지 않습니다

> 새벽 갯ᄀ에서 맑은 물소리 돋아납니다
> 앞개 조랑개 고망물 말물 빌레물 앙강물 배등개물 웃수
> 넙빌레 밍금애 소롱곶 ᄌ배머들 버러니코지 신우지코지
> 콸콸 콸콸
> 푸르고 환한 별들이 마구마구 솟아납니다
>
> ―「위미」 전문

   고향은 때로 별이 된다. 때로 동화가 되고 꿈이 된다. 시인의 작품 속에 드러나는 상처와 결핍은 고향 이미지를 통해 치유될 뿐만 아니라 별의 상징으로 부상하고 있다. "내 고향 위미는 별이 뜨지 않습니다"라는 표현은 사전적 해석과는 다른 의미를 내포한다. 시인은 고향을 차례로 소환한 뒤, 3연에 이르러 그리운 이름들을 터뜨리듯 쏟아낸다. 한꺼번에 쏟아진 그 모양새가 하늘의 별무리를 닮아 있다. 그래서일까? 그는 "푸르고 환한 별들이 마구마구 솟아납니다"라고 독백한다. 결국 그의 고향에 별이 뜨지 않는 이유는, 이미 고향 산천의 모든 것들이 그 스스로 별이기 때문이다.

   시인이 바라보는 고향은 치유의 안식처이자 변하지 않는 별을 의미한다. 이렇게 반짝이는 고향을 짚어나가는 시인은 세상의 현란함을 향해 단단하게 자신의 색을 드러낸다. 그의 작업은 근원의 정서들을 진솔하게 진단하는 데서 출발하고 있다. 자연히 그의 시는 화려하고 난해하기보다는 담백하고 정갈하다. 무엇보다 낮고 따뜻한 포즈로 명료하게 빛난다. 마치 그에게 고향의 존재가 그러했던 것처럼.

한 세계에 경례하다
— 오승철, 『다 떠난 바다에 경례』

> 바다가 없는 해안선을
> 한 사나이가 이리로 오고 있었다
> 한쪽 손에 죽은 바다를 들고 있었다
> — 김춘수, 「처용단장」1의 4

한 사람이 있다. 그가 멈춰 서서 충실했던 한 세계를 돌아보고 있다. 이 시집을 한 마디로 축약한다면 한 세계의 반추라고 말할 수 있을 것이다.

문득 덮어뒀던 이미지가 강렬하게 떠오른다. 사는 동안 만나는 뜻밖의 오버랩들, 예기치 않은 만남 속에서 그런 강렬한 맞닥뜨림을 경험한다는 게 그리 쉽지 않은 일이기에 그것은 그만큼 귀한 경험이기도 하다.

오승철의 시집은 제목부터 그러하였다. 시집을 펼치기도 전에 김춘수의 시 한 대목이 스쳐간 것은 혼자만의 주관적 감상이 아닐지도 모른다. 완숙한 시세계를 찬찬히 들여다보기도 전에, 그의 시는 표제를 통해서 이미 절반의 성공을 거둔 뒤였다. 시 속에 바다는 가라앉고 바다가 없는 해안선이 펼쳐진다. 그 스스로 해안선이 되어서 바다를 바라보고 있다.

1. 바다가 있었다

시인이 반추하는 세계는 바다에서 비롯된다. 막 걸음마 뗄 무렵 혹은 제법 뜀박질 시작하던 무렵, 기억의 서사는 바다와 함께 시작되었다. 바다는 그에게 배움의 텍스트이며 가족이며 삶 그 자체이기도 했다.

> 둥실둥실 테왁아
> 둥실둥실 잘 가라
> 낮전에는 밭으로 낮후제는 바당밭
> 누대로 섬을 지켜온
> 그들이 퇴장한다
> … 중략 …
> 어머니 숨비소리
> 대물림 끊긴 바다
> 숭고한 제주 바당에 거수 경례하고 싶다
> ― 「다 떠난 바다에 경례」에서

쉴러(F. Schiller)는 시인을 '소박한 시인'과 '감상적 시인'으로 구분하였다. 그의 설명에 기댄다면, 전자는 '자연으로서 존재'하는 시인을, 후자는 '상실한 자연을 추구'하는 시인을 가리킨다. 그런데 과학 문명의 시대에서 살아가는 현대인들은 대개 상실한 자연을 추구하며 살아간다. 그로 인해 동시대를 살아가는 시인들 대부분 상실한 자연을 추구하며, 상실되기 이전의 자연을 욕망하는 파토스적인 감정에 젖어 있기 마련이다. 이러한 점은 오승철 시를 이해하는 데 중요한 실마리를 제공한다. 그의 시가 우리에게 주는 감동이 대개의 현대 시인들에게서 내비치는 그것과는 사뭇 다르기 때문이다. 그는 상실한 세계 혹은 자아와 분리된 세계를 향한 욕구나 적대적 감정을 드러내지 않는다. 오히려 자연으로서 존재하는 자아의 서정적 감동을 보여준다. 그러기에 그를 쉴러의 개념에 따라 '소박한 시인'이라고 부를수 있을 것이다.

위 시 첫 연에서 '테왁'은 누대로 섬을 지켜온 존재들로서 의인화되어 있다. 해녀 할망들과 어머니의 지난한 삶을 상징하는 테왁은 화자의 '바당밭' 너머로 퇴장한다. 이때 화자는 그 바다를 향하여 "거수경례 하고 싶다"고 말한다. 기억 저편으로 퇴장하는 장면들은 그에게 분명 그리움의 대상이 틀림없을 것이다. 그런데도 그는 그 대상들이 서서히 사라져 가는 상황을 자연스럽게 받아들이고 있다. 한발 더 나아가 소실된 대상을 가리켜 '숭고한 제주 바당'이라고도 진단 내린다.

화자는 아름다웠던 기억, 붙들고 싶은 장면들이 하나둘 퇴장하는 바다에 서 있다. 하지만 그 상황에 맞서 갈등을 일으키지 않는다. 퇴장하는 바다를 만류하거나 깊은 그리움을 붙들어놓으려 애쓰지 않는다. 다만 대상들의 퇴장을 자연스럽게 받아들이고 있을 따름이다. 화자는 스스로 퇴장하는 자연과 분리되지 않는 조화로움을 드러낸다. 자신 역시 자연의 일부로서 살아가고 있음을 인식하고 있는 것이다.

「처용단장」에서 김춘수가 사내의 손에 들려줬던 죽은 바다는, 「다 떠난 바다에 경례」의 화자에게 넘겨진 순간 그 죽음마저 무용한 것이 되어버린다. 애초에 죽음이란 태어남의 상대 개념으로서 쓰임새를 갖고 있었다. 그러나 분리되지 않은 자연의 의미망 속에 그것은 태어남과 다를 바 없는 하나의 사건으로서 존재할 따름이다. 이러한 인식 위에 화자는 죽음이 결코 존재의 경계가 될 수 없음을 직시하게 된다. 그러므로 '퇴장하는 바다'의 해안선을 지우며 걸어 나온다.

2. 추억을 추억하다

―그래, 그래 알겠더냐
　날아보니 알겠더냐

―그래, 그래 알겠더냐
매운맛을 알겠더냐

한 생애
그리움으로
붉어보니 알겠더냐

　　　　　　　　　　―「고추잠자리 22」 전문

　추억에도 색깔이 있을까? 있다면 그것을 무슨 색이라 말할 수 있을까. 이 궁금증에 대한 해답을 오승철 시집에서 찾아볼 수 있다. 우연처럼 그의 시집에는 붉은 색이 두드러지게 점철된다.
　위 시에 등장하는 고추잠자리는 두말 할 여지없이 화자 자신을 대변하는 시적 대상이다. 즉, 화자와 소통하고 교감하는 존재인 셈이다. 화자는 2연에서 고추잠자리가 붉은 이유를 '매운 맛' 때문이라고 설명한다. 여기서 이 '매운 맛'이 단순히 감각적 의미에 머물러 있지 않다는 건 주지의 사실이다. '매운 맛'에 내포된 의미는 독자들에게서 다양한 의미망으로 확장되고 재생산될 수 있다. 지난한 삶의 궤적 속에 켜켜이 쌓인 희노애락의 모든 체험과 그로 인한 감정들. 그리고 화자가 추억하는 모든 것들이 그 내용이다.

그런데 3연에 이르러 화자는 그 모든 가능성을 일축해버린다. 그는 매운 맛의 정체를 '한 생애 그리움'이라고 선언한다. 다시 말해 그의 한 생애 그리움은 고추잠자리를 붉은 색으로 물들이는 매운맛이다. '맵다'라는 감각은 원래 고통을 가리킨다. 그것은 통각이며 혀가 느끼는 고통에서 비롯된다. 매운 맛을 느낀다는 것은 자신의 감각기관에 고통을 주는 일에 다름 아니다. 하지만 이 작품은 고통의 통각이 추억이라는 이름으로 평화롭게 전이되는 과정을 보여준다. 비록 고추잠자리에서 촉발된 붉은 색은 맵고 강렬하지만 그 뜨거움은 아픔이 아니라 따뜻한 서정이다.

이러한 전이 과정은 "꽃 대신// 눈물이라도// 뜨겁게 바치고 싶다"(「사천 년 물질을 마치는 저 바다에 무엇을 바치랴」에서), "11월 모슬포는 방어 떼가 오는 길목// 마라도 가파도도 펄떡펄떡 튀는 날// 탄불에 살찐 바다가 자글자글 끓고 있다"(「탄불에 끓는 바다」 전문) 등에서도 엿볼 수 있다.

화자가 시적 대상에게 투사한 붉은 색채는 추억의 상징이다. 때로 바다의 비유에서도 붉은 색이 자연스럽게 묻어난다. 이 색채는 추억 속에서 화자의 정서와 융화되어 따뜻한 여운을 남겨주고 있다. 오승철의 시가 아름다운 이유는 시적 자아와 세계가 대립하지 않고 조화로움을 드러내기 때문이다. 이 조화로움은 널널한 오지랖으로써 독자들을 그의 시세계로 초대한다.

그는 초대된 독자들을 향해 매웠던 한 생애의 통각마저도 부드러운 서정으로 변환시켜 보여준다. 모든 과정이 조금도 작위적이지 않다. 그 스스로가 외부세계와 분리되지 않고 일체화되어 있으므로 가능한 일이다. 그리하여 그는 말한다. 시의 본령은 세계와의 조화이며 포용이라고.

매혹에 대한 몇 가지 단상
— 양진건, 『귀한 매혹』

1. 동백, 숨겨둔 애인

아, 눈부셔라.
그 뜨거움이란
단내 나는 동네에
숨겨둔 내 애인 같네.

— 「동백」에서

바닷가 동백은 색이 짙다. 오랜 세월 해풍을 곱씹어왔기 때문이다. 짭쪼름한 해풍의 전언을 이해하고 스스로 계절을 가늠하는 혜안이 생길 즈음, 동백은 조용히 바다를 품을 듯 가슴을 연다. 뜨거운 개화다. 그런데 시인에게 '뜨거움'은 어떤 의미인가. 위 시에서 한 가지 단서를 찾을 수 있다.

'뜨거움'이란 몸과 마음이 닿았을 때 화끈 부풀어 오르거나 벗겨져 진물 흐르는 흔적을 남기는 것이다. 그 흔적은 실체다. 이렇게 흔적을 남길 수 있는 주체 역시 실체라는 것, 여기까지가 상식이다. 온몸에 거친 자국을 남기는 실연은 한때의 애인에게서 비롯되고, 풋풋한 신록도 어두운 계절을 돌아나온 봄햇살로부터 비롯된다. 그러나 이러한 상식을 뛰어 넘는 바로 그 자리에서 시인은 자신만의 시적 은유를 형성하고 있다. 그가 명명한 '숨겨둔 애인'은 그 화두인 셈이다.

그의 시들에 드러나는 제재들은 익명성을 띤다. '숨겨둔 애인'에서 숨겨두었다는 관형사형 동사의 행위를 곰곰이 바라보자. 그것은 그가 의도적으로 무언가를 보이는 곳으로부터 보이지 않는 시야 저편으로 몰래 옮겨놓았다는 의미이다. 하지만 무언가를 보이지 않는 곳에서 더욱 아득한 곳으로 옮겨놓았다고 하면 또 어떠랴. 어찌됐든 그것들은 공히 익명성의 자격으로 동일선상에 놓이게 된다. 그 익명성을 띤 시적 대상은 동백이었다가 망월사 접시꽃과 코스모스, 밤찔레꽃, 괴화나무, 수국, 양하, 칸나로 드러나기도 하고, 문득 멍게가 되어 움찔거리거나 카이로의 나비로 날아오르기도 한다.

다시 말해 시인이 마주친 자연 모두 익명성으로 처리되어 뜨거움을 유발하는 주체가 되는 것이다. 변주된 자연, 실체였으나 그 구체를 벗고 익명의 추상이 되는 순간 그것은 그리움과 애틋한 연정으로서 시인을 향해 돌아선다. 그렇게 자연은 '숨겨둔 애인'으로 변모한다. 굳이 사람의 정서에 휘둘릴 필요도 없고, 애써 타자의 눈높이에 스스로를 맞추려 할 필요도 없다. 익명으로 경계 허물어진 자연 속에서 시인 역시 스스로의 경계를 무너뜨리며 그들 하나하나에게 그윽한 추파를 던진다. 그것은 살집 오른 중년의 끈적함이 아니라 서랍 깊은 속 첫사랑 같은 살떨림을 담고 있다. 누구나 이생에서 한 번쯤 다 풀어놓고 싶은 연정, 이제 다시금 붙들고 싶은 살풋한 연애처럼.

2. 병실의 하얀 사막

병실에 하얀 사막이 펼쳐진다. 시인은 그 하얀 병실에서 생과 사를 가르며 한 시절의 바람을 맞았다.

> 몸이 부서지니
> 마음도 따라 기운다.
> 쉽게 난파하는 생이여
> 수술이 성공적이어서
> 다행이라지만
> 쾌유 기원의 꽃들은
> 왜 시드는 걸까
> 오늘은
> 병실 풍경이
> 진통제처럼 조용하다.
>
> ―「병실에서」 전문

 상처 없는 시는 아름다움을 담지 못한다. 상처 속에서만 빛나는 시가 태어난다는 것은 역설이 아니라 진실이다. 상처 입은 조개처럼 병실에 웅크려 직시하는 시인의 시선은 '난파하는 생'에 닿아 있다. 이것은 '부서진 몸'을 경험한 뒤에 오는 오롯한 개안이기도 하다. 비로소 난파해온 자신을 짐작하고 그 흔적을 바라보는 즈음, 몸에 스며드는 진통제처럼 병실 풍경은 조용하다. 조용히 퍼지는 진통제의 힘에 기대 몸과 내면의 상처를 어루만지고 달랠 수 있는 따뜻한 시력을 회복한다는 의미, 그것은 부서진 몸을 경험했기에 얻어낸 결실이다. 깊은 상처로부터 고운 피딱지를 맺어 보여주는 게 시인의 몫 아니던가.

여기, 아파서 뭉개는 몸이 있다. 그런데 몸은 시인이기 전에 세월의 풍파를 새겨온 담연한 목숨이고 존재이다. 처절히 부딪혀야 하는 공간, 그곳에 서서 시인은 '쉰'이라는 나이를 만져나간다.

    나이 오십 줄에 들어서
    꽃만이 아니라 죽음과도 친숙해지려는지,
    …중략…
    서너 친구의 죽음조차
    환한 꽃을 대하듯 낯설지 않은 내 나이.
    아, 꽃은 극약인가?

    그 얼굴에 꽃을 달고 있는 죽음이나
    점점 더 편안히 친숙한 나이
                      — 「오십이라는 나이」에서

    쉰 넘어서야
    김춘수 시가 읽힌다.
    …중략…
    아, 혼곤하여라.
    쉰 넘은 봄날이여.
    웅크린 졸음 끝에서
    슬픈 귀신을 본다.
                        — 「쉰 넘은 봄」에서

'죽음, 환한 꽃, 오십'이라는 시적 소재들이 서로 변증법적으로 어우러진 뒤에 흘러나오는 생의 깊이. 죽음이 깊을수록 생이 깊고, '환한 꽃과 오십'은 거기에서 빚어진 새로운 발견이다. 돌아보며 행로를 짚어가는 여행자처럼 머물러 찬찬히 생을 반추할 때 더 걸어가야 할 길이 선명하게 드러나는 법이다. 시인에게 '쉼'은 그렇게 잠시 멈춘 생의 어느 굽이인 것이다. 그러므로 죽음을 응시하게 한 병은 그에게 역설적으로 고마운 선물일 수도 있다. 그것을 어찌 긴 병마에서 빠져나온 자의 여유라고만 치부할 수 있겠는가. 이 지극한 관조 위에서 시인은 비로소 김춘수를 읽는다. 쉰 넘은 봄날이다. 다시 잎새 틔울 일을 고민해야 하는 계절, 새로운 시작이다.

시인이 '와락 주저앉고 싶은'(「낯선 병」에서) 병마에 시달리면서도 견지한 것은 시적 대상에 대한 따뜻한 시선이다. 고통 끝의 뜨거운 열정이 삶을 끌어안는 데 멈추지 않고, 문학적 융성함으로 나아갈 수 있어야 할 것이다. "주먹을 쥐나 펴나 남는 것은/ 횅한 바람뿐"(「주먹을 쥐고」에서)이듯이, 헛헛한 생의 사막에서 부는 그 바람은 여전히 손에 잡히지 않는 것이므로.

3. 풍경 몇 컷, 추억들

아직도 나는
어음을 향해가고 있다
거기 닿기 전에
그 무엇도 서두르지 마라
서두르지 마라, 피로 붉은 마음이여
서두르지 마라,
계절이여,
하얀 밥알 같은 별들이여
　　　　　　　　　　— 「어음 풍경5」 전문

제주 사람인 그에게서 제주 풍경이 그려지는 것은 당연한 일일 수 있다. 그러나 그 풍경들은 유유자적 경치를 즐기려는 자의 그것에 머물지 않는다. 때로는 '갈까마귀 삐껴 나는 잔인한 길'(「유배」에서)을 내줌으로써 그로 하여금 가슴에 슬픈 칼 품고 다시 시작해야 하는 당위를 던져준다. 그것은 아름다운 풍경이되 '피로 붉는 마음'을 안고 극복해야 할 대상이기도 하다. 그러므로 그는 제주를 품은 바다를 통해 '치명적인 일거리'(「바다」에서)를 읽어낸다. 제주를 길러낸 어머니 바다에서 치명적인 냄새를 맡는 시인, 그 치명성이 타인을 상해하기보다 되레 따뜻한 어루만짐으로 승화되는 것은 양진건 시인의 특장이다. 위의 시 「어음 풍경5」에서도 '피로 붉은 마음'이 '하얀 밥알 같은 별들'로 이어지고 있지 않은가.
　한편, 풍경들은 그에게서 추억을 상기시키는 매개체로도 작용하는 경우를 더러 볼 수 있다.

> 어릴 적 할머니 집 마당은 바다로 늘 출렁, 파도 냅다
> 밀려와 정지 기둥 휘감고 내 고무신 둥둥 어디로 떠
> 나는 것이냐 …하략…
> 　　　　　　　　　— 「닿을 수 없는 깊이」에서

　닿을 수 없는 깊이가 있던가. 그곳은 어디인가. 산중 깊숙한 어디에 숨은 옹달샘처럼 시인의 마음속 숨어 있는 그 깊이에 추억이 있다. 바다가 출렁이는 마당에서 뛰놀던 소년을 바라보는 시인의 눈빛은 여린 소년을 닮아 있다. 둥둥 떠내려간 고무신을 찾으며 '무서워라 무서워 칭칭 마음 감는 파도여'라는 탄식하는

마음. 그러다가 그는 되돌아 앉아 '떠난 사람과 떠나가는 사람들 틈에서'(「어음 풍경4」에서) 어느덧 '키 작은 꽃'(「어음 풍경4」에서)으로 남은 자신을 들여다본다. 제주는 떠난 사람과 떠나가는 사람들이 넘쳐나는 곳이다. 어느 귀퉁이, 스스로를 섬에 붙들어 놓기 위해 키를 낮춰온 꽃만이 도도하게 바람을 인내하며 흔들린다. 흔들리며 바라보는 시야에 썩 다가서는 것이 있다.

> 하얀 구릉에 올라서서
> 당신을 기다리지만
> 하얀 햇빛뿐이다.
> ─「하얀 사막」에서

 백지 같은 사막, 하얀 햇빛이 내리쬐는 사막이다. 붓에 색감을 잔뜩 묻히고 선 그를 본다.

생태의식의 발현과 다양성의 시

2025년 9월 25일 인쇄
2025년 9월 30일 발행

지은이 : 김지연
E-mail : 4happytree@hanmail.net

발행처 : 열림문화
전화 : 064)757-4437/팩스 : 064)721-4855
E-mail : sunjin8075@hanmail.net

ISBN 9791192003672(03800)